国家自然科学基金资助项目（41601176）

乡村要素非农化研究：格局、机理与效应

方　方　著

中国农业科学技术出版社

图书在版编目（CIP）数据

乡村要素非农化研究：格局、机理与效应／方方著 .—北京：中国农业科学技术出版社，2019. 8
ISBN 978-7-5116-4254-7

Ⅰ. ①乡…　Ⅱ. ①方…　Ⅲ. ①乡村-非农化-研究　Ⅳ. ①C912. 82

中国版本图书馆 CIP 数据核字（2019）第 121010 号

责任编辑　崔改泵
责任校对　贾海霞

出 版 者　中国农业科学技术出版社
北京市中关村南大街 12 号　邮编：100081
电　　话　(010)82109194(编辑室)
(010)82109702(发行部)
(010)82109709(读者服务部)
传　　真　(010)82106650
网　　址　http://www.castp.cn
经 销 者　各地新华书店
印 刷 者　北京建宏印刷有限公司
开　　本　787mm×1 092mm　1/16
印　　张　12. 75　彩页　4 面
字　　数　262 千字
版　　次　2019 年 8 月第 1 版　2019 年 8 月第 1 次印刷
定　　价　60. 00 元

序　言

改革开放以来，我国经济社会建设取得了举世瞩目的成就，初步实现了由温饱社会向小康社会的过渡，农民收入持续增长。在快速工业化与城镇化过程中，劳动力和土地作为支撑乡村发展的基础性要素，呈现出向城镇地区加速转移的态势。乡村生产要素快速非农化导致城乡发展差距不断扩大，乡村衰退已成为不争的事实，乡村崛起成为避免落入“现代化陷阱”的理性选择。乡村人口与土地要素非农化对乡村发展产生了深远的影响，一方面，乡村非农就业带动了农村剩余劳动力向城镇与非农产业部门转移，有效增加了农民家庭收入，使农民逐渐脱贫致富，土地要素非农化加速了传统乡村社区的解体，乡村空间亟待重构；另一方面，乡村要素过度非农化可能导致乡村建设主体老弱化、农村内生发展动力不足，成为乡村衰退的主要诱因。以乡村生产要素快速非农化作为切入点，深入探析经济社会转型发展时期乡村演化过程，阐释乡村要素非农化的格局、机理与效应规律，具有典型的时代特征与现实意义，能够为推进乡村转型发展与乡村振兴提供决策参考。

乡村要素流动是乡村地理与农村经济学科领域的前沿课题。本书着眼于快速城镇化地区乡村要素非农化这一过程，以乡村人口与土地两类主要生产要素非农化作为研究对象，综合集成系统分析、空间分析、抽样调查、计量模型等多学科方法，分析乡村要素非农化的格局与机理，揭示乡村要素非农化对乡村发展的影响效应，科学诊断乡村要素非农化导致乡村发展的障碍性因素，探索新时期乡村要素非农化调控与乡村振兴路径。主要内容概括为以下四个方面。

(1) 构建乡村要素非农化研究框架体系。围绕乡村要素非农化这一核心问题，以“格局—机理—效应—调控”为研究主线，以宏观、中观与微观尺度相结合，构建本书的研究框架体系。系统分析典型区域乡村人口与土地要素非农化的宏观格局特征与驱动机制，以典型县域或地域类型作为案例，深入剖析乡村要素非农化的特征及其对乡村系统的效应影响，以典型村域为例，从农户行为视角揭示乡村要素非农化对乡村系统影响的微观机理，最后，结合研究结论，提出乡村要素非农化与乡村振兴的调控对策与实施路径。

(2) 揭示乡村要素非农化的内在机理。乡村人口要素非农化的内在机理表现为：在农业剩余劳动力供给充足的阶段，工业与农业部门工资收入的差距导致农业剩余劳动力向非农产业部门持续转移，宏观经济社会发展为乡村人口就业转移提供了重要的支撑，政策因素提供了重要的制度保障，农户家庭分工是实现乡村非农就业转移的前提与基础。乡村土地要素非农化的内在机理表现为：经济社会发展需求是城镇用地扩展的内在动力；农户对新建房屋的需求、农户家庭收支能力、村域文化与政策环境共同构成传统型村庄农村宅基地扩展的内在动因。

（3）评价乡村要素非农化对乡村系统的效应影响。乡村要素非农化对乡村系统的影响具有动态性、交互耦合的变化特征，经济社会发展的阶段性在一定程度上决定了要素非农化对乡村系统的影响强度。典型地区乡村人口要素非农化对乡村系统的效应影响表现为：乡村人口要素非农化并未直接导致耕地产出能力的下降，反而促使农民通过增加资本投入、应用新型农业技术，带动了耕地利用效率的提升；乡村人口要素非农化促进了农民收入结构不断分化，表现为非农收入对农民增收的作用越强，则农业经营收入对农民增收的作用越弱；不同地域类型受自然资源禀赋、经济社会发展阶段的影响，人口要素非农化效应各有差异。典型县域土地要素非农化对乡村系统的效应影响表现为：土地要素非农化对乡村系统的影响存在着一个由弱变强的过程，随着土地要素非农化比重的增加，乡村要素将产生剧烈变化，其中，乡村经济子系统与社会子系统对土地要素非农化过程的敏感性较强；当土地要素非农化达到一定规模后，乡村系统趋于稳定。

（4）从农户行为视角揭示乡村要素非农化特征及其微观效应。结合传统农区村域典型案例研究认为，微观层面的农户兼业时间与距离等行为特征决定了农业生产的劳动力、资本等要素投入，随着农业劳动力不断转移，农户减少了劳动力要素投入，但通过改变种植结构、土地流转、机械等省工性投入，农户能够获取相对合理的收入结构，同时农户兼业行为有效促进了农民增收，并对其他纯农户发挥了显著的示范带动作用。结合城郊型回迁社区、新型农村社区与传统型村庄三类村庄的典型案例研究认为，土地要素非农化对乡村发展的影响包含由城镇征地、村庄扩展与农村社区化产生的直接效应以及城镇辐射的间接效应，其效应由强至弱依次为城镇征地、城镇辐射、农村社区化、村庄扩展；不同类型村庄对土地要素非农化直接效应的敏感性不同。

工业化与城镇化导致乡村要素快速流失，是任何国家经济社会发展过程中不可避免的现实问题，本书对乡村要素快速非农化这一现象进行了深入剖析，研究成果能够为国家战略层面的城乡融合发展与乡村振兴提供一定的政策支持，为破解要素快速非农化的典型农区发展困境提供一定的实践参考。受研究时间与研究区的限制，研究成果对指导我国不同类型农区乡村要素流动调控仍有一定的局限性，乡村要素非农化是一个复杂的科学问题，未来仍需从乡村劳动力未来转移趋势、乡村建设主体培育、微观农户视角下乡村空间演化、其他地域类型村域要素非农化等视角进一步深入探索。

本书及相关研究得到了国家自然科学基金项目“人口外流对农村社区发展的影

响机理研究：以京津冀典型县域为例”（批准号：41601176）的支持，在此表示感谢！2007年，我进入南京师范大学地理科学学院攻读人文地理学硕士学位，师从张小林教授，在张老师的鼓励与引导下，我开始接触土地非农化研究领域，激发了我未来从事土地利用与乡村发展研究的兴趣；2010年，我非常有幸进入了中国科学院地理科学与资源研究所攻读人文地理学博士学位，师从刘彦随研究员与龙花楼研究员，在两位导师的辛勤培养与督促鼓励下，我选择了乡村要素非农化作为博士研究方向，深入不同类型农区进行实地调查，并开展了环渤海地区乡村土地要素非农化的相关研究；博士毕业后，我进入北京市社会科学院从事科研工作，在国家自然科学基金项目的资助下，开展了京津冀地区乡村非农就业与农业增产、农民增收等相关研究，通过对博士研究成果与自科基金研究成果进行系统归纳与综合提炼，形成本书的主体内容。在此，谨向我的导师刘老师、张老师和龙老师致以诚挚的谢意和崇高的敬意！同时，感谢在本书的写作与出版过程中给予我帮助的所有老师、同事与朋友！感谢我的家人对我工作的理解与支持！

随着乡村振兴上升为国家战略，乡村发展将成为未来一段时期国家现代化建设的重点，乡村领域研究大有可为，我将以饱满的热情、充沛的精力投入乡村研究中！

方　方

2019年4月

目　录

第1章 绪 论

1.1 研究背景

1.1.1 乡村生产要素向城镇地区加速转移

改革开放以来，工业化与城镇化支撑了我国经济持续增长，建立了相对完善的工业体系，农村农业发展成就显著，初步实现了由温饱社会向小康社会的过渡，农产品基本实现供需平衡甚至供过于求，农民收入持续增长，城镇化率由1978年的17.9%增长至2017年的58.5%。与此同时，劳动力和土地作为支撑乡村发展的基础性要素，在快速工业化与城镇化过程中呈现出向城镇地区加速转移的态势（方方等，2013a）。具体表现如下。

（1）农村劳动力向城镇地区持续转移。受城乡分割的二元户籍制度的限制，农村劳动力被长期禁锢于农村地区，自20世纪90年代开始，随着我国由计划经济向市场经济的过渡，二元户籍制度对城乡人口流动的束缚逐渐放松，传统以农为生的农民被改造为符合现代经济的理性经济人，以追求货币收入最大化为行为目标，通过非农务工获得工资性收入，以弥补家庭收入的不足。在这一背景下，大量农村剩余劳动力被解放出来，由乡村地区迁移至城市地区，由此，大规模、季节性的“民工潮”逐渐兴起（孟晓晨，1992；孟昕等，1992），每年进城务工的农民以1 000多万人的规模增长。据我国农民工监测调查报告显示，2017年农民工总量达到28 652万人，比上年新增481万人，月均收入3 486元，比上年增长6.44%；第一产业经营净收入、工资性收入对农民增收的贡献率分别为14.6%、44.6%。农村劳动力非农就业转移有效地带动了农民增收，农村居民人均纯收入由1978年的134元增长至2017年的13 432元，扣除价格因素的影响，年均实际增长达到7.5%；我国经济增长、产业结构调整带动了农民收入结构的变化，从收入来源来看，农民收入包括工资性、家庭经营性、财产性、转移性收入四个方面，其中，工资性收入不断提升，2017年，工资性收入对农民增收的贡献达到44.6%，经营净收入的贡献率为27.3%，第一产业经营净收入的贡献率仅 14.6%，农民增收对农村产业发展与财产性收入具有更强的依赖性。

（2）经济社会发展的用地需求驱动着土地要素持续非农化。经济社会转型发展及其用地需求导致耕地不断向建设用地转化，成为土地要素非农化的主导过程，有效地支撑了工业化和城镇化的快速发展。根据土地利用变更调查数据显示，我国耕地总面积由 2000 年的 1.28 万 hm^2变化为 2008 年的 1.22 万 hm^2，耕地数量呈持续减少态势。针对耕地资源的基本现实，我国政府坚持实行最严格的耕地保护制度与最严格的节约用地制度。据全国第二次土地调查数据，2009—2015 年耕地总面积控制在 1.35 万 hm^2左右，耕地数量减少的态势得以遏制，耕地总量基本保持动态平衡。但是，当前我国土地要素非农化呈现出一种非健康的模式，造成了一定的负面效应，例如，以生态环境为代价换取经济高速发展，耕地保护、生产建设与生态安全之间的矛盾日益激化，过度的土地要素非农化造成优质耕地面积持续减少；农业生产过程中，耕地质量退化、土壤污染、耕地非粮化、耕地撂荒与粗放经营等问题日益严重；人口城镇化未能与土地要素非农化同步推进，相对滞后的人口城镇化导致虚假城市化现象；耕地“占补平衡”政策虽在一定程度上保证耕地数量不减少，但补充耕地多源于边际土地开发，使局部区域生态环境恶化；经济利益驱动致使土地违法案件层出不穷，“失地农民”由于缺少相应的社会保障，增加了社会不安定因素等，由此，城乡之间发展不平衡趋势加剧。城乡生产要素非均衡性流动、个人收入分配城市偏向性等是城乡二元结构的主要特征，城乡差距不仅体现在城乡收入比，更体现在城乡居民生活质量、社会保障、文化教育、就业、政府公共投资等方面，城乡非均衡发展的惯性推动城乡及农村内部差距不断扩大（谢培秀，2008）。

1.1.2 城乡差距持续扩大，新型城乡关系亟待重新审视

城乡矛盾是我国现代社会的基本矛盾。当前，农业基础薄弱、农村发展滞后、农民增收困难成为城乡统筹发展的主要障碍。中国“三农”问题，归根结底在于国家实施工业与城市偏向政策，以及在此政策背景下形成的城乡二元结构体制，以城乡生产要素非均衡性流动、个人收入分配城市偏向性为其主要特征。在这一体制驱动下，有限的资源向工业部门过度集中配置，导致城乡居民享受公共服务不对等，城乡经济社会发展机会差距较大，进而陷入城乡二元经济社会结构的困境（陈雯等，1995；郑有贵，2010）。

随着经济社会的不断发展，城乡关系问题越来越受到学术界的广泛关注。我国城乡关系经历了“以乡促城”“以城带乡”等不同发展阶段。城乡关系演进的终极目标是城乡一体化，包含着城乡资源高效利用、生产要素自由流动，公共资源均衡

配置、城乡经济社会高度融合等多重含义。改革开放以来，我国城乡差距持续扩大，不仅体现在城乡收入比，更体现在城乡居民生活质量、社会保障、文化教育、就业、政府公共投资等方面，城乡非均衡发展的惯性推动城乡及农村内部差距不断扩大。数据显示，我国已成为城乡收入差距最大的国家之一，2000—2009年城乡居民收入比（城镇居民家庭人均可支配收入/农村居民家庭人均纯收入）整体上呈现出不断扩大的趋势（图1-1），由2.79增至3.23；自2010年开始，城乡居民收入比开始下降，至2017年，城乡居民收入比仍达到2.71。调整与优化城乡二元结构具有严峻性与迫切性，在新型城镇化背景下，亟待构建新型城乡关系，推进城乡一体化与农村全面发展。

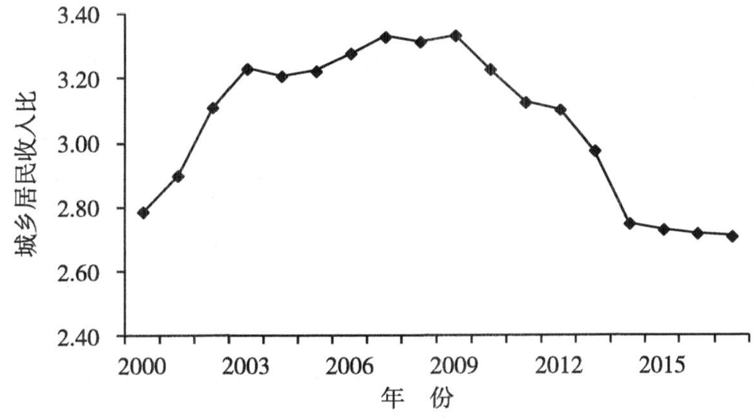

图1-1　2000—2017年我国城乡居民收入比

此外，城乡差距还体现在基本公共服务、人居环境、产业支撑、就业机会等方面。我国城乡基本公共服务差距较大，受地方政府财政支出的影响，一些欠发达地区农村基本公共服务供给明显不足，难以享受到最基本的医疗、教育等服务，城乡基础设施、人居环境等方面也存在较大的差距；相对于城镇地区已经建立了相对完善的社会保障体系，农村社会保障体系仍处于起步阶段，对改善与提高农民生活水平的作用较为有限；农业作为国民经济发展的基础，由于自身存在的弱质性特征，对增加农民收入、扩大就业的贡献远低于城镇非农产业部门。

城乡融合发展是城乡关系发展的高级阶段。协调的城乡关系，是指城乡系统之间人流、物流、信息流自由合理地流动，城乡经济、社会、文化相互渗透、相互融合、相互依赖，城乡差别缩小，各类资源得以高效利用，最终实现城乡均衡发展。新时期，乡村转型发展依赖于新型城乡关系的构建，需要从产业支撑、人居环境、社会保障、生活方式等方面共同推进。

1.1.3 传统乡村空间产生剧变与重构

乡村空间是在一定乡村地域范围内，由乡村不同要素组合而成的空间配置形态。一般将其划分为生产、生活与生态空间，涵盖了乡村系统的生物物理过程，直接与间接农业生产，农民的精神、文化、休闲等需求的满足等（席建超等，2016；黄金川等，2017）。当前，我国已进入经济社会加速转型期，表现为由传统农业社会向现代工业、城市社会转变为特征的社会转型，由计划经济向市场经济转变为特征的经济转型（龙花楼，2006；2012a）。伴随着国家工业化与城镇化步伐不断加快，乡村要素快速流动对农村土地利用、产业发展、社会体系产生了深远的影响（Liu et al，2016；龙花楼等，2017；刘彦随，2007），并引发一系列经济社会与生态问题，导致乡村聚落、农业景观、农村土地利用、乡村产业、乡村社会、生态产生了剧变，乡村空间亟待重构（龙花楼，2013）。

现代科学技术深刻地改变了传统农业生产方式，农业与土地利用空间产生剧变。一方面，现代农业生产技术极大地提高了农业生产效率，农药、化肥的施用促进了农产品产量的提升，农产品类型日趋多样化，农用机械的使用，节省了大量的人力，使更多的剩余劳动力向城镇非农产业部门转移，与此同时，伴随着劳动力外流，农业技术进步驱使着农业生产朝向省工省时、机械替代型产业类型转变，改变了农业产业结构；另一方面，对不宜于机械替代的农区，由于农业劳动力相对短缺造成耕地利用集约度下降，甚至出现耕地撂荒、复种指数下降等负面现象（李明艳等，2010；李相宏，2003；刘润秋等，2006）。受农产品价格的影响，一些农区倾向于产出效益较高的经济作物种植，导致农业生产空间趋于非粮化。在一些农区，乡村劳动力要素呈现显著的季节性流动，因人走屋空，而乡村人口转移未与农村居民点用地缩减相挂钩，导致城乡“两栖”占地现象普遍，乡村聚落空间结构迅速更替和发展，引发了农村空心化，土地资源闲置与低效利用（刘彦随等，2009；陈玉福等，2010；刘彦随等，2011），亟须通过政策设计进行管控。

伴随着我国经济社会转型，乡村社会空间不断演化发展。在工业化与城镇化进程中，传统的乡村社会发生了一系列的实质性变化：传统的乡土关系不断趋于瓦解，由“熟人社会”向“陌生人社会”转变，在农村社区中，不同主体对集体的认同感以及对自身的认同感发生变化，农民行为方式由趋同性向多元化转变；生计成为农民日常生活追求的重要目标，农户之间日常交流、共同参与社区事务的机会逐渐减少，导致传统的乡村邻里关系发生变化，原本维系村民之间联系的活动不断减少，村民生活生产秩序得以改变（罗吉斯·M·埃弗里特等，1988）；随着越来越多的青壮年走入城市，农村地区产生了由留守儿童、妇女与老人构成的特殊群体，被称为“613899”部队，由于长期与父母缺少沟通，留守儿童生存发展面临的教育、心理、道德行为、营养健康等问题严重，成为农村地区的弱势群体，引起全社会的广泛关注；城镇化进程同样也改变了传统乡村文化，一些传统建筑、民俗活动、特色文化逐渐消失。

传统乡村空间剧变是我国进入现代化的一个必经阶段。各类乡村要素加速流失，不可避免地对乡村原有空间秩序造成负面影响，如何通过加强对乡村要素的组织管理，提高生产要素利用效率，加强农村社区基层治理，维系乡村社会关系，优化乡村空间结构，成为地方政府乡村治理工作的难题。

1.1.4 新型城镇化与乡村振兴战略为乡村发展带来了新机遇

农业、农村、农民是关系我国经济发展与社会稳定的根本性问题。自十八大以来，我国政府提出“推进新型城镇化战略”“构建科学合理的城市化格局”“城镇化质量明显提高”的目标与要求，“我国未来几十年最大的发展潜力在城镇化”。由此可见，城镇化仍是影响未来较长时期我国经济社会发展的关键问题。乡村发展离不开城镇化的带动作用，但是，由于乡村发展与城镇化之间互动关系未处理好，尚未形成良性循环，城镇化发展实质上并未带动乡村发展。快速工业化与城镇化过程导致要素资源过度向城镇地区集聚，城乡发展差距反而不断扩大，在部分农区呈现出乡村衰退的景象，与城市繁荣形成了巨大的反差，突出表现为，青壮年劳动力构成了主要外出务工群体，导致农村社区建设主体缺位（刘彦随等，2015；龙花楼和张杏娜，2012）；中年劳动力成为农业生产经营主体，未来农业生产将面临“有地无人耕”的困境；农村人口季节性流动，导致农村社区“空心化”等。如何构建城镇化与乡村发展之间的良性互动机制，更好地发挥城镇在产业、人才、土地、资金等方面对乡村的反哺作用，降低城镇要素过度集聚对乡村发展的负面效应，有待于更多乡村支持性政策的出台与落实。

当前我国已进入中国特色社会主义新时代，社会主要矛盾已转化为人民日益增长的美好生活需要和不平衡不充分的发展之间的矛盾。乡村衰退现象本质为乡村发展不平衡不充分所造成的。乡村衰退与乡村振兴是相对立的一对概念，新时期，我国政府提出乡村振兴战略，将“产业兴旺、生态宜居、乡风文明、治理有效、生活富裕”作为乡村发展的总要求和奋斗目标，这是解决我国“三农”问题、开启城乡均衡发展的关键途径，也标志着未来我国乡村发展将进入一个新阶段。具体体现为，乡村产业融合发展成为主要趋势，农村一二三产业不断融合发展，“农业+”、创新农业等各种新业态不断涌现；乡村创业、能人返乡、科技人员下乡等活动层出不穷；现代农业产业体系初步形成，从农产品加工、农业产业化、休闲旅游、农村服务业等产业链不断延伸与完善；贫困农区产业扶贫，精准脱贫持续推进，顶层设计不断完善，产业扶贫模式不断创新，拓宽了贫困农区农户增收渠道。乡村振兴战略的提出及其相关配套政策不断完善，为推进新时期乡村全面转型，探索差异化的乡村转型发展路径带来了重要机遇。

1.1.5 快速城镇化地区城乡差距与乡村发展的空间差异性

环渤海地区处于我国北方经济社会发展的中心地带，是中国北部的黄金海岸，包括辽东半岛、山东半岛、京津冀三省二市，其辐射范围至山西省及内蒙古中部和东部盟市。自改革开放以来，环渤海地区经济社会发展势头迅猛，地区生产总值占全国 GDP 的比例由 1978 年的 22.7%增加到 2016 年的 25.6%，在全国的经济地位显著提升，2016 年，人均 GDP 已达到 33 878 元，已基本进入城乡转型发展阶段。近年来，环渤海地区土地要素非农化显著，快速的经济发展带来了耕地数量迅速减少。2012 年环渤海地区耕地面积约 1 977.0万 hm^2，与 2000 年相比，减少了近 4 个百分点。环渤海地区资源环境基础、经济发展水平与发展模式、城乡转型等特征差异显著，京津唐地区工业化与城镇化水平较高，城市辐射带动作用较强，城乡一体化发展程度相对较高，传统农区等欠发达地区的城乡差距依然较为显著。针对环渤海地区土地、经济与城乡发展等特征及存在的问题，本研究以环渤海地区为例开展土地要素非农化研究，以县域为单元，探究不同发展阶段、不同类型县域在经济社会发展过程中面临的土地利用问题，分析要素的时空变化规律与运行机制，为寻求科学途径，制定合理的调控措施，促进土地要素在城乡系统之间的优化配置，适度引导不同类型区的土地要素非农化进程，研究成果对于促进环渤海地区，乃至推动全国范围的经济社会转型与城乡一体化发展具有一定的参考价值。

京津冀地区位居环渤海地区的心脏地带，是中国北方最具活力的地区之一。区内资源环境基础、经济发展水平与发展模式、城乡转型等特征差异显著，从而导致区内经济社会发展较不均衡，城乡发展差距较大。其中，京津地区经济相对发达，是全国流动人口的重要集聚地，冀北经济社会发展相对落后，燕山—太行山区存在着大量集中连片的贫困区，涉及河北省 22 个贫困县，冀中南地区一些传统农业型县域，仍被划为国家级贫困县，农村发展较为滞后。随着 2014 年京津冀协同发展上升为国家战略，如何促进区域间要素自由流动，推进区域协调发展成为亟待解决的区域发展难题。近年来，京津冀地区乡村人口要素加速流动，经济快速增长，成为我国最具潜力的经济增长点之一，与此同时，该地区也面临着经济社会发展极不平衡、城乡收入差距过大、农业与二三产业之间的矛盾不断激化等突出问题，成为京津冀协同发展的主要障碍。以京津冀地区作为研究区，探讨乡村人口要素非农化时空变化规律及其对乡村空间演化的影响，本研究在实践层面上服务于地方政府的乡村治理与新农村建设需求，研究结论能够为对于探索快速城镇化地区乡村劳动力有序流动与乡村三生空间优化调控，以及国家层面流动人口有序管理与农村发展战略制定提供一定的政策参考依据。

1.2 相关概念辨析

1.2.1 乡村要素非农化

人口与土地是影响乡村发展的主要生产要素，在快速工业化与城镇化的带动下，呈现出快速的非农化态势，势必对乡村社会经济系统产生强烈的冲击。本研究具体从人口要素与土地要素非农化两个方面对乡村要素非农化展开研究。

1.2.1.1 乡村人口要素非农化

伴随着我国城乡二元户籍制度的束缚不断减弱，大量农村剩余劳动力向非农产业部门转移，这一趋势即乡村人口要素非农化过程。乡村人口要素非农化与人口城镇化之间相互联系，相互影响。曹广忠等（2016）认为，人口城镇化与非农化，均表现为人口与非农经济活动向城镇地区集聚，是我国经济社会发展的重要构成与主要表现，在宏观区域层面，直接体现为城镇人口与非农就业劳动力的比重提升，两者通常表现为同步变化趋势，在部分地区可能表现为，非农就业相对超前，或城镇化相对超前的现象；乡村人口要素非农化与乡村非农就业之间存在直接联系，一般是指，在乡村人口数量呈自然增长的前提下，乡村地区从事农林牧渔等产业的从业人员数量不断减少，而从事非农产业的从业人员不断增加，从而表现出乡村人口要素由农业部门向非农产业部门就业转移的态势。

从微观上看，乡村人口要素非农化表现为，农户家庭以追求家庭收入最大化为目标，通过家庭成员内部的分工与协作，呈现出农户家庭部分或全部成员向城镇地区与非农产业部门就业转移的态势，微观层面的乡村人口非农化数据一般通过参与式评估、农户问卷调查等方式获取。宏观层面的区域经济发展水平和微观层面的农户特征在一定程度上决定着人口非农化的规模、速度及主导兼业方式，依据不同的标准与划分方法，乡村人口要素非农化存在不同的统计结果，例如，按照务工距离和时间，人口非农化通常可划分为省内迁移或省际迁移、季节性或常年性迁移型；按收入结构可划分为纯农户（非农收入为零）、一兼户（非农收入占家庭总收入比重小于50%）、二兼户（非农收入比重大于等于50%且低于95%）和非农户（非农收入比重大于等于95%）等（阎建忠等，2010）。

由于农户家庭人力资本差异，农户群体分化过程存在阶段性与地域差异特征。早期，农户类型分化不显著，对非农业活动的参与性不强，在欠发达地区表现明显（李小建，2002）；随着时间的推移，农户类型趋于多元化（孙文华，2008），劳动力机会成本差异是导致农户类型分化的直接原因，进而导致农户家庭土地和劳动力要素的组合方式变化。学者们划分农户类型的标准与依据各不相同，例如，李庆海等（2014）将农民工外出务工模式分为经常外出、短期外出和外出回流三种类型，一些学者依据农户外部响应能力（李二玲等，2010）、农户资源禀赋特征（农地生产规模、就业类型、家庭收入等因素）、农户自我发展能力（李小建等，2008）、农户家庭生计资产结构（何威风等，2014）等指标对农户进行定量评价，或者依据农户对粮食产量和利润的偏好程度差异构建农户生计多样化指数（李翠珍等，2011）对农户生计类型划分等。

1.2.1.2 乡村土地要素非农化

土地资源具有生产、生活和生态三个基本功能。生产功能包括间接生产、能源矿产生产、原材料生产、食物生产功能；生活功能包括承载空间供给、物质生活保障、精神生活保障等功能；生态功能包括水源涵养、气候调节、气体调节、废物和污染控制、生物多样性维持、土壤形成与保护等功能（黄贤金等，2009）。乡村土地要素非农化作为一种土地利用变化过程，不仅表现为土地资源数量与功能的变化，也表现为土地用途转变和土地利用集约度的升降（李秀彬等，2008）。

从用途转变来看，土地要素非农化指农用地与建设用地之间的转变过程，城乡建设用地的增长与农用地规模的减少，以及建设用地内部结构的变化等（图 1-2），本研究侧重于分析耕地向城镇用地、农村居民点用地和独立工矿用地的转变过程及其影响。从隐性形态上看，土地要素非农化包括土地产权、经营方式、产出能力与功能等方面的变化（龙花楼，2012b）。例如，土地非农转用使土地性质由集体土地向国有土地转变，土地功能由保障粮食安全的生产功能转变为生产建设、城乡居民的生活功能、公共服务功能等，以及因土地用途转变、基础设施建设、城市集聚、政策法律变化造成的土地增值功能等。近年来，在经济相对发达与建设用地需求旺盛的地区，出现了由政府主导下农村宅基地的空间重构，即农村社区化过程，也是

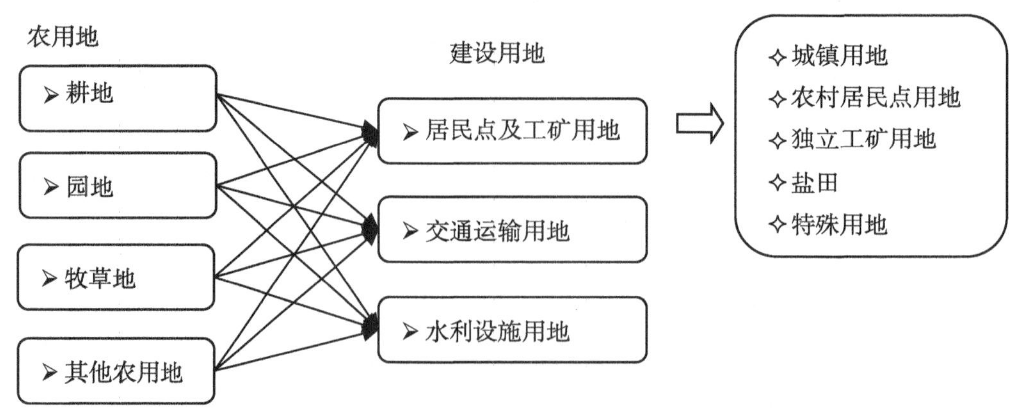

图 1-2　土地要素非农化的主要地类变化

新形势下土地要素非农化的一种特殊表现形式。

依据城乡系统差异，将土地要素非农化划分为城镇系统的土地要素非农化与乡村系统的土地要素非农化。城镇系统的土地要素非农化主要表现为城镇地区各类建设用地扩展及其对农用地的占用，乡村系统的土地要素非农化表现为农村宅基地、村庄基础设施或工矿用地等各类村庄建设用地对农用地或耕地的占用。

1.2.2 乡村、乡村系统与乡村空间

1.2.2.1 乡村与乡村系统

乡村具有区别于城市地区的诸多特征，地理学、生态学、社会学、经济学分别从各个学科角度对其进行了界定（李同升，1998）。乡村是一个复杂的有机系统，指在乡村地域范围内，在人文、经济、社会与自然环境的相互作用下构成的具有一定空间、结构和功能的农村体系，包含农村经济结构与地域环境、农村内部各经济部门，以及农村居民点与其周围地区之间的关系等（左大康，1990）。有学者认为，城镇系统由中心城市、中等城市和基层城镇三个等级所构成，在不同等级城镇的交互作用下，共同推动着区域发展；乡村系统由农村本体系统和农村主体系统组成，在空间上由一定数量的村庄、中心村、集镇、中心镇等村镇体系构成（张富刚等，2007）；开放性、相对性、动态性是乡村系统的基本特征，乡村性是其区别于城市的重要特征（张小林，1998），具有经济发展、粮食生产、社会保障、生态保育等多种功能（刘玉，2011）。

基于“要素—结构—功能”框架，本文认为，乡村系统以村域作为基本单元，以农户为行为主体，按其组成要素类型，可归纳为乡村资源环境系统、乡村经济系统、乡村社会系统三个子系统（图1-3），不同子系统具有不同的组成结构和功能。其中，资源环境子系统是乡村系统的本底系统，由土地、水、植物等自然资源与生态环境要素构成，包括自然资源的数量、质量、时空分布、村庄的空间组织形态等内容，承载着农业生产、居住生活等功能；乡村经济子系统是指乡村地域范围内包含的全部产业，以第一产业（农业）为主，以第二、第三产业为辅，主要承担着经济生产功能；乡村社会子系统包含农民就业、收入、消费等内容，承担着乡村的科教文卫、社会福利等社会功能；此外，还包括对以上子系统的管理机制，如乡村资源及经济要素的组织、经营与配置方式，以及乡村社区管理模式与制度等。

从系统论角度分析，系统的运动变化是内部因素与外部因素共同作用的结果，它们决定了系统演化的基本方向，其中，系统内部因素之间的相互作用是系统演化的内在动力，外部因素则改变了系统原有发展轨迹。乡村发展，是指乡村系统的进程过程，即一种从无序到有序、从低级向高级的运动过程。若外界要素对其产生正效应时，系统才会表现为进化过程。乡村系统作为一个开放性系统，其演化过程与

城镇系统的作用密不可分，城乡系统之间通过物质流、能量流、人员流、信息流等形式不断进行交换，相互依赖，相互渗透。乡村系统的演化过程，可以看作是由乡村自身要素产生的内源性驱动与城镇外部因素刺激产生的外源性驱动的共同作用过程。与城镇系统相比，乡村系统演化的内源性驱动力相对较弱，而城镇系统要素的变化能够引起乡村系统对应要素的变化，不同阶段的城镇系统会产生不同的效应强度。

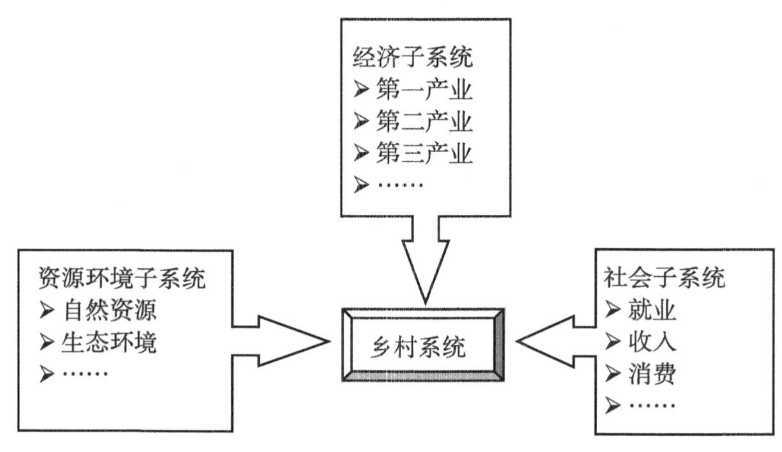

图 1-3　乡村系统的构成

1.2.2.2　乡村空间

地理学者认为，乡村空间是在乡村地域范围内，由乡村各要素组合而成的空间配置形态，在空间体系上由多层级的居民点体系构成，在社会文化层面由乡土文化、风俗习惯形成的邻里关系构成，从功能上可划分为生活空间、生产空间、生态空间等空间类型（陈晓华等，2008）。从性质上看，乡村空间由物质与非物质要素组成，分别对应于乡村物质空间与非物质空间，前者包括乡村聚落、生态空间、基础设施与公共服务设施网络空间等，后者包括乡村社会组织空间、文化空间等；也有学者将其划分为社会空间、经济空间、聚落空间等类型，分别代表乡村空间构成的不同属性（邢谷锐，2009）。

地理学研究侧重于乡村空间的组成要素、空间结构、空间关系、空间过程及演变动力等内容。从宏观上看，乡村空间可以看作乡村系统各种组成要素在地理空间上的构成形态，乡村空间演化也即是各种内外部驱动力作用下乡村空间结构与空间关系不断变化的过程，其中，乡村空间重构是乡村空间演化过程中一种特殊形态，反映了各要素及其空间优化调整的过程。从微观上看，农户是乡村系统的主体，是具有业缘与血缘关系的农村居民从事生产与生活活动的地域，在空间上具有连续性特征，因此，微观视角下的乡村空间可以看作农户各种经济社会活动行为直接作用于空间的结果（张小林等，2002）。从类型上看，农户行为既包括为满足自身生活生产需求而自发产生的行为，例如消费、人际交往、农业生产等行为，也包括在外界客观环境约束作用下而被迫采取的行为，例如农村新型社区集中居住的迁居行为，农户主体行为特征的变化直接作用于乡村空间演化，具体研究框架如图 1-4 所示。

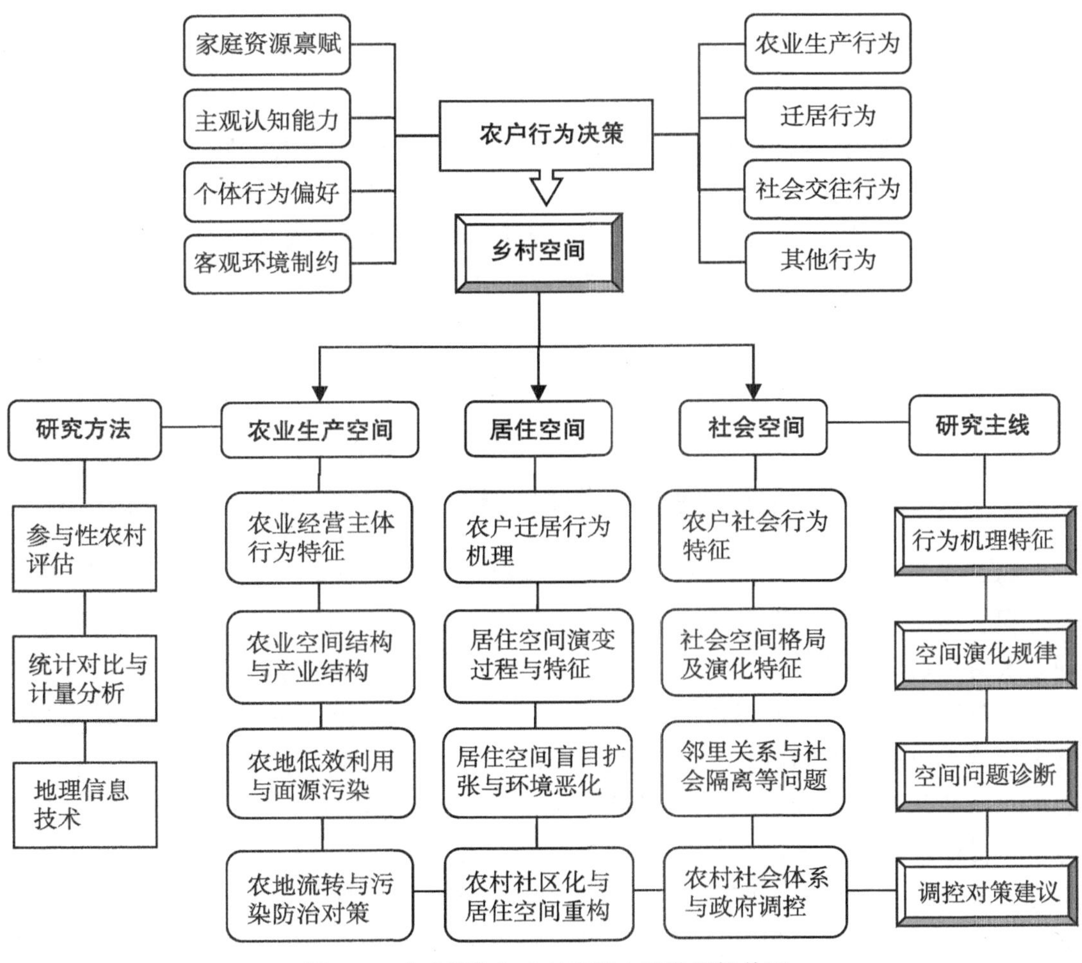

图 1-4 农户行为与乡村空间之间的逻辑关系

1.3 研究目的与意义

1.3.1 为国家战略层面的城乡融合发展与乡村振兴提供重要决策支撑

随着我国进入经济高速增长时期，城镇化建设成效显著，而乡村发展相对滞后，已成为城乡一体化建设面临的主要障碍，更是影响国家发展和稳定全局的战略性问题。城市与乡村是一个有机的整体，不能脱离对方而独立发展，解决当时乡村地区面临的主要矛盾，需将其放置于城乡系统的这一框架下进行。改革开放以来，我国乡村落后面貌得到不同程度的改善，乡村问题由早期的农业生产问题，转变为乡村经济、社会、生态等方面的复合问题，导致乡村发展矛盾更为复杂难解。针对当前我国乡村地区普遍存在的农业劳动力老弱化、耕地撂荒、生态环境日益恶化等基本现实，从国家战略层面上，亟须开展乡村劳动力快速非农化背景下乡村发展格局研究，剖析“乡村病”及其成因机理，制定不同乡村可持续发展方案，建立城乡融合的保障机制，为城乡融合发展与乡村振兴提供重要决策支撑。随着我国经济全面进入新常态，国家对产业结构转型的需求、农村适龄劳动人员数量减少、企业用工成本上升等因素将对我国农村劳动力流动趋势产生直接影响，乡村发展又将面临一些新问题与新挑战。科学引导农村人口要素有序流动，推进新型城镇化与城乡一体化建设，亟待国家战略层面对农村土地管理、农业生产、城乡户籍等方面进行整体的制度设计与改革。

1.3.2 为破解典型地区乡村治理难题与推进乡村社会转型提供实践参考

随着我国社会逐步走向现代化，传统乡村地区不可避免地面临着快速的社会转型过程。当前，乡村地区处于剧烈变革的时期，传统乡村秩序发生巨大的改变，表现为乡村劳动力大量外流、乡村“空心化”、乡村基层管理弱化等问题，增大了乡村治理的难度。从地方政府角度，推进农村传统社区社会转型与空间重构，是乡村治理中亟待解决的关键问题。本研究重点探讨乡村要素快速非农化背景下，乡村空间面临的新变化、乡村社会面临的新问题与乡村治理面临的新需求，研究成果能够为破解乡村治理难题与推进乡村社会转型提供决策参考。立足于不同类型乡村发展的实际需求，科学辨析乡村要素非农化过程，揭示要素非农化对不同发展阶段、不同类型乡村系统的作用过程与机理，分析评价对乡村系统可能产生的影响，研究成果对于科学规划不同类型乡村未来发展路径，指导乡村可持续发展实践具有一定的参考价值。

1.3.3 丰富与完善乡村地理学的理论与方法

21 世纪以来，我国乡村研究进入转型发展的新阶段，国内学者开展了大量综合性、前瞻性与系统性的乡村地理研究工作（刘彦随等，2011）。我国地域差异显著，乡村类型的多样性决定了乡村未来发展路径的多元化。针对当前快速工业化与城镇化过程中农村社区产生的新问题、新现象，应从宏观、中观、微观等不同尺度，集成乡村地理学、乡村社会学、城乡规划设计、经济学、资源学等多学科的理论与方法，开展农村社区综合研究。本研究在分析典型区域乡村要素流动格局与效应的基础上，选取典型村域从微观农户视角分析要素非农化过程对农业生产、资源环境、农民增收、社会发展等方面的影响，揭示典型地区乡村要素非农化对乡村发展的影响机理，研究成果能够在一定程度上丰富和完善乡村地理学、乡村发展学的理论与方法。

1.4 研究思路与内容安排

1.4.1 研究思路与目标

着眼于快速城镇化地区乡村要素非农化的宏观背景，以乡村人口与土地两类主要生产要素非农化作为研究对象，以要素流动的“格局—机理—效应—调控”为研究主线，综合集成系统分析、空间分析、抽样调查、计量模型等多学科方法，分析乡村要素非农化的格局与机理，揭示乡村要素非农化对乡村发展的影响效应，科学诊断乡村要素非农化导致乡村发展的障碍性因素，探索新时期乡村要素非农化调控与乡村振兴路径。在理论上，系统揭示乡村要素非农化过程及其对乡村发展的影响机制，丰富与发展人地关系地域系统理论体系；在实践上，探索乡村要素非农化过程中乡村治理与乡村振兴的创新途径，为构建和谐人地关系、推进城乡一体化与乡村可持续发展、推进乡村振兴提供科学决策依据。

1.4.2 研究内容

主要研究内容如图 1-5 所示。

（1）从宏观尺度上分析典型地区乡村要素非农化的时空格局特征，揭示乡村要素非农化的驱动机制。通过构建要素转移速度与强度、空间集聚程度等指标，分析乡村人口与土地要素非农化的时空演化格局，筛选乡村要素非农化的驱动因子，揭示不同驱动因素对乡村人口与土地要素非农化的驱动机制，探索宏观区域尺度要素适度非农化及其调控路径。

（2）从中观尺度上分析典型县域或不同地域类型乡村要素非农化的变化特征，综合运用回归分析、效应评价模型等方法，分析测度典型地区乡村人口与土地要素非农化对乡村系统的效应影响，归纳乡村要素非农化对乡村系统的影响机理，并结合不同县域或不同地域类型乡村发展实际需求，构建乡村要素非农化与乡村振兴调控体系。

（3）从微观尺度上，以农户为基本单元，分析典型村域乡村要素非农化特征，从农户行为响应视角分析乡村要素非农化对乡村系统影响的微观机理，以农户收益

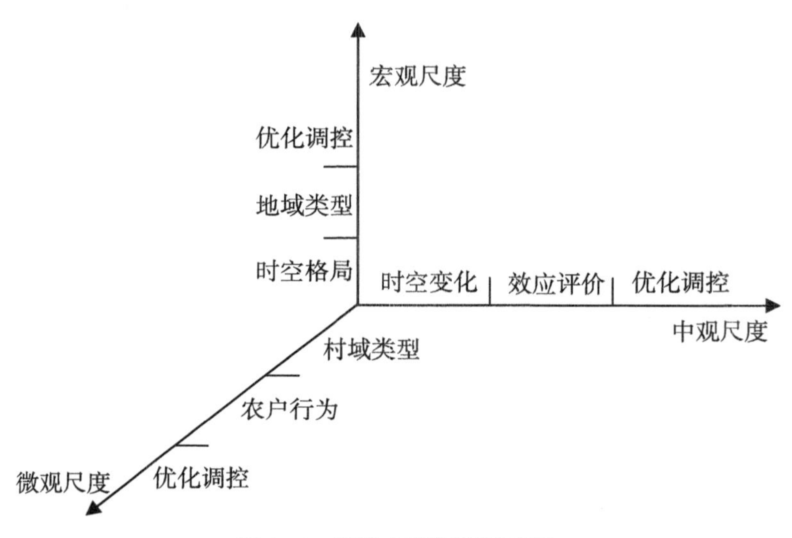

图 1-5 研究内容框架示意图

最大化或福利最大化作为目标，提出乡村可持续发展与乡村治理路径。

1.4.3 研究方法

在研究方法选择上，需借鉴地理学、经济学、社会学、系统科学等多学科的理论与方法。

1.4.3.1 专家征询支持决策法

乡村生产要素与乡村发展之间的传导机制与影响机理较为复杂，拟选择地理学、经济学、社会学等不同学科的专家，通过专家咨询与学术研讨，集成多学科的理论与方法，形成能够支撑乡村要素非农化对乡村发展影响机理的科学判断。

1.4.3.2 人文实证调查分析法

以典型样区—样点为架构，围绕快速城镇化过程中典型区域乡村要素流动趋势及其对乡村农业生产、非农就业、家庭收入等方面产生的影响，采用部门座谈、村干部访谈与农户问卷等方法，展开广泛的实地调研，获取乡村人口与乡村发展的第一手数据资料，揭示乡村要素外流与乡村经济、社会、生态系统之间的传导机制与作用机理，探索新时期乡村治理的调控路径与创新机制。

1.4.3.3 计量模型方法

构建效应评价模型，从不同维度构建乡村发展评价体系，定量评价要素非农化对典型农区发展的影响，对比分析不同地域类型、不同农区发展水平差异；运用回归分析、空间回归分析方法，定量测度人口要素变化与乡村发展主导因素之间的数量关系，揭示人口要素外流与乡村经济、社会、资源环境之间的传导效应。

1.4.3.4 地理信息系统方法

运用地理信息系统方法，从宏观上分析我国快速城镇化地区乡村人口与土地要素流动格局及空间差异性。基于 ArcGIS 的空间分析，定量评估典型区域乡村人口与土地要素转移的规模与比重；基于 ArcGIS 的统计分析功能，运用空间聚类方法，以主题地图的方式直观表达乡村人口与土地要素流动的格局与趋势，揭示不同时期乡村人口与土地要素流动的集聚与扩散特征。

1.4.4　技术路线与章节安排

本研究按照“格局—机理—效应—调控”与“区域—县域—村域”两条主线设计本研究技术路径，如图 1-6 所示。具体章节安排如下：第 1 章为绪论，提出本书的选题背景、研究内容、意义与总体框架安排；第 2 章是理论基础，包括相关概念界定、主要理论与国内外研究进展等；第 3 章分析乡村人口与土地要素非农化的格局特征与机理；第 4 章选取典型区域定量分析乡村人口与土地要素非农化对乡村系统的影响；第 5 章结合典型村域实地调研，从农户行为视角分析乡村要素非农化的特征、机理与微观效应；第 6 章提出乡村要素非农化与乡村振兴调控路径；第 7 章为结论与展望。

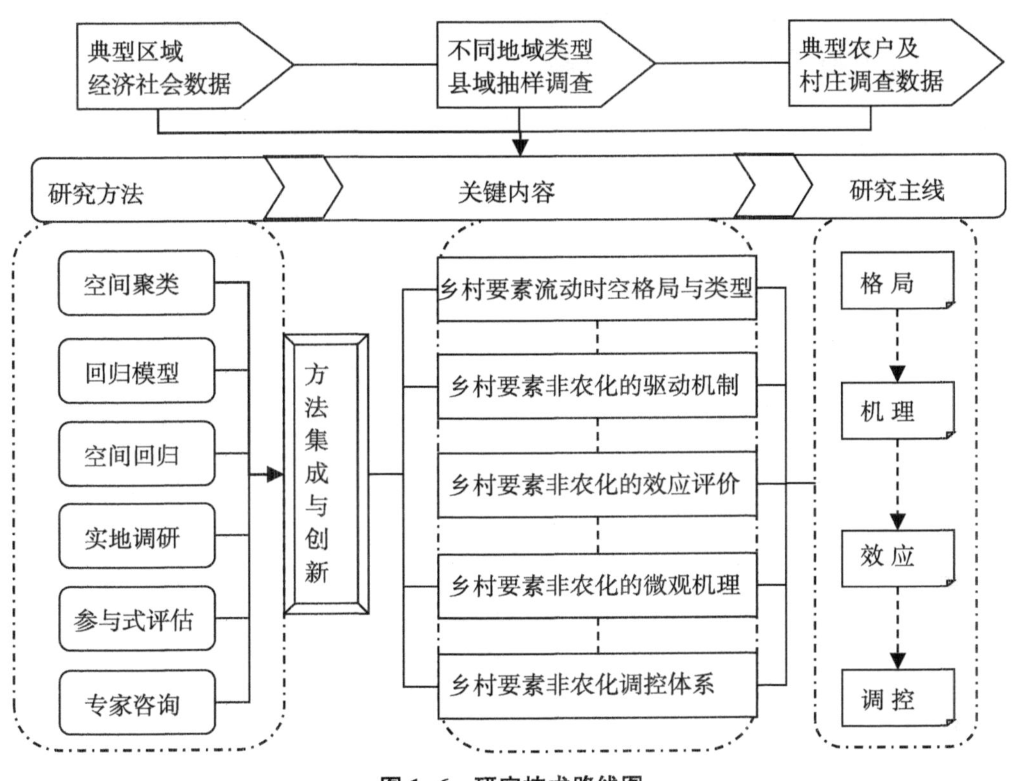

图 1-6　研究技术路线图

1.5 主要创新点

（1）综合运用系统科学、地理学、经济学、社会学等相关学科理论，以及文献研究法、参与式评估、空间聚类方法、空间回归等定性与定量研究方法，通过理论解析与实证分析，综合集成乡村要素非农化格局与空间集聚、驱动机理、效应影响与调控研究，有助于深化拓展乡村地理学的理论与方法体系。

（2）围绕乡村要素非农化这一科学问题，面向国家新型城镇化战略需求，对乡村发展战略进行再定位，深入开展典型区域乡村要素非农化格局、机理与效应研究，有助于揭示我国乡村要素转移的时空规律与内在机理，为地方决策部门推进城乡一体化建设与乡村治理提供路径选择。

（3）以人口与土地两个乡村重要的生产要素作为研究对象，重点剖析乡村要素流动对乡村发展的影响机制，通过对农区地域类型划分与典型村域案例剖析，有助于全面认识理解乡村要素流动规律，对指导不同地域类型乡村可持续发展具有一定的实践价值，体现了本研究的学科前瞻性。

第2章　理论基础与研究综述

本章阐述了乡村要素流动的基础性理论，从宏观与微观视角梳理归纳了乡村要素流动的格局、特征、机理与效应等国内外相关研究成果，为下文开展实证研究奠定理论基础。

2.1　基础理论

2.1.1　人地关系地域系统理论

人地关系地域系统是指由地理环境和人类活动两个子系统交错融合构成的复杂的、开放的巨系统。在特定的地域中，人地关系通过非线性的相互作用，产生了协同现象或相干现象，在宏观上形成了特定的时空结构，具有一定功能的自组织结构（吴传钧，1991）。人地关系地域系统以协调人地关系为目标，着重探索人地系统中人与自然的相互影响与正负反馈作用，使人地关系的各组成要素形成一定比例的组合，关键在于达到一种理想的组合状态，即人地关系地域系统的优化，并将其落实到地区综合发展上。人地关系地域系统研究的学术意义在于明确地理学研究重点是人地的地域关系，探寻这一系统的形成过程、结构特点和发展趋向。人地关系具有明显的地域差异性，不同类型地域上所表现的结构和矛盾不尽相同，需按各地域类型来协调不同的人地关系（吴传钧，1998）。本研究侧重于分析乡村要素非农化及其对乡村系统的影响，需以人地关系地域系统理论为指导，研究生产要素由乡村至城镇系统的转移过程、格局、驱动机制及其可能带来乡村系统的要素与功能变化，这些内容都属于人地关系地域系统的研究范畴，其研究目的是协调不同地域的人地关系，促进生产要素在城乡系统之间的优化配置。

2.1.2　经济发展阶段理论

经济发展的阶段性在一定程度上决定着要素转移的阶段特征。经济发展阶段的代表性理论包括罗斯托的经济增长六阶段论、佩蒂—克拉克定理、库兹涅茨法则和诺瑟姆的经济发展阶段论等。其中，美国经济学家罗斯托基于对发达资本主义国家发展历史的抽象和概括，于1951—1970年提出经济成长的六个阶段理论：传统社会、为起飞创造前提条件阶段（过渡阶段）、起飞阶段、向成熟推进阶段、高额消费阶段和追求生活质量阶段，对发展中国家经济发展规划具有较强的指导作用（李小建，1999）；佩蒂—克拉克定理、库兹涅茨法则指出，由于生产要素在各产业部门之间配置效率存在差异，各产业产值与产业就业人数存在着从第一产业向第二产业转移，再向第三产业转移的趋势（杨治，1985），从而带来了产业结构的演化与发展；美国地理学家诺瑟姆将城市化、工业化划分为三个阶段，分别以城市化的20%~30%和70%~80%作为三阶段的分界点，经济发展的不同阶段分别对应不同的城市化与工业化特征（何芳，2003）。

工业化、城镇化阶段与乡村要素非农化密切相关，本研究以经济发展阶段理论作为支撑，研究处于不同工业化与城镇化发展阶段的地区对乡村要素转移的吸纳能力，进而在不同经济发展阶段呈现出差异的要素非农化时空变化特征，研究成果能够为分区域、分阶段地开展要素非农转移优化调控提供理论依据。

2.1.3 二元结构理论

“二元经济”或“二元经济结构”，指发展中国家在实现产业结构转换和工业化的过程中，由于部门间生产函数与劳动生产率的差异、区域之间或区域内经济发展的不平衡等原因，导致经济呈现两极分化的现象。刘易斯（Lewis，1954；阿瑟·刘易斯，1989）最早提出了二元经济结构理论（或称刘易斯模型），解释了发展中国家现代化的工业和技术落后的传统农业同时并存的经济结构（传统经济与现代经济并存），而农业剩余劳动力向非农部门转移，能够促使二元经济结构逐步消减；美国经济学家拉尼斯和费景汉（Fei et al，1961）在刘易斯模型的基础上建立了拉尼斯—费模型（或称费—拉尼斯模型），揭示了农业与工业部门的相互联系，强调农业劳动生产率的提高是保证工业部门扩张和农业剩余劳动力转移的必要条件；托达罗（Harris et al，1970）于20世纪60年代末提出了城乡人口流动理论（或称托达罗模型），他认为就业概率在迁移决策中发挥重要作用，指出一个农业劳动者是否迁入城市的决策不仅取决于城乡实际收入差异，而且还决定于城市失业状况。这些经典理论都强调了工业化过程、资本积累与城乡人口流动之间存在着有机联系，发展农村经济、缩小城乡收入差距是解决城乡发展矛盾的重要路径。

我国城乡二元结构显著，国家现代化进程的关键取决于城乡二元结构向现代经济结构的转换。在人口和土地等生产要素由乡村向城市转移过程中，如何通过科学调控，降低要素过度非农化导致的乡村发展负面效应，促进城乡统筹与城乡融合发展，实现乡村地区全面振兴，是本研究需重点突破的难题。

2.1.4 福利经济学

福利经济学（Welfare Economics）是研究经济社会福利的一种经济学理论体系，由英国经济学家霍布斯和庇古（2009）创建，该理论强调国民收入均等化，认为“分配越均等，社会福利越大”。随后，一些西方经济学家在此基础上进行修正与改进，提出了其他社会福利函数，形成了“新福利经济学”，代表性理论包括帕累托理论、伯格森·萨缪尔森的社会福利函数、阿罗社会福利函数等。自19世纪70年代进入了古典效用主义复兴时期，效用主义的社会福利函数开始回归，代表性理论包括黄光有“完全效用主义”社会福利函数、新古典效用主义的社会福利函数（Harsanyi et al，1988）、精英者的社会福利函数、纳什的社会福利函数、阿特金森的社会福利函数（Atkinson，1970）等。

我国国家政策导向由“效率”向“公平”转变，其实质是全社会福利逐步增加，并取得最大化的过程，尤其兼顾农户在要素非农化过程的福利变化。基于此，本研究以农户福利提升为出发点，通过解析城乡生产要素的流动，对于城乡生产要素优化配置，破解城乡二元结构，促进要素非农化过程趋于合理、有序、高效流动具有一定的实践指导价值。

2.1.5 城乡融合发展理论

马克思与恩格斯在城乡理论中指出，“城乡对立是一个历史范畴，必将随着生产力的发展而走向城乡融合”。城乡融合是城乡关系发展到一定阶段的必然产物，是城市与乡村之间差距逐渐缩小直至消灭城乡基本差别的过程，在这一过程中实现了城乡要素的自由流动与优化配置，城乡经济社会趋于协调发展。刘彦随（2018）认为，城乡融合系统是包括地域、市域、县域三个层次，城乡融合发展是城乡融合系统中不同对象、要素与事物之间相互交叉、相互渗透，通过互相融合而形成一个城乡交错系统，在空间上，包含地域、市域、县域三个层次，由中小城市、小城镇、城郊社区与乡村空间构成，以城乡基础网为传导，互相联通。

在工业化和城镇化推进过程中，乡村凋敝与城市繁荣的巨大反差使城乡关系日益失调，乡村衰退已成为不争的事实。新时期，党的十九大报告指出，当前我国社会主要矛盾是人民日益增长的美好生活需要和不平衡不充分之间的矛盾，而城乡发展不平衡是社会矛盾的重要表现，因此，我国全面建成小康社会，亟待着力处理这一主要矛盾，促进乡村崛起与乡村振兴。在快速城镇化与工业化过程中，乡村要素过度非农化是导致城乡发展不平衡的重要原因，通过解析乡村要素非农化对乡村系统与乡村发展的效应影响，对于促进城乡融合发展与乡村振兴具有重要作用。

2.2 文献综述

结合乡村要素流动与乡村发展研究主题，分别从宏观与微观视角梳理了乡村要素流动的相关研究成果，归纳了乡村土地与人口要素流动对乡村发展影响的相关研究，从不同学科视角汇总了主要研究方法。

2.2.1 文献热点分析

通过整理归纳乡村要素流动与乡村发展的国内外文献，应用“热点分析”方法，梳理不同时期国内外学者的研究热点。

（1）国内文献分析。国内文献来源于中国知网（CNKI）数据库，分别以乡村要素流动+乡村空间、以农户行为+乡村空间为主题词，筛选了2000—2019年地理学、资源环境、资源科学、农村经济等领域的核心期刊文献，人工剔除了与主题不相关的文献，依据被引次数进行排序，最终选取了前200条期刊文献记录，应用CNKI数据库的文献可视化分析工具进行关键词共现分析，结果分别如图2-1（见书末彩图）、图2-2（见书末彩图）所示。

从宏观格局来看，学者对乡村发展的研究，主要集中于乡村聚落、乡村空间格局、乡村三生空间、乡村公共空间、乡村城镇化等研究领域；从微观农户行为研究来看，学者较为关注农户居住空间行为、消费行为、兼业行为、农业生产区位选择等微观行为（李伯华等，2011；李伯华等，2008）；在乡村空间研究领域，学者们关注乡村空间的格局、转换与重构，伴随着农村社会转型，乡村社会空间分异现象也日益引起学者们的重视（谷玉良等，2015；魏秀梅，2015；席建超等，2014）；从类型上看，乡村生活空间、住宅空间、公共空间是主要研究对象，在调控方面，乡村空间整合、空心村综合整治出现频次较高；在农业发展与土地利用领域，学者们更为关注土地利用、耕地流转、耕地规模经营、耕地质量、农业面源污染、农业技术等内容。从研究区域上看，长三角地区、苏南地区与欠发达农区是热点区域，研究方法包括行动者网络理论方法、多智能体模型等。

分别以环渤海地区、京津冀地区作为主题词搜索2000年以来国内相关研究领域的核心期刊文献，应用CNKI数据库的文献可视化分析工具进行关键词共现分析，结果分别如图2-3（见书末彩图）和图2-4（见书末彩图）所示。其中，环渤海地区侧重于海洋经济、生态污染、产业结构、土地利用等研究领域；京津冀地区侧重于区域经济、城市群、生态补偿、环境污染、土地利用、京津冀一体化与协同发展等研究内容。

（2）国外文献分析。国外文献来源于 Web of Science 数据库，以乡村空间（rural space）为主题词进行检索，筛选了 1990—2018 年英文期刊论文，共获得 1 164 条文献记录，应用 CiteSpace 软件对文献进行关键词共现分析（陈悦等，2015），如图 2-5 所示。

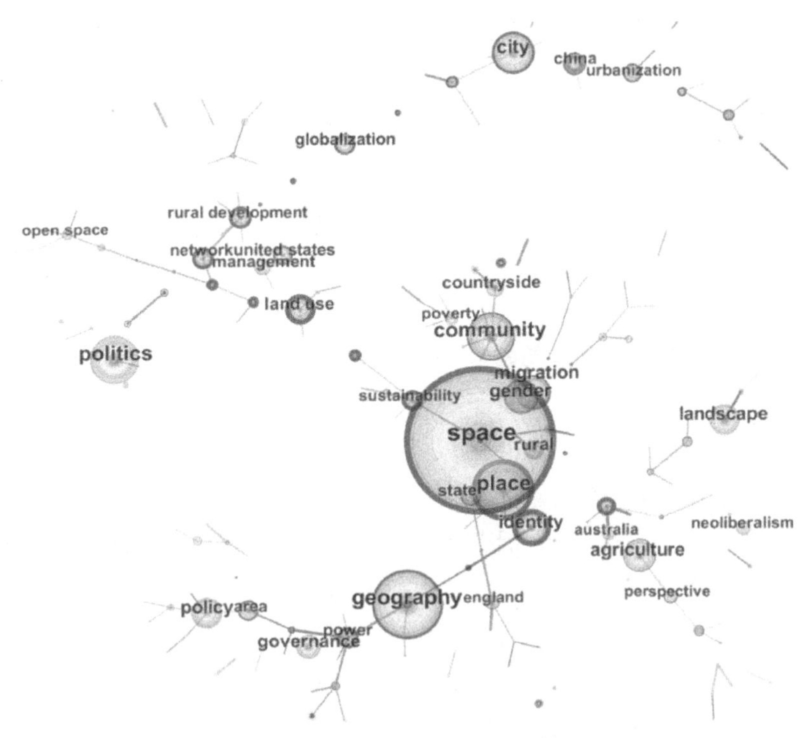

图 2-5　国外乡村空间相关文献关键词共现网络

地理学、生态学、经济学、社会学对乡村空间的关注较高，不同时期国外学者对乡村空间研究重点各异，主要特征如下：①1990—2000 年，环境保护与可持续发展成为国际关注的热点议题，关键词包括空间（space）、地理（geography）、地点（place）、政治（politics）、社区（community）、可持续发展（sustainability）、环境（environment）等，研究区域以美国、英国为主；②2000—2010 年，伴随着全球化与城市化，学者们关注乡村迁移（migration）、土地利用（land use）、乡村治理（governance）与管理（management）等领域研究，也有学者从犯罪（crime）、男性主义（masculinity）、种族主义（racism）等社会领域开展研究，印度尼西亚、西班牙、中国为热点地区；③2010 年以来，乡村热点问题转向农村发展战略、劳动力（labor）、贫困（property）、青少年（youth）等领域。

国内外农户行为与乡村空间的研究存在一些异同点。例如，伴随着快速城市化带来的农村要素变化，乡村人口迁移、土地利用变化与乡村治理成为热点议题，国内外学者均对这些现象进行了深入的研究。由于农村发展阶段与经济社会发展阶段的不同，国内农户行为与乡村空间与国外研究在时序上存在较大差异。新时期，伴随着快速工业化与城镇化，我国农户类型不断分化，农村快速转型过程中产生了农业生产、居住空间与社会问题，成为当前乡村空间研究的热点，而国外乡村空间研究的社会化倾向日益明显，一些学者开始关注乡村儿童、老人、残疾人等弱势群体行为权益与社会公正的研究（Matthews et al，2000；Jordan et al，2009；Davies，2011；Carlsson et al，2013）。

2.2.2 乡村要素流动的宏观格局与机理研究

乡村人口与土地要素流动是快速工业化与城镇化的重要表征，开展乡村生产要素流动的宏观研究，有助于了解不同发展阶段、不同区域乡村要素流动的格局、趋势与特征。

2.2.2.1 乡村生产要素流动格局与特征

（1）乡村人口要素流动的格局、趋势与特征。乡村劳动力转移是国家工业化与城镇化阶段的显著特征，刘易斯的二元经济理论、拉尼斯—费模型、乔纳森模型、托达罗模型、新迁移经济学等国外经典理论从收入均衡等视角提出了城乡人口要素流动的理论模型，成为学者们分析劳动力要素转移的重要理论依据。自20世纪80年代起，国内外学者开始关注我国城乡人口规模流动的现象（杨传开等，2015），分别探讨了我国省际人口流动、农村人口流动、城市人口流动的基本格局（高更和等，2015；Chen et al，2014；于涛方，2012），在宏观格局上我国农村人口要素流动具有显著的地域集中性和空间指向性（杨春悦，2008），在微观尺度上，学者们从劳动力流向、空间集聚性、季节性、劳动力回流等视角分析了不同区域农村劳动力迁移行为（殷江滨等，2012）。

中国经济高速增长与劳动力供给之间关系密切，随着适龄劳动人数增速趋缓，一部分地区出现了“民工荒”的现象，一些学者认为我国已经或将要到达刘易斯转折点，目前学界对这一观点仍存争议。蔡昉和王美艳（2010）认为，我国已全面进入劳动力短缺阶段，经济高速增长势头将难以持续；也有学者认为，中国实际与刘易斯模型不一致，我国劳动力转移不存在这一拐点（伍山林，2008）；另一些学者基于对农民工实际工资曲线、不同工种工资差距、新增非农就业岗位供需关系、制造业劳动力实际工资与产业结构转型的判断（吴要武，2007；罗思高等，2006），认为中国已通过刘易斯转折点。

（2）乡村土地要素流动的格局、趋势与特征。建设占用导致耕地减少，是许多发展中国家发展过程中面临的突出问题（蔡运龙，2000；高魏，2007；刘彦随等，2007）。在不同发展阶段，土地要素非农化趋势、规模、结构呈现出不同的变化趋势。我国土地要素非农化过程经历了20世纪80年代初期和20世纪90年代两个剧烈变化期，20 世纪 90 年代后逐步趋缓；土地要素非农化的宏观区位集中于东部和南方的人口密集、经济发达地区（史清华等，2002；赵涛等，2004）；土地要素非农化的微观区位集中于城市边缘区（Greene et al，2001）。

曲福田（2004）认为，经济增长与耕地数量之间存在类似库兹涅茨倒 U 形曲线的关系，当经济发展到一定程度时，耕地损失率逐渐减小；姜海和曲福田（2009）认为，随着经济发展阶段的提升，建设用地扩张对经济增长的贡献逐渐减小，集约型增长方式将在一定程度上缓解建设用地扩张；一些学者（杨克等，2009；谷晓坤等，2010）认为，建设占用耕地对经济增长的贡献主要来自耕地占用引起的经济增长中的土地、劳动和资本投入的增加，当经济增长出现转型时，耕地占用与经济增长会出现“脱钩”现象；许多发达国家工业化、城镇化已进入稳定成熟阶段，经济发展与土地资源保护之间没有矛盾，更关注土地要素非农化过程中的环境影响和景观生态维护（许恒周，2011；Busch，2006）。

2.2.2.2　乡村要素流动的影响因素与机理

（1）乡村人口流动的影响因素与机理研究。国内外学者们分别从地理环境、经济、社会、劳动力主体特征、政策等角度分析劳动力流动的影响因素，受不同农区地理环境与农户家庭差异的影响，乡村人口流动的主导驱动机制表现各不相同。一般认为，地形、交通与通讯通达度、农业生产类型是主要地理环境因素；社会关系网络、特殊经历构成了农村劳动力流动的主要社会因素；学者们从预期人均非农收入、城乡收入差距、地区发展不平衡等因素，以及劳动力迁移所支付的交通、生活、心理成本以及工作培训成本、迁移误工的机会成本等角度分析了劳动力流动的经济动因（杨春悦，2008）；劳动力主体特征主要从家庭劳动力数量、人均耕地数量、家庭平均年龄、家庭未成年子女数量、人力资本存量、家庭拥有生产资料等农户家庭资源禀赋来衡量；户籍制度、农村土地制度、农村社会保障制度等制度因素（刘明，2012）。

（2）乡村土地要素流动的影响因素与机理研究。国外学者从经济学角度分析了乡村土地要素非农化的驱动因素与作用机制。例如，Seto（2003）认为农用地生产率与工业用地生产率的比率是导致土地要素非农化的根本因素，Zhai（2000）等认为经济与技术因素是主导因素，Shoshany（2002）认为土地要素非农化的驱动因素包括人口增长、规划政策、土地开发利用与资源配置、非政府组织的引导以及农村产业部门中自发的内生变化等；Meyer 等（1994）将其驱动因素划分为自然和经济社会两大类，其中经济社会因素包括人口变化、贫富状况、技术变化、经济增长、政治和经济结构以及观念和价值等；贾生华和张宏斌（2002）认为，土地增值，农用地财产税的提高和购买价格上涨，缺乏农业劳动力、生产资料、基础设施和技术支持使农场主退出农业是土地要素非农化的三个重要动力。此外，还有一些学者从制度角度分析了乡村土地要素流动的影响机制，吴先华（2006）认为，目前制度研究仍停留在单一制度的影响层面上，而各种制度相互作用、相互影响所形成的合力对其影响更为重要。Lin（2003）认为新中国成立以来，我国各种土地制度对土地资源的利用和保护起到了重要的作用；Skinner（2001）探讨了中国地方政府土地保护政策制定、执行的演化过程与政策贯彻执行情况的关系，但是，地方政府在执行过程中仍以耕地流失为代价换取地方经济的持续增长。

2.2.3 微观农户行为与乡村演化发展研究

农户作为乡村地区的行为主体，其经济社会活动深刻改变着乡村空间格局，驱动着乡村人地系统演化与发展。农户多面性特征决定了不同家庭之间生产生活行为目标的差异，其中，乡村商品化与市场化提高了农户理性意识，促使其在经济活动中为追求利益最大化而做出合理的生产决策，使我国农户具有一定的“理性小农”特征，而受家庭资源禀赋、主观认知能力及自身存在的自私狭隘性等影响，农户生产生活行为决策也保留了一些非理性特征（方方等，2018）。

2.2.3.1 农户行为对乡村三生空间的影响

微观视角下乡村空间演化与发展可看作是不同行为目标的农户从事经济社会活动作用于空间的结果，且在不同乡村发展时期具有特定的演化特征，在传统社会，农户行为的趋同性对乡村空间演化与分异的影响甚微，在现代社会，农户行为的多样化与复杂化对乡村空间演化的影响愈加显著。

（1）农户行为与农业生产空间。乡村生产空间是农户从事各种农业生产与非农业生产活动的场所，鉴于我国乡村以农业生产经营活动为主，且乡村工商业活动仅在特定农区表现显著，因此，本文重点分析我国农业生产空间格局特征与机理，研究主题、方法及主要观点如表 2-1 所示。

表 2-1 农户行为层面农业生产空间研究的代表性成果

研究主题	研究内容	代表文献	案例区域与数据	研究方法	主要观点
农户行为决策对农业生产空间的影响	农户对农业生产区位的选择	李小建等，2008	河南省南阳市黄庄村 44 份农户问卷、遥感影像数据	描述、统计与对比	中部平原农区存在以住宅与村庄为中心的带状农业区位
	模拟农户土地利用决策与行为过程	王涛，2009	陕西米脂县 TM 影像数据、孟岔村农户调查数据、土地利用测量数据	PRA（参与性农村评估）+ BDI 决策分析模型	农户采用作物种植决策受市场因素与其他农户的影响较为显著
	农户非粮化种植行为的影响因素	易小燕等，2010	浙江省与河北省随机抽取的 360 份农户调查问卷	PRA（参与性农村评估）+ Logistic 回归模型、Tobit 模型	转入方式、合同批准单位与地区差异是农户转入耕地后非粮化种植行为的主要因素

（续表）

研究主题	研究内容	代表文献	案例区域与数据	研究方法	主要观点
农地问题诊断	不同兼业类型农户的土地利用效率的差异	梁流涛等，2008	南京市江宁区240份农户调查问卷	PRA（参与性农村评估）+DEA（数据包络分析）	适度兼业经营有利于农地利用效率提升
	农业劳动力对耕地撂荒的影响	张英等，2014	重庆市武隆县17个乡镇308份农户调查数据	PRA（参与性农村评估）+二分类 Logistic 回归模型、简单相关和偏相关分析	在耕地流转条件下，减少亩*均农业劳动力投入对耕地撂荒的影响较小
	模拟农户外出务工行为与耕地撂荒之间的相关性	王强，2009	江西省鄱阳湖区463份农户调查数据与土地利用现状数据	PRA（参与性农村评估）+ABM 仿真模型	耕地流转有利于减少外出农户土地撂荒

*1 亩≈667 平方米。全书同

①农户生产行为。农户是农业生产经营的主体，基于“理性小农”的前提假设，农户生产行为是在特定经济社会环境下，农户为实现预期效用和收益最大化目标，而采取特定的耕作方式、种植结构、资源利用、生产投入等农业生产行为过程。一般而言，农户的生产行为受到家庭自身因素、主观认知水平、外部资源环境、农业生产偏好、新技术应用能力、国家政策等因素的综合影响或约束。改革开放以来，我国农村劳动力外流现象越来越普遍，农村生计活动非农化和农户兼业化现象日益突出，农户兼业经营成为当前我国农业经营主体的主要行为特征。农户兼业经营是农户在既定约束条件下的理性选择，促进了农户家庭分工与农户就业分化，在一定程度上降低了农户对农业收入的依赖，从而驱动着农户土地利用方式、劳动力投入等农业生产行为产生变化，并推动着我国农业经营主体由单一的、相对同质的小农家庭经营向多主体经营并存的局面转变，专业农户、家庭农场、专业合作社和农业企业等新型经营主体不断涌现（郭庆海，2013）。

②农户行为对农业生产空间的影响机理。农户的农业生产行为决策是形成农业生产空间的微观基础，农业生产行为差异导致农业生产空间呈现出一定的规律特征。农户依据地形、水利、耕作距离、劳动力、资本等因素安排布局农业生产，在中部平原农区，农业生产空间呈小尺度带状分布，与村庄的距离越远，农作物的劳动密集度越低，其中，种植业空间呈现出圈层、阶梯、斑块、放射结构，养殖业以空间混合型和空间分明型的空间结构为主（李君等，2008a；乔家君，2011a）。农户对农业产业结构的选择主要受农业预期收入、农产品市场价格、家庭核心成员文化水平等主客观因素的影响（王涛，2009），从而导致不同地域农业生产空间存在地类转换与土地利用结构的调整。在生态脆弱型农区，农业利益诱导机制促使农户调整农业

产业结构，产生了水田与水域、茶园与果园、桑园与旱地等不同地类的转换（王鹏等，2003）；在粮食主产区，较低的粮食预期收入在一定程度上制约了农户种粮行为（周清明，2009），导致农业生产空间的非粮化趋势日益显著，易小燕等（2010）通过对粮食主产区典型农户调查发现，耕地流转的转入方式、合同批准单位与地区差异是导致转入耕地农户种植非粮化的主导因素。

依据要素投入产出原理，农业劳动力与农业产出之间存在着要素边际报酬递减规律，以兼业经营为主要表现的农业经营主体行为变化势必对农业生产空间产生影响，学者们分别从农户家庭成员分工与农户兼业类型分化视角科学评估了农户兼业行为对农业生产的影响。一些学者认为，家庭内部成员分工是农户家庭决策的基础，兼业农户家庭能够通过增加农业机械与技术的投入，种植粮食等省工性作物类型，减少经济作物的生产规模来降低劳动要素投入带来的损失，并未导致农业产出的下降（欧阳金琼等，2014）；但也有学者认为，不同农户兼业类型对农业生产与农地利用的影响存在显著差异，农户兼业促使农业生产由资金偏向型投入向劳动偏向型投入转变，导致耕地质量保护的投入随兼业程度深化而降低（杨志海等，2015；Sauer et al，2012）。

③农地利用的诊断与调控。农地是农业生产的空间载体，农地利用效率低下是当前我国农业生产空间面临的突出问题，制约了农地可持续利用与农业转型发展。随着农户兼业化程度提升与就业类型分化，农户对农地的资本投入、施肥、土地经营规模等行为差异扩大（梁流涛等，2008），一些农区农户家庭劳动力配置逐渐向非农产业倾斜，降低了农地利用效率，一些农区甚至出现了耕地撂荒现象。在欧美发达国家，耕地撂荒现象较为常见，通常认为，宏观经济社会环境的变化是导致农户耕地撂荒的主要驱动力，而农户务农机会成本增加导致的耕地边际化是耕地撂荒的根本原因（Zhang et al，2014；Strijker，2005；Xie et al，2014），这一观点同样适用于解释我国耕地撂荒成因机理。国内一些学者还指出，耕地撂荒现象与地形因素高度相关，通常出现在山地丘陵地区（李升发等，2016），但也有学者通过测算得出，农业劳动力禀赋（亩均务农人数）对耕地撂荒影响显著，而以地块坡度、耕作距离、地块与居民点相对高差为主要表征的耕作条件与撂荒率相关性较弱（邵景安等，2015）。在我国，农地流转强化了农业劳动力与耕地撂荒之间的关系（张英等，2014），适度的土地流转有利于减少土地撂荒行为（王强，2009）。在农地利用调控上，土地适度规模经营有利于降低优质耕地的撂荒率，在政府层面上，需进一步完善农地流转制度，加强对农地流转的监管，推进农地市场化程度，逐步完善农地租赁市场，促进农地资源优化利用。

（2）农户行为与乡村生活空间。乡村是农户居住与生活的空间单元，乡村生活空间是反映乡村人地关系的重要视角，科学识别农户不同行为对乡村生活空间的影响，对于优化乡村人居环境与推进乡村社会治理具有一定的参考价值（余斌等，

2017)。表 2-2 汇总了我国农户行为对乡村生活空间影响的研究主题、方法与主要结论。

表 2-2　农户行为层面生活空间研究的代表性成果

研究主题	研究内容	代表文献	案例区域与数据	研究方法	主要观点
农户行为对乡村聚落空间的影响	农户对居住空间行为选择的动力机制	周智等，2015	河北省保定市 126 份农户问卷	PRA（参与性农村评估）+SEM（结构方程模型）	配套环境驱动与经济生产条件驱动是影响农户居住空间行为选择的主要因素
	乡村聚落空间演化的驱动机制	崔力丹，2015	四川省苍溪县统计年鉴	AHP（层次分析法）	农村居民就业状况与人均纯收入对乡村聚落演化影响显著
农户行为对乡村社会空间的影响	“村改居”对农村社会关系的影响	谷玉良等，2015	山东省枣庄市 L 村 55 户村民访谈与调查	描述与统计分析	农户集中居住后，居民之间交往行为减少，交往意愿降低，社会关系由“分散的不规则集中”向“集中的均匀分散”转变
	农村社区人口老龄化空间分异的影响因素	魏秀梅，2015	民勤县人口普查资料与统计年鉴数据	灰色关联分析	农村人口迁出率、政策制度、社会教育对农村社区老龄化空间分异的影响最为显著
	旅游村落社会空间重构	席建超等，2014	河北省涞水县苟各庄村 538 份农户调查问卷	PRA（参与性农村评估）	乡村外来人口改变了村落原有的社会关系结构，加剧了不同阶层之间的隔膜与对立

①农户生活行为。农户生活行为是在乡村地域范围内，为满足农户“衣食住行”等日常生活需求而产生的消费、居住、就业、社会等行为，其中，农户迁居行为与农户社会行为更具典型性。具体体现在：一是农户迁居行为。随着经济社会不断发展，农户对居住空间的需求存在着由生存、生产到发展、享受的递进过程，农户迁居行为是农户结合目前居住空间效用与未来居住需求的综合评价而产生的有意识、有目的行为，以追求人居利益最大化为目标，同时，受自身认识能力与信息获取的限制，也具有一定的非理性特征。农户迁居行为受多种因素的共同影响，农户就业类型与文化程度决定其对居住环境的认知能力（李君等，2012），而农户居住空间偏好、房屋建筑成本、迁移成本等因素综合影响居住区位行为选择。李伯华等（2008）应用压力—引力模型解析了农户迁居行为动因，他认为，农户居住行为受压力与引力共同作用，其中，压力来源于个体对改善居住环境的需求，引力来自农户收入增加、对精神层面的追求以及农村土地管理制度的缺失。二是农户社会行为。农户社会行为是在一定地域空间范围内乡村居民之间的交往与共同活动的集合体，是推动

乡村生活空间演化的主导因素，以经济活动为基础，受个体认知能力与实践经验的影响，具有不确定性特征（胡潇，2016），由迁居行为带来的农村人际交往变化对乡村社会治理与乡村可持续发展提出了新的挑战。

②农户行为对生活空间的影响机理。乡村生活空间是一定乡村地域空间形式、内涵与意义内在关联的有机统一体，可区分为乡村聚落—居住空间、产业—就业空间与交易—消费空间、交往—休闲空间等（余斌等，2017）。在要素构成上，包含乡村聚落、基础设施、公共服务设施网络等物质要素，对应于物质生活空间，还包含农户的社会活动、乡土文化、风俗习惯等非物质要素，对应于非物质生活空间（艾大宾等，2004）。其中，乡村聚落空间与乡村社会空间分别是乡村生活空间在物质与非物质层面的重要表征，受农户行为的直接影响更为显著，本文重点从这两方面展开阐述，主要内容如下：

一是农户行为对乡村聚落空间的影响。农户对居住区位的选择是乡村聚落空间演化的微观行为基础，自然、经济、社会文化、制度、政策是农户迁居行为的主要影响因素（李君等，2012），农户迁居行为选择直接导致乡村空间秩序的变化（周智等，2015）。在农业社会，乡村聚落空间受自然地理要素的约束显著，为便于农业生产与农田灌溉，丘陵区居住区位选址倾向于河谷川道零散分布，并呈现出向高海拔山地或丘陵区扩张的趋势，平原区受农业布局与土地利用分异的影响，形成了以村落为中心的环状空间格局（崔力丹，2015）；在现代社会，农户对居住的选择更多受到宏观经济环境、基础设施、农户生计方式与自身居住需求的影响（李君等，2008b），乡村聚落空间的扩张与人口增长、家庭分化密切相关，受村落地域空间的限制，农户选择居住区位往往采取原地重建、与老宅邻近而建等方式，从而使聚落空间呈现出沿主要交通道路两侧分布、集市边缘集聚的态势（李君，2012；崔力丹，2015）。乡村聚落空心化是当前我国城市化滞后于人口非农化背景下乡村聚落空间演化的一种特殊形态，在不同地域类型区均表现显著，而农户经营非农化、对小型规模住房的需求是空心村的形成与演化的重要人为因素（龙花楼等，2009）。

二是农户社会行为对乡村社会空间的影响。伴随着农户社会行为的变化与社会群体分化，农户主体之间的社会关系急剧变化，以社会生活为核心的乡村非物质生活空间呈现出一定的演化规律与空间分异特征。乡村社会空间伴随着乡村经济、社会、政治变革而演化发展，艾大宾等（2004）将乡村社会空间演化划分为自然经济、商品经济初步发展、农业集体化、商品经济与市场经济大发展等四个时期，不同时期由血缘、亲缘、地缘组成的乡村社会关系中，起主导作用的社会关系决定了乡村社会空间演化方向。

乡村社会空间分异是农户社会行为变化在空间上的直接反映，当前，由农户社会群体分化带来的社会空间分异日益显著（李志刚等，2006），成为我国乡村社会发展转型的重要空间特征。传统社会空间相对均质性导致社会空间分异现象较不显著，新时期，在城镇化、人口流动与产业发展等外部因素刺激下，农户社会群体不断分化，一般以人口特征、文化程度、职业类型、住房条件等作为划分标准，导致乡村居住空间分异与人口空间分异。具体内容如下：首先，居住空间分异是农户社会分层及农户对不同功能空间需求共同作用的结果。在乡村聚落空间扩张过程中，村庄外围新居住地的农户与旧村庄农户之间产生了居住空间分异，农村新型社区建设使乡土社会的熟人社会网络趋于解体，邻里交往频率降低，社会关系由“分散的不规则集中”向“集中的均匀分散”转变（谷玉良等，2015；李飞等，2013）。其次，农户兼业经营行为导致乡村青壮年劳动力大量流失，引起乡村老龄化与农村宗族观念的弱化，乡村老年人逐渐被边缘化，由人口老龄化带来的人口社会空间分异成为当前农村社会发展面临的重要问题，亟待创新农村养老模式，积极应对农村人口老龄化带来的负面效应，增强农村社区老年人社会福利（杜姣，2015）。

③主要问题与调控对策。在我国社会快速转型期，乡村不断由封闭型社会逐渐向半封闭型、开放型社会转变，乡村社会发展整体处于传统社会关系不断流失，现代农村社会关系尚未建立的中间过渡阶段，由居住空间分异导致的乡村邻里关系弱化、社会隔离与社会网络资源流失，成为当前我国乡村生活空间面临的突出问题。由于农户对居住区位选择的行为决策普遍降低了对血缘、地缘等邻里因素的考虑，不同经济实力家庭迁居行为差异导致新居住地与原村庄之间空间分异，产生了新社区与旧村庄之间社会隔离（李君，2012；杨恢武，2012）。在农村劳动力外流现象普遍的传统农区，农户兼业行为导致村庄人口季节性空心化，青壮年劳动力流失使儿童、妇女与老人成为农村主要留守人员，进一步弱化了原有的邻里关系，农村社会问题与犯罪案件频发，增大了村庄治理的难度（李君等，2012）。在一些产业相对发达的乡村地区，村庄外来人口改变了村落原有的社会关系结构，加剧了不同阶层之间的隔膜与对立（席建超等，2014）。在调控对策上，需强化政府主导与社会帮扶的作用，构建农村新型社会关系，合理配置社区公共活动空间，强化农村传统民俗活动、宗教在协调乡村社会关系、整合乡村社会资源与修复乡村社会空间的作用，推进农村居民的自主自治，重建现代农村社会体系（周永健，2015；席建超等，2014）。

（3）农户行为与乡村生态空间。农户经济社会活动是乡村生态空间变化的主要行为因素，科学评估农户行为对乡村生态空间的影响，对于优化乡村生态空间格局，促进三生空间协调发展具有重要的理论指导意义。表2-3归纳总结了农户行为对乡村生态空间影响的研究主题、方法与主要结论。

①农户生态行为。农户生态行为是农户为满足自身生计需求，在经济、政策、自然环境等外界因素刺激下对生态环境施加直接或间接影响的一系列生产与生活

行为的总称，包括农户农业生产经营中的化肥投入行为、土地利用等生产行为，以及农户日常生活中产生的居住建房行为、生活能源消费行为等各种生计行为。农户生态行为通过对乡村自然资源与生态环境施加压力，改变了乡村生态系统与生态空间的演化路径（赵雪雁，2015；王成超等，2010；张芳芳等，2015）。农户生态行为除了受到土地产权制度、农业技术推广、农业补贴、生态补偿等外部因素的制约，也受到个体环境保护意识、家庭资源禀赋和生计方式等内部因素的影响。

②农户行为对乡村生态空间的影响机理。乡村生态空间是农户行为主体作用下塑造的人工与自然的统一体，是人地系统演化的缩影，具备气候调节、水调节、土壤保持等多种功能，支撑着乡村生产与生活空间的正常运行（黄金川等，2017），从组成上看，包含土地利用、生态环境、农业景观与乡村聚落景观等要素。农户生计需求以及农户对生态要素的认知能力决定其对生态环境的干预方式与强度，推动着乡村生态空间格局的演化与发展。具体从乡村土地利用与农业景观、乡村生态格局、聚落景观格局三个方面反映农户行为对乡村生态空间的影响。

一是农户农业生产行为对乡村土地利用与农业景观的影响。农户对土地利用的需求存在阶段性差异，影响制约了不同时期土地集约利用程度。孔祥斌等（2008）依据农户对土地的需求将土地利用划分为四个阶段与层次，在满足农户物质生存、利润优化的阶段，土地集聚利用程度不断提高，土地生产功能不断强化，在满足农地利润优化最大化、景观效用最大化的阶段，土地生产功能弱化，而多功能性得以强化。此外，农户就业方式及其对农业景观的认知能力决定对农作物种植类型的行为选择，进而导致农业景观格局的变化，通过解析农户行为与农业景观格局的互动机理，有利于制定农业景观调控与优化对策（梁小英等，2010）。

二是农户生计行为对乡村生态格局的影响。我国生态脆弱区的乡村生态格局对农户兼业、能源消费等生计行为具有较强的敏感性。农户生计非农化对生态格局存在一定的正向影响，在甘南高原区，随着农户生计非农化水平的提升，农户更倾向于选择商品性能源消费，有利于缓解环境压力（赵雪雁，2015）。同时，农户生计非农化降低了对土地的要素投入，产生了一定的负面生态效应。在鲁中南沂蒙山区，随着农户生计由纯农业、外地务工向本地非农活动的转变，乡村生态环境由趋于改善向局部恶化演化（王成超，2010）；在西南石漠化地区，农户务工行为与耕地石漠化之间具有显著的相关性，农户生计非农化程度越低，对土地依赖性越强，越倾向于可持续的土地利用方式，其承包地的石漠化率越低，相反，农户成员外出务工比例越高，石漠化率则越高。不同生计方式的农户对环境感知程度不同，非农户、兼业户对生态环境的关注度、认知度与感知度明显高于纯农户（赵雪雁，2012）。

表 2-3　农户行为层面乡村生态空间研究的代表性成果

研究主题	研究内容	代表文献	案例区域与数据	研究方法	主要观点
农户行为对乡村生态空间的影响	农户就业方式对农作物种植结构的影响	梁小英等，2010	陕西省米脂县高西沟村 232 份农户问卷	PRA（参与性农村评估）	不同土地利方式的农户类型对于农业景观类型的选择不同，进而导致农业景观格局的变化
	农户生计行为对耕地石漠化的影响	苗建青等，2012	重庆市南川区农户问卷调查与环境监测数据	PRA（参与性农村评估）+ STIRPAT 模型	农户对土地依赖性越强，越倾向于可持续的土地利用方式，其承包地的石漠化率越低
乡村生态环境问题与调控	农户经营行为对农业面源污染的影响	汪厚安等，2009	湖北省 7 县 700 份农户调查数据	PRA（参与性农村评估）+多元线性回归模型	农户个体素质与经营行为对农业化肥污染、秸秆污染具有显著相关性
	不同类型农户耕地质量保护性投入行为与偏向的差异	杨志海等，2015	湖北省 650 份农户调查问卷数据	PRA（参与性农村评估）+ Probit 模型	农户兼业分化对耕地质量保护性投入行为具有显著负向作用
	农户对空心村整治的意愿分析	王介勇等，2012	山东省禹城市 40 个村庄 360 份农户调查问卷、遥感影像数据	PRA（参与性农村评估）+ Logistic 回归分析	农户对空心村整治意愿与农户家庭资源禀赋、居住区位、空废宅基地比例之间显著相关

三是农户生计行为对乡村聚落景观格局的影响。多样化的农户生计需求驱动着不同区域乡村聚落景观格局演化与发展。不同生计类型农户、不同地域类型农户具有不同的居住区位偏好，导致乡村聚落规模与结构不断变化，形成了差异化的乡村聚落景观格局特征。其中，生计非农化程度高的农户具有更强的农村居民点集聚意愿，随着农户非农化程度的提升，户均宅基地面积先增大后缩小，且兼业农户居住用地面积大于非农户（张玉英等，2012）；平原区、山区、丘陵区等地域类型区乡村聚落景观空间演变特征不同，由于山区农户需耗费更高的迁移成本，与丘陵区、平原区相比，聚落景观空间格局演化较不显著，平原农区居住相对集中，规模等级分布明显（李君，2012）。

③生态环境问题与调控对策。农户生计行为与生态环境演变之间相互影响研究，是当前学术界较为关注的热点问题之一，科学评估农户生计行为对乡村生态环境的

影响，对于改善生态环境、制定生态治理策略具有重要的指导意义。当前，我国农户不合理的生产活动行为对乡村生态环境产生了不同程度的负面影响，其中，乡村资源环境退化与乡村聚落无序扩张是我国乡村生态空间面临的突出问题。具体表现在：

一是乡村资源环境退化。不合理农药化肥施用是导致我国乡村资源环境退化的主要原因（汪厚安等，2009），农户追求效益的短期性与生态效益的长期性、农户经营行为的个体性与环境资源的共享性是农户农业生产行为与环境保护之间矛盾恶化的根源（侯俊东等，2011）。农户盲目选择肥料类型、不合理的施用方式与数量配比造成农业面源污染与耕地质量下降（李海霞，2009），兼业农户普遍过量施用化肥替代劳动力投入，加剧了农业面源污染效应（史常亮等，2016）。在生态脆弱的贫困地区，农户过度依赖薪材、秸秆、草皮等免费能源，加剧了水土流失与生态退化（张芳芳等，2015）。在调控对策上，通过引导农户参与面源污染治理，提高农业适度经营规模，完善技术推广、环保法津法规等保障机制，尤其在生态脆弱地区，加强对农户的生态补偿，推动农地可持续利用与农业面源污染治理；根据农村发展实际，因地制宜地优化农户能源消费结构，在农村发展电能、太阳能、沼气等替代性、可再生能源，减少农户对自然资源环境的依赖。

二是乡村聚落无序扩张。我国农户对居住空间的偏好与农户迁居行为具有一定的非理性特征，对乡村聚落景观格局造成了负面影响，导致乡村聚落无序扩张，带来了村庄空心化与环境恶化等问题。由于农村宅基地管理制度尚不完善，对农户迁居行为的约束作用有限，农户自发盲目建房行为对耕地乱占滥用，建新不拆旧，导致居住空间布局无序、不同类型用地混用与旧房空置废弃，导致乡村资源侵占和退缩，恶化了乡村生态环境（陈玉福等，2010；刘彦随等，2009）。为盘活农村存量土地，促进土地集约节约利用，国家出台了城乡用地增减挂钩政策，推进农村土地整治，使农户搬迁至新型农村社区居住，这一现象是政府强制介入农户迁居行为而导致的特殊形式的居住空间重构。通过解析农户对搬迁社区居住的行为机理与响应机制，对科学推进村庄规划与建设，制定符合农户实际需求的整治措施，促进乡村聚落空间重构具有重要意义（马贤磊等，2012；管婧婧等，2013；王介勇等，2012）。

2.2.3.2 乡村三生空间演化的微观机理

农户是乡村空间的主体，微观视角下研究乡村要素非农化对乡村系统的影响，将乡村要素非农化过程看作是不同目标农户行为的集合，这一过程也即是不同行为目标的农户通过从事经济社会活动作用于乡村空间的结果。乡村三生空间是农户经济社会活动的空间载体。微观农户行为及其对乡村三生空间的影响机理可从四个层面上理解与归纳（图 2-6）。

（1）农户行为决策理性化是乡村三生空间优化的直接影响因素。传统型农户具

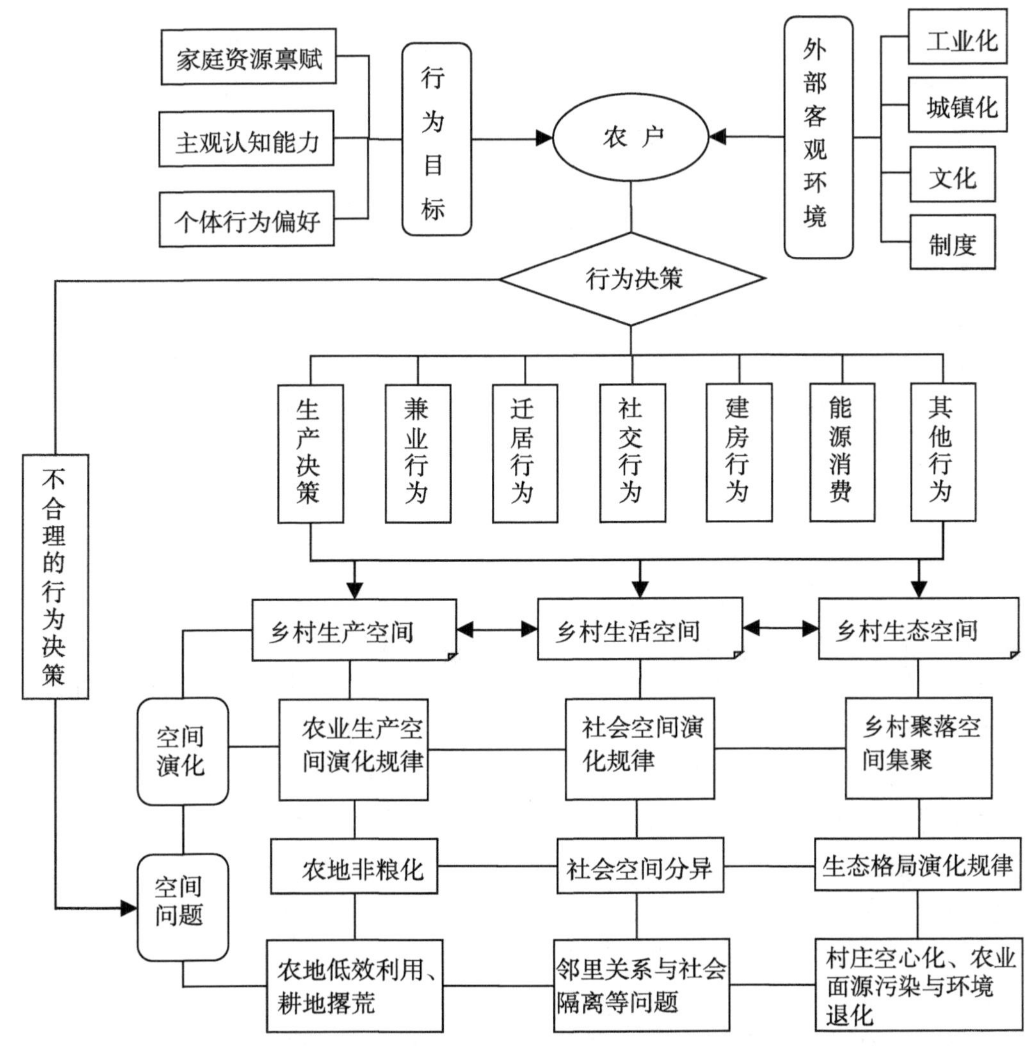

图 2-6　农户行为视角下乡村三生空间演化机理

有多面性特征，一方面，乡村商品化与市场化提高了农户理性意识，农户主观认知能力的提升使农户行为决策日趋理性，促使其在经济活动中为追求利益最大化而做出合理的生产决策，因此，我国农户具有一定的“理性小农”特征，农户理性的行为决策能够优化调整乡村三生空间，驱动着乡村三生空间趋于良好的方向演化，使空间更加合理布局与高效利用；另一方面，受家庭资源禀赋、主观认知能力及自身存在的自私狭隘性等影响，农户行为决策也保留了一些非理性特征，在从事生产生活活动中可能导致各种乡村空间问题，例如，农户盲目追求居住效用最大化导致乡村聚落空心化现象，农户过度施用化肥导致耕地肥力下降等。有效引导与纠正农户非理性行为，是政府视角下优化调控乡村三生空间的重要途径。

（2）农户类型分化是乡村三生空间演化与空间分异的根本原因，农户生计非农化加速了农户类型分化进程。伴随着工业化与城镇化过程，农户家庭之间人口特征、文化程度、职业类型与收入、住房条件的差异不断扩大，农户类型分化明显，进一步推动了乡村三生空间演化过程。农户生计非农化是农户以家庭收益最大化为目标，在农业与非农业生产之间做出的理性选择，这一行为加速了农户类型分化，间接驱动着乡村三生空间演化与空间分异。农户生计非农化改变了农户就业特征，降低了农业生产的要素投入，同时，受城镇化生活方式的影响，农户对乡村空间的认知能力不断提升，对居住生活的需求逐渐趋于多元化，进而驱使着农户不断改造与调整现有的生活生产空间，加速了乡村三生空间的演化与空间分异。

（3）宏观经济社会环境以农户为载体，间接作用于乡村三生空间演化过程。经济社会、政策、文化环境构成了乡村三生空间演化的外部环境。工业化与城镇化等外部环境的变化加速了农户类型分化，导致乡村三生空间分异；粮食补贴、农村宅基地管理制度、新型社区建设等政策通过约束或规范农户行为，限制了农业生产空间的过度非粮化与宅基地空心化，贫困地区地方政府对农户的帮扶政策，提高了农户生计水平，促进了贫困地区乡村生产、生活空间优化；随着乡村经济社会的变迁，乡土文化对农户家庭的影响不断弱化，致使传统乡村社会空间趋于解体。新时期，随着城乡一体化与城乡融合发展不断推进，限制乡村经济社会发展的政策性因素逐步放开，农户行为更趋于多元化，亟待重构乡村三生空间。

（4）农户作为三生空间的纽带，推动着乡村三生空间融合发展。乡村三生空间之间存在着一定的协同耦合作用关系，其中，生态空间与乡村自然本底相关，是三生空间的基础，支撑生产与生活空间实现自身功能，生产空间为生活与生态空间提供必要的物质内容与技术支撑。尽管乡村三生空间具有不同的功能定位，但三者之间并非孤立的存在，而是以农户为纽带，相互作用、互为反馈。农户行为贯穿于乡村三生空间各自演化过程，农户行为与乡村三生空间之间并非“一对一”的关系，而存在着“多对多”的复杂关系，进而推动着乡村三生空间的融合与发展。例如，农户迁居行为改变了乡村聚落原有的秩序，对生态景观格局产生影响的同时，也引起各种农户社会行为变化，产生了一系列乡村社会问题，又对乡村生活空间产生影响。

总体来看，乡村三生空间伴随着农户主体行为变迁而不断演化发展，农户日趋理性化的行为决策与农户类型分化是乡村三生空间演化的内在动因，直接影响乡村三生空间演化过程；由经济社会、政策、文化因素构成的外部环境是乡村三生空间演化的外在驱动力，通过约束农户行为间接作用于乡村三生空间演化过程。在不同内外部因素的共同作用下，乡村三生空间呈现出一定的共性演化规律，同时，受制于资源禀赋差异，不同乡村类型表现出一定的空间地域特征。

2.2.3.3 农户行为与乡村空间演化阶段划分

在不同经济社会发展阶段，农户行为决策影响乡村三生空间演化存在一定的共性特征，同时，受农户家庭资源禀赋与行为目标差异的影响，不同乡村空间单元存在一定的区域差异与个体差异特征。结合宏观经济社会环境与农户生计行为特征，乡村三生空间演化过程可划分为缓慢发展期、分化初始期、剧烈变化期和相对稳定期四个阶段，各时期农户行为、乡村三生空间特征与主要问题如表 2-4 所示。

表 2-4　农户行为与乡村三生空间演化的阶段特征

演化阶段	农户行为特征	乡村三生空间		
			空间演化特征	问题诊断
缓慢发展期（Ⅰ）	农户行为趋同，生计以农业为主，生活行为以满足“衣食住行”等基本生活需求为主	生产空间	农户采取传统的以家庭为单位的小农生产方式，农业生产空间演化受自然地理因素影响更为显著	农业技术落后，农业生产水平较为低下，受自然灾害影响较大
		生活空间	在乡村社会长期演化过程中，乡村社会空间相对稳定，形成以亲缘、地缘、血缘为主的乡土社会关系，受宗族文化影响深刻	社会空间较为封闭，思想文化陈旧，公共服务配套落后
		生态空间	乡村聚落景观格局与生态格局相对稳定；自然资源禀赋较差的农区，生态环境易受到不合理农户生产行为的影响	生态脆弱区以农为主的单一化生计方式导致过度垦殖；农户对免费能源的过度消费使生态环境退化严重
分化初始期（Ⅱ）	随着农户生计行为分化，对乡村三生空间的影响程度不断加深；农户社会交往行为、传统邻里关系开始发生变化	生产空间	兼业农户开始减少对耕地的要素投入，种植结构趋于省工性作物种植，出现耕地流转现象	部分农区土地利用低效，农业生产效率下降
		生活空间	传统社会空间相对均质性被打破，由农户生计行为分化导致社会分化逐渐产生，传统乡村社会关系开始瓦解	落后的公共服务配套不能满足农户实际需求
		生态空间	家庭人口增多与家庭分化导致农户居住需求增加，聚落空间扩张，并呈现出一定的空间集聚态势；农户生计非农化改变了原有的生态格局	不合理的农业生产行为、能源利用行为导致乡村资源环境退化

（续表）

演化阶段	农户行为特征	乡村三生空间		
			空间演化特征	问题诊断
剧烈变化期（Ⅲ）	随着农户生计行为日趋多样化，对三生空间的影响程度进一步加深；不同类型兼业农户与专业农户不断出现；乡村中青年劳动力流失，乡村社会关系剧变，传统社会关系网络逐渐瓦解	生产空间	经济诱导机制促使农户调整农业生产决策，农地非粮化现象突出；耕地流转规模进一步增加，农业产业化经营步伐加快	耕地低效利用，部分农区耕地撂荒现象显著
		生活空间	人口空间分异与居住空间分异现象日益突出；传统乡村社会、文化空间趋于解体	人口空心化、人口老弱化日益严重；原有乡村社会秩序被破坏，产生了社会隔离，有待于重建乡村社会治理体系
		生态空间	伴随着乡村劳动力流失与农户不断提升的居住需求，乡村聚落空间进一步扩张；农户进一步减少耕地要素投入，生态脆弱区的生态压力进一步增大	“建新不拆旧”，村庄空心化问题严重；农业面源污染、水土流失等生态资源问题严重
相对稳定期（Ⅳ）	农户开始追求高质量生活，生计行为趋于稳定；专业农户、家庭农场、专业合作社和农业企业等新型经营主体的不断涌现	生产空间	该阶段是农业生产的高级阶段，新型经营主体对传统型农户行为产生一定的冲击；农业生产空间重构，农业生产开始向规模经营转变，土地高效利用，一二三产业高度融合，形成各具特色的田园综合体	农业劳动力剩余，有待于人口进一步向城镇地区转移；高效利用的农业生产空间有待于农户对新技术的掌握
		生活空间	传统型乡村社会空间逐渐向新型乡村社会空间演变，新型乡村社会关系逐渐形成，社会公共服务配套体系日趋完善	社会关系呈现城镇化趋势，传统乡村文化不断丧失
		生态空间	在政府介入下，农户生计对生态环境的负面影响不断降低，农户能源消费结构进一步优化，清洁能源得以推广，生态脆弱区异地搬迁，有效提升农户生态福利	生态格局总体趋于良好

从时序上看，农户行为对乡村三生空间演化的影响程度存在着由弱到强、再到弱的波动变化过程。在乡村发展第Ⅰ阶段（缓慢发展期），小农耕作方式以及农户行为的趋同性，对乡村空间演化与分异的影响甚微；随着乡村发展向第Ⅱ和Ⅲ阶段演化（分化初始期和剧烈变化期），农户行为的多样化与复杂化对乡村空间演化的影响愈加显著；至第Ⅳ阶段，随着乡村主体类型日益多元化，以农为主的传统型农户对乡村空间演化的影响逐渐减弱，而新型农民、专业农户、农业产业化公司等新型农业经营主体的影响逐渐增强。第Ⅱ阶段向第Ⅲ阶段的转化期即是乡村由封闭型社会

逐渐向半封闭型、开放型社会转变的过渡阶段，传统社会关系不断流失，现代农村社会关系尚未建立，乡村经济社会面临全面转型，人地矛盾加剧，反映出的农业生产、社会、生态矛盾更是当前我国乡村治理亟待解决的突出问题，亟待通过政府的力量加以调控。第Ⅳ阶段为乡村发展的高级阶段，人地关系和谐，三生空间相互融合、相互促进，农业产业化高度发达，乡村社区配套完善，环境优美，是未来我国乡村空间演化的理想状态。

2.2.4　乡村要素流动对乡村发展的影响研究

2.2.4.1　乡村人口要素非农化对乡村发展的影响

国内外学者研究乡村人口要素非农化对农村发展的影响，重点从农业生产、家庭收入与社会发展三个方面开展，具体内容涉及农村产业、家户家庭收入、社区治理环境、农村弱势群体生存环境等方面。具体体现如下。

（1）乡村人口要素非农化对农村经济的影响研究。乡村人口要素非农化对农村经济的影响主要体现在农业生产效率、农业产业结构、家庭收入、回流劳动力的示范效应四个方面。①农业生产效率。乡村人口要素非农化对农业生产效率的影响具有时空差异性，且不同劳动力外流类型对农作物种类的影响也存在差异。有学者认为，20 世纪 90 年代农村劳动力外流总体对我国部分地区农业未产生负面影响（马忠东等，2004），劳动力外流增加了务工收入，通过汇款使农户增加了农业资金要素投入，例如采用高产种子、提高灌溉技术、增加农业信贷支持、购买农机器械等，带动了农业现代化进程；留守人员种地积极性下降，对农业新技术的接受能力较差，导致农业粗放经营，制约了农业技术进步，而以青壮年劳动力为主体的农村精英人群流失，不利于农业人才培养。从空间上看，国际性农村劳动力流动短期会降低迁出国的农业生产效率，长期则相反（Lucas，1987）。②农业产业结构。墨西哥、布基纳法索、阿尔巴尼亚等地区案例证实，农村劳动力外流导致粮食生产能力下降，而家禽畜养殖等资本密集型产业生产能力有所提高（Wouterse，2010；Sindi et al，2006；Taylor et al，2010）；有学者认为，我国农村劳动力外流缓解了粮食生产“内卷化”现象（王跃梅等，2013），其负面效应较不显著，也有学者表示对国家粮食安全战略的担忧（纪志耿，2013）。③农户家庭收入。农户外出务工及其汇款能够提高农户家庭收入，这一观点已得到许多学者的证实。王子成（2012）认为，劳动力外出务工对农户留守家庭成员的人均收入产生了正向影响；国外学者研究发现，墨西哥农村家庭成员移民到美国，其家庭收入和土地生产率均显著提升（Taylor et al，2010）；Sindi et al（2006）认为，肯尼亚外出农户的汇款能够部分缓解农业产量下降产生的负面效应。④回流劳动力的示范效应。回流劳动力通过开办企业（Murphy，1999）、农业投资（Zhao，2002）、从事服务行业（King et al，1984）等经济行为，促进了农村创业活动的开展，为农村发展带来良好的示范效应。受金融危机影响返乡的农民工，政府应为其增加非农就业岗位，鼓励自主创业提供良好的政策环境（何晓裴和殷豪，2010）。

（2）乡村人口要素非农化对乡村社会发展的影响研究。①农村社区治理环境。国内学者调查发现，青壮年劳动力流失使社区管理者缺位，导致了乡村三大治理困境，即有流动无发展的“乡村发展“空心化”、有突破无发展的“乡村结构的再复制”、有流动无安宁的“乡村秩序的失衡性”（徐勇，2000），同时，村民外流与村治汲取能力弱化相辅相成，加大了行政化村治的治理性贫困。②农村社区社会关系。农村劳动力大量外流导致邻里关系产生显著变化，使农村邻里在生产生活互助、人的社会化、社会控制、情感交流等社会功能呈现出弱化趋势，邻里冲突增多；由于农民生活、生产方式和场域的变化，不利于居民形成社区认同感和归属感，妨碍了社区整合（徐慧清，2005）。③留守人员生存环境。青壮年劳动力外流对农村留守人员的影响体现在养老、教育、健康、心理、婚育等方面。总体来看，外出务工增加了父母的经济来源，同时，子女又因日常照料和精神慰藉的减少而对父母生活、心理健康产生负面影响（Siriwardhana et al，2015；Xu and Yu，2015；连玉君等，2014；Cong and Silverstein，2011）。传统的家庭养老道德观念被打破，家庭凝聚力降低（戴卫东，2007），亟待现代社会养老保障制度的建立与完善（龙方，2007）。尽管父母外出务工增加家庭收入能够加大对留守儿童的教育投资（Yang，2008；Amuedo et al，2010），但家庭成员分离对留守儿童心理、学习、人际关系产生了一定的负面影响（Mckenzie et al，2011；Robles et al，2011）。

2.2.4.2 乡村土地要素非农化对乡村发展的影响

乡村土地要素非农化对乡村发展的影响研究主要集中于对土地利用方式、粮食安全与生态系统等三个方面。具体内容如下。

（1）乡村土地要素非农化对土地利用方式的影响研究。例如，土地要素非农化通过改变农地利用方式与农业生产成本，进而影响农业产出；土地要素非农化导致土地细碎化，降低了土地管理效率，阻碍农业新技术的应用，不利于土地资源保护（Niroula et al，2005）；土地过度非农化造成耕地面积减少，导致农地过度开垦与耕种频率增加，加速了土地退化进程；Sinclair（1967）研究了城乡用地矛盾时期的土地利用方式，提出了“逆杜能圈”理论，他指出，农地集约利用程度与农地被征用的可能性呈负相关，沿城市外围向远离城市的地域方向，农民对农地的投入趋于减少，并选择集约度相对较高、农业利用价值较大的土地经营方式；有学者指出，土地征用导致不合理的投机行为，表现为高额的社会、财政与土地成本等。

（2）乡村土地要素非农化对粮食安全的影响研究。土地要素非农化是否导致粮食安全问题，学界仍存在较大的争议，一些学者认为，农用地是粮食生产的基础，农地非农化必然影响国家的粮食自给能力（封志明等，2000），耕地通过粮食生产面积、粮食生产环境、粮食生产水平（陈佑启，2000；石淑芹等，2008）以及农地质量变化（陈江龙等，2004）对粮食生产能力产生影响；另外一些学者认为，耕地流失并不必然减少食物生产能力，人力资本、化肥、技术及其他中间投入的增加能够弥补农地流失对食物生产的负向影响（Lichtenberg et al，2008；邓祥征等，2005）。

（3）乡村土地要素非农化对生态系统的影响研究。城镇用地扩展对生态系统产生直接或间接的生态影响，体现在优质耕地、林草地及水系的流失，乡镇工业化的环境污染（陈逸敏等，2010），城市对汽车的依赖引起的空气污染，局地气候及绿色植被（何剑锋，2006）、土地破碎化（蒋芳和刘盛和，2007）加重资源环境的负担（Rodgers，2009）等方面。

2.2.5 主要研究方法综述

从地理学、经济学、社会学等学科视角总结归纳了乡村要素流动与乡村发展研究采取的主要研究方法。

2.2.5.1 要素空间分析方法

学者们应用指数法、空间相关性和重心迁移法等方法，从地理学视角分析了主要生产要素流动格局、集聚与扩散态势，为本研究提供了有利的方法借鉴。①指数法。在土地利用变化方面，学者们构建了土地利用变化率、土地利用动态度、信息熵、土地转移矩阵等指标或模型，分析不同地类变化与要素转移的时空特征（刘纪远等，2000；何祖慰等，2007），通过构建人口迁移率（人口迁入率、人口迁出率与人口净迁移率）（李扬等，2015）、农村人口有效流动率（高更和等，2015）、人口集聚度指数（刘睿文等，2010）、人口密度空间变异系数（余瑞林等，2012）、洛伦兹曲线模型（刘涛等，2015）等指数模型，刻画人口要素空间格局与集聚态势，还有一些学者选取了人口密度与人口总量指标（龚胜生等，2015；封志明等，2013），通过对不同地理单元人口密度或人口总量进行分级分类，刻画人口要素的空间分布格局。②空间相关性。空间相关性方法是揭示要素之间空间相互作用机制的一种重要方法，主要模型包括全局空间自相关指数 Moran's I、局部空间自相关 Local Moran's I等（刘涛等，2015），能够直观地反映人口与土地要素空间集聚态势。③重心迁移法。该方法最早于 1874 年被应用于人口分布研究，通过计算不同时段人口密度重心的迁移轨迹，揭示特定时段人口要素空间演变动态过程（马颖忆等，2012），学者们在此基础上不断扩展，也有一些学者应用该方法测算土地利用变化强度的空间转移趋势（刘纪远等，2000）。

2.2.5.2 计量分析方法

学者们应用各种计量分析模型，揭示了乡村要素流动与乡村发展之间的数量关系与传导机制，常用方法包括 C-D 生产函数、模糊综合评价法、回归分析模型、结构方程模型等。例如，姜海等（2009）利用 C-D 生产函数测算了建设用地扩张对区域经济增长的贡献，一些学者应用改进的 C-D 生产函数模型，定量测算了农村劳动力转移对粮食产量、农业生产、农业利润、农户生产规模的影响（程名望等，2013；申栋，2008）。一些学者应用模糊综合评价法构建指标评价体系，综合测度了农村人口转移对农村发展的影响（唐萍萍，2012；漆世兰，2010）。回归分析模型用于定量测算不同变量之间相互依赖关系，普遍使用的模型包括 logistic 模型和多元线性回归模型，其中，Logistic 模型主要用于预测离散因变量与一组解释变量之间的关系，目前已广泛应用于要素转移对农业技术推广的影响测算（漆世兰，2010）、农户农地规模经营意愿（陈秧分等，2009）、农户资源禀赋对劳动力转移行为的影响测算（胡初枝等，2008）、农村劳动力转移的就业地域概率测算（寇荣等，2007）等研究。结构方程模型是一种建立、估计和检验因果关系模型的方法，与传统回归分析不同，能够处理多个因变量，可替代多重回归、通径分析、因子分析、协方差分析等方法，分析单项指标对总体的作用和单项指标间的相互关系，目前应用于农民非农生计分析（安祥生等，2014）、顾客或居民满意度（向坚持等，2009；樊丽明等，2009；李海燕等，2012）等研究。

2.2.5.3 农村调查研究方法

农村调查研究一般采用定性与定量相结合的方法。其中，农村调查资料收集方法包括问卷法、访谈法、文献法等，问卷法是主要的定量方法。参与式农村评估（Participatory Rural Appraisal，PRA）是通过与农村社区居民进行非正式访谈了解地方实际情况的一种有效方法，集成了地理学、经济学、社会学等学科理念，通过对农村社区居民进行非正式访谈与问卷调查，了解当地农村社区发展、农户生计、农业生产与土地利用等基本情况，并提出解决农村发展问题的对策。问卷调查、文献法、半结构性访谈是 PRA 的常用工具，其中，半结构性访谈是一种农户调查数据获取与分析研究的重要方法，按照一个粗线条式的访谈提纲进行非正式访谈，要求访谈者根据实际情况灵活调整，强调农户全过程参与，目前已广泛应用于资源管理、农业生产、贫困问题等领域（Chamber，1994）。半结构性访谈是按照一个粗线条式的访谈提纲而进行的非正式的访谈，要求访谈者根据实际情况灵活调整，是一种重要的定性研究方法。

PRA+“3S”（GIS、RS、GPS）方法是当前农村土地利用与农业生产研究的重要趋势。“3S”技术是空间信息采集、处理、分析与应用的一种现代信息技术，能够快速、准确地提取农村空间数据，通过与 PRA 方法获得的农户属性数据相匹配构建“农户—土地”数据库，为农户行为研究提供科学数据来源。此外，PRA+人工智能（Artificial Intelligence，AI）成为农户行为研究的新兴领域。人工智能是模拟与扩展人的智能的一门新兴技术科学，多智能体系统（Multi-Agent System，MAS）是人工智能的一个重要分支，学者们应用 MAS 的各种工具模型，结合农户调查数据，模拟与预测农户土地利用行为，能够为更为科学地制订农业与农村发展政策提供决策依据。例如，王涛（2009）采用 PRA+ BDI 方法模拟农户土地利用决策与行为过程；王强（2009）利用 PRA+ABM 模拟农户外出务工行为与耕地撂荒之间的相关性等。

2.3　研究述评

国内外学者们对乡村要素流动及其影响效应进行了许多理论与实证探索，分别从宏观尺度上探析了乡村要素流动格局、机理与特征，从微观尺度上探讨了农户行为与乡村三生空间的演化机理，分析了乡村要素非农化对乡村发展的效应影响，研究视角多样，研究内容丰富，为本研究内容设计提供了有利的经验借鉴，也为本研究明确下一步应侧重的重点领域研究提供了重要参考。我国乡村地域辽阔，所处的经济社会发展阶段也各不相同，不同地域乡村要素流动态势与强度不同，制约农业农村发展的因素复杂多样，因此，亟待结合研究区农村发展实际及地域类型差异开展典型地区乡村要素非农化及其格局、机理与效应研究。

2.3.1　城乡转型发展期乡村要素非农化格局探测

国外农村劳动力流动及其对农村发展的影响的研究成果较为丰富，已形成了许多具有科学价值的实证结论与理论总结，拓宽了本书的研究视角。从 20 世纪 90 年代起，随着我国城乡二元户籍制度的松动，农村劳动力非农化的现象逐渐显现，且在不同经济发展阶段，劳动力要素流动趋势与影响呈现出不同的时空变化规律，研究区域涉及欠发达地区、少数民族聚居区、粮食核心区、中部农区等地区，取得了一系列的研究成果，揭示了特定时期我国典型地区农村劳动力流动产生的问题及其根源。当前，立足于我国城乡转型发展的背景，农村生产要素加速流动，且不同发展阶段、不同地域类型区呈现出显著的差异性，因此，开展乡村人口要素非农化格局研究，具有显著的时代特征与现实意义。此外，进入城乡转型发展期，我国乡村土地要素非农化特征表现显著，在不同类型农区，土地要素非农化的表现形式各有不同，有必要分析快速城镇化与工业化进程中我国典型乡村地区土地要素流动的格局与态势，为地方政府制定相应的土地管理政策、提升土地利用效率提供一定的参考依据。

2.3.2　多尺度乡村要素非农化驱动机制与效应评价

乡村要素非农化是一个复杂的系统问题，针对乡村要素非农化的驱动机制，学者们从自然、经济社会、政策等视角探索了乡村要素非农化的驱动因素，但是，目前对不同驱动因素之间相互作用机制的研究相对薄弱，尚不足以揭示要素非农化的内外因机理与效应；已有的文献分别从宏观、中观与微观视角分别研究乡村人口与土地要素非农化，但缺少不同尺度之间的综合，宏观与中观尺度的研究往往反映出区域土地利用变化与农村人口流动的总体态势，微观土地利用变化与农户兼业研究能够反映不同主体行为的响应机制，因此，有待开展多尺度的综合研究，以深刻地剖析要素非农化的过程、机理与效应，进而为城乡要素优化配置提供决策依据。

本研究中将重点突出案例区域的特色，应用多学科理论与方法，揭示要素非农化对乡村系统与乡村发展的作用机理与路径。由于乡村系统本身的复杂性，已有的效应研究仍以定性评判居多，从定量角度分析文献偏少。如何定量刻画其影响作用机理，其传导效应表现如何，仍需进一步加强研究。参与式农村评估方法、计量经济学分析方法等不同学科的研究方法的综合集成，能够为深入地探析乡村要素非农化过程提供方法支撑。

2.3.3 微观农户视角下乡村要素高效利用与空间优化调控

以微观农户行为视角探讨乡村空间演化特征与未来发展趋势，是对宏观层面农村发展研究的有利补充。下一步研究仍需开展微观农户视角下乡村要素高效利用与空间优化调控。具体内容如下：①农户行为视角下乡村要素高效利用模式研究。随着乡村生产要素的流动与重组，新型农业经营主体不断涌现，需开展不同发展阶段、不同地域新型农业经营主体适宜性研究，科学预测不同类型经营主体主导下农业生产格局未来发展趋势，从乡村空间组织优化、人居环境提升、资源高效利用、环境保护等视角出发，进一步探寻适宜于农业经营主体演化阶段的农村社区农业生产空间优化模式。②乡村社会空间分化与治理对策研究。随着乡村系统开放程度加深与要素空间加速流动，未来乡村社会空间分异将日益显著，社会隔离、社区衰落等负面现象将在很大程度上制约乡村社会发展，未来应进一步加强对不同地域乡村以人口年龄结构、性别结构、就业类型、收入结构等指标为依据的社会空间分化研究，以不同群体宜居程度提升、社会组织重构与社会秩序重塑、社会关系网络重建为优化目标，从农户行为角度提出社会空间的治理方案与对策。③不同类型乡村空间演化对比研究。我国乡村地域广阔，类型多样，不同生计类型、地域类型、经济社会发展阶段的乡村空间演化存在差异。例如，以农牧业与以工商业为生计来源的乡村空间演化的微观机理有何差异；平原型、山地型、丘陵型乡村空间演化特征与微观机制如何？处于不同经济社会发展阶段的乡村，其空间演化特征有何异同？亟待进一步探索完善不同类型乡村空间演化对比及微观机制研究。④加强乡村热点领域的微观研究。在城乡快速转型发展过程中，乡村发生了日新月异的变化，新事物、新理念不断向农村社区输入，农户行为趋于多元化，未来结合乡村空间的新现象与新变化，应进一步加强对热点领域的微观研究，例如，新型农村社区居住模式、农村弱势群体行为空间、现代乡贤文化与乡村治理创新等。

第3章　乡村要素非农化格局与机理

本章选取快速城镇化区域作为典型案例区，分析乡村人口与土地要素非农化的空间格局及其演化特征，揭示人口与土地要素非农化的运行机理。

3.1　乡村人口要素非农化格局与机理：以京津冀地区为例

3.1.1　理论框架

以刘易斯为代表的城乡二元结构理论模型，以边际劳动生产率作为理论基础，从宏观视角解析乡村剩余劳动力向非农部门转移的规律。具体内容如下。

（1）刘易斯城乡二元结构模型。刘易斯提出了城乡二元结构模型，从经济学角度最早解释了农业剩余劳动力转移的机理及其发展阶段（毛隽，2011；陈广汉，1988）。理论假设如下：①某一地区存在现代城市工业部门与传统农业部门，不同部门之间劳动力能够自由流动；②城市工业部门的工资普遍高于农业部门，农业劳动力的就业选择更倾向于选择高收入的现代工业部门；③农业部门以传统农业经济为主导，存在剩余劳动力，边际劳动生产率趋近于零；④城市地区以现代经济或工业产业为主导，具有较高的工资水平与劳动生产率，且不存在失业劳动力。

图3-1为刘易斯的农业剩余劳动力转移模型，表示了农业剩余劳动力转移的三个时期。如图所示，横轴 OL 表示向城市工业部门转移的农业劳动力数量，纵轴 OD 为劳动的边际产品与工资水平，W_R为农业部门平均工资，W_U为城市工业部门平均工资，且 $W_U>W_R$，在农业劳动力剩余的前提下，劳动供给曲线 W_US 为一条平行于横轴的直线。$D_1D'_1$、$D_2D'_2$、$D_3D'_3$ 分别代表在资本投入为K_1、K_2、K_3条件下的劳动边际生产曲线，且$K_1<K_2<K_3$。由于现代工业部门以追求利润最大化为目标，即需满足劳动边际生产率等于工资水平，假设工业部门为扩大生产规模，将利润均用于投资，则吸纳的农业剩余劳动力将不断增加。在此过程中，当工业部门的资本投入由 K_1 增至 K_2 时，劳动力边际生产曲线将由 $D_1D'_1$ 移至 $D_2D'_2$，所需农业劳动力数量相应的由 L_F增加至L_G，随着资本投入继续增加，农业剩余劳动力将全部转移至工业部门。

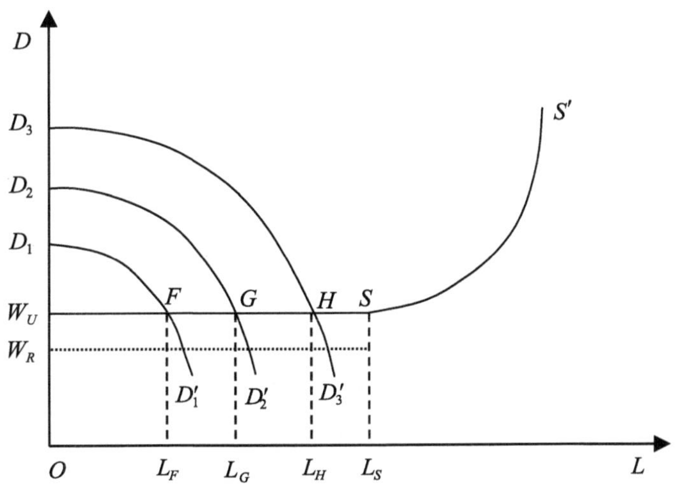

图 3–1 刘易斯的农业剩余劳动力转移模型

当农业不存在剩余劳动力的时候，农业劳动边际生产率将提高，此时，工业部门扩大生产规模所需更多的农业劳动力，则需通过提高工资水平来获取，因此，劳动供给曲线将开始上升，如曲线 *SS′*所示。

他认为，农业剩余劳动力转移存在三个阶段性特征：①在农业剩余劳动力处于无限供应的阶段，工业部门劳动边际生产率等于工资率的劳动供需均衡，农业劳动力转移并未带来工资水平上升；②当农业剩余劳动力向有限供给转变时，即到达第一个拐点，当农业剩余劳动力完成全部转移时，农业劳动生产率显著提高，农业收益也将提高，假设工业部门扩大再生产，需要更多的农业劳动力，将产生与农业部门之间对劳动力的竞争，工业部门劳动力需求上升将带动农业劳动力的农业部门工资也显著上升；③农业部门劳动边际收益等于工业部门劳动边际收益时，劳动力在工业与农业部门之间达到最优配置，二元结构转变的同质或一元结构。

（2）拉尼斯—费模型。拉尼斯—费模型是建立在刘易斯二元结构模型的基础上，通过引入农业产量剩余的概念，指出农业技术进步与农业剩余是决定农业剩余劳动力转移的重要条件（王新利等，2011；陈晓燕，2006）。他做出了如下修正与改进：①农业与工业部门之间存在一定的联系，农业部门能够为工业部门提供农产品原料，对推动工业发展具有一定作用；②农业技术进步是影响农业剩余劳动力转移的重要因素。

拉尼斯—费模型将农业剩余劳动力转移划分为如下三个阶段。

第一阶段，对应于图 3–2（b）的 *AF* 阶段。横轴 *OA* 由右至左表示农业劳动力，由右至左农业劳动力要素投入逐渐增加，纵轴 *OB* 代表农业总产出，由上至下逐渐增长，曲线 *OCRX* 表示农业产出，在 *OCR* 阶段，随着农业劳动力要素投入的增加，农业劳动边际生产率呈递减态势，至 *RX* 阶段，劳动边际生产率为零，即 *AF* 数量的农业劳动力要素投入增加并未带来农业产出增长，也即是 *AF* 为农业剩余劳动力［图 3-2（c）］。与刘易斯模型理论的第一阶段类似，农业剩余劳动力在向工业部门就业转移过程中，其工资不变，边际生产率趋于零或负数。

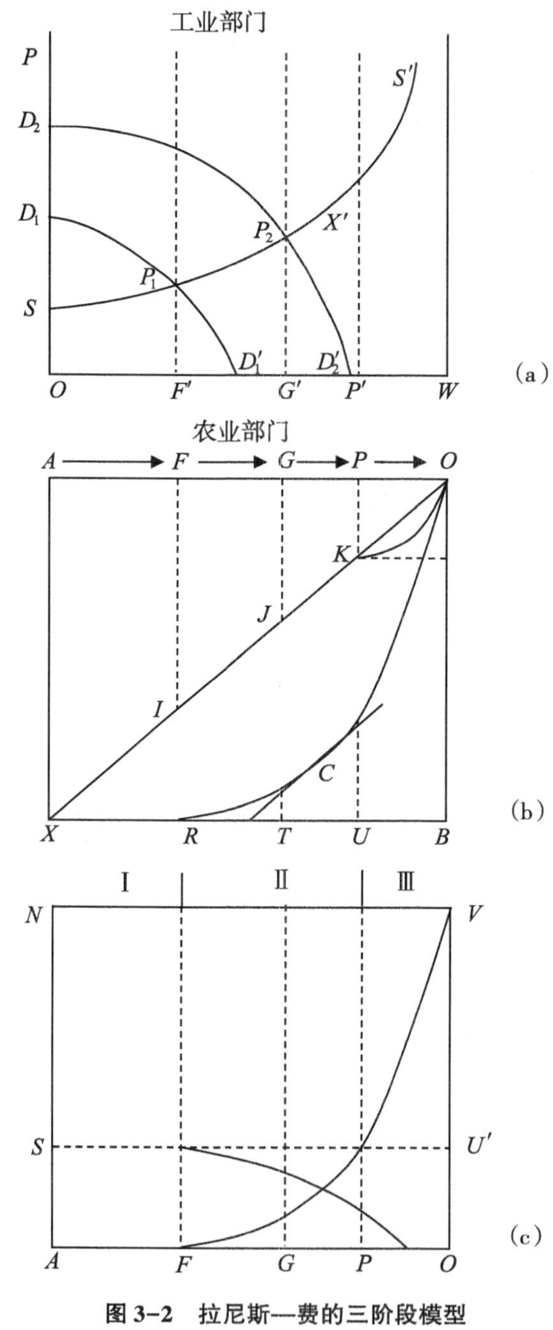

图 3-2　拉尼斯—费的三阶段模型

第二阶段，对应于图 3-2（c）的 *FP* 阶段。该阶段尽管农业劳动边际生产率大于 0，但依然低于工业部门的不变制度工资（W），这表明农业部门仍存在剩余劳动力。伴随着农业剩余劳动力继续转移，农业部门的边际生产率开始上升且大于零，但低于工业部门的边际生产率，同时，也导致农产品产量下降，价格上涨，带动了工业部门的成本增加与工资上升，工业部门对劳动力需求减少，从而导致农业劳动力转移受阻，其转移速度趋缓。第一阶段和第二阶段之间过渡的 F 点，即为农产品短缺的开始。

第三阶段，即 PO 阶段。由于该阶段工业部门的工资显著高于农业劳动边际生产率，这是引起农业劳动力向工业部门转移的基本前提，因此，该阶段劳动供给曲线上升趋势快于 FP 阶段。由于农业技术进步带动了农业边际劳动生产率，农业与工业劳动力均按照各自劳动边际产业获取工资，伴随着农业剩余劳动力逐渐完成转移，工业部门扩大再生产依赖其边际劳动生产率的提高。

综上所述，刘易斯的城乡二元结构模型与拉尼斯—费模型基于不同的理论假设，应用边际劳动生产率理论，揭示了农村剩余劳动力向城市和工业部门就业转移的经济驱动机制。这一规律较为符合当前我国农村剩余劳动力就业转移的趋势，尤其是城镇工业部门的工资收入与农业部门收入之间差距较大、且在短期内城乡收入差距难以改变的背景下，我国乡村要素非农化趋势仍将呈现出长期性、周期性的特征（包小忠，2005；樊明太，1990；侯东民等，2009）。

3.1.2　乡村人口要素非农化格局

选取了京津冀地区作为典型案例区，分析乡村人口要素非农化的时空特征与耦合格局。

3.1.2.1 研究区概况与数据来源

（1）研究区概况。京津冀地区行政区总面积约 21.80 万 km^2，地理跨度较大，地貌类型多样，地势西北高、东南低，平原面积约占44%（图3-3）。2016 年，全区常住人口 11 205万人，城镇化率 63.71%，是我国重要的外来人口集聚地。京津冀经济社会发展较不均衡，京津经济发展位居全国前列，2015 年，京津人均地区生产总值突破 10 万元，一产比重均低于 1.53%，农村居民人均纯收入 2 万元左右；河北省经济社会发展相对滞后，人均地区生产总值约为全区平均水平的 64.52%，一产比重约 11.54%，农村居民人均纯收入 11 051元，环绕京津的 25 个县域仍存在 200 万的贫困人口。近年来，全区乡村人口要素非农化显著，乡村非农就业人员由 2000 年的 1 044万人增至 2016 年的 2 025万人，增长近一倍。

2016 年，全区耕地总面积 864.21 万 hm^2，人均耕地面积 1.20 亩，耕地数量南多北少，河北省约占全区耕地总量的 80%左右，中低产田约占耕地总面积的 2/3，优质耕地主要集中于平原地带，北部山区有大量中低产田（刘玉等，2017；杨永侠等，

2017)；农业类型多样，包括粮食、棉花、油料等传统农业，以及观光农业、休闲农业等现代农业类型，全区农作物播种面积 933.81 万 hm^2，约占全国总播种面积的 5.63%，其中，粮食播种面积 682.63 万 hm^2，人均粮食产量 0.3t，河北省粮食产量约占全区的 93.22%，是全国重要的粮食生产功能区。

京津冀地区作为我国经济发展的重要增长极，乡村发展面临着农民收入差距过大、乡村劳动力转移不充分、农村改革相对落后、生产要素流动不畅、农产品市场不均衡、资源利用效率低、农业生态安全等问题，制约了京津冀协同发展。随着京津冀协同发展上升为国家战略，对区域间生产要素有序流动、耕地资源优化配置、农业多样化与生态协同发展提出了更高的要求。

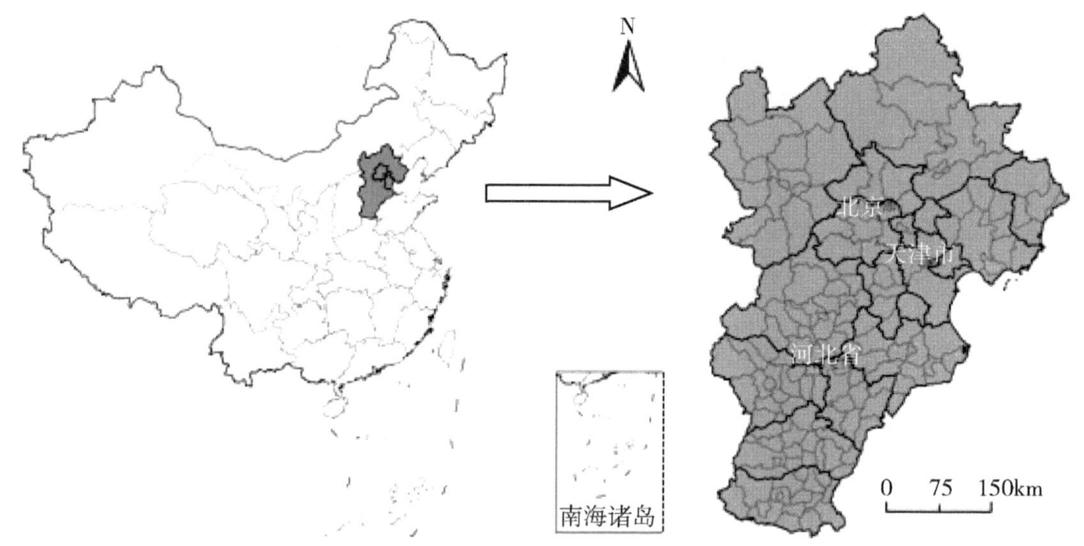

图 3-3 京津冀地区的地理位置及其范围示意图

（2）数据来源。京津冀地区涉及北京市、天津市以及河北省的 11 个地级市。本研究关注京津冀乡村非农就业、农业生产、耕地利用与农民收入情况，为确保县域之间具有可比性，需剔除农业人口比重和农业产值比例过小的市辖区和主城区，最终获得 2000—2016 年京津冀地区共 147 个县（市、区）的面板数据，按照 2000 年的行政区划进行调整，北京保留昌平、大兴（不含开发区）、平谷、怀柔、密云和延庆六个区县，天津保留武清、宝坻、宁河、静海、蓟县五个区县，河北保留 136 个县及县级市，共获得 147 个样本数据。其中，经济社会数据来源于《中国区域经济统计年鉴》（2001—2017 年），《中国县（市）经济社会统计年鉴》（2001—2017 年），北京、天津与河北统计年鉴（2001—2017 年）以及部分区县的国民经济和社会发展统计公报（2001—2017 年）；土地利用数据来源于对应年份的分县土地利用详查变更数据，部分县域缺失的指标采取相邻年份数据插值处理后获得；空间矢量数据主要来源于国家基础地理信息中心的行政区划空间数据。

3.1.2.2　研究方法

在乡村人口要素非农化格局的测度上，分别选取了空间相关性检验方法和要素耦合评价方法，分别研究乡村人口要素非农转移的空间集聚态势以及不同生产要素之间的耦合协调程度。

（1）空间相关性检验。应用空间相关性检验方法刻画乡村人口要素非农化格局，反映地域单元与其相邻地域单元变量之间的空间相关程度。Moran's I 方法是一种常用的空间自相关分析方法，包括全局空间自相关与局部空间自相关，前者刻画变量的整体分布态势，判断整体区域是否存在聚集特征，以全局 Moran's I 指数 I 表示（式 3-1），后者刻画某区域 i 附近的空间聚集态势，以局部 Moran's I 指数 I_i 表示（式 3-2）（蓝庆新等，2013）。

$$I = \frac{\sum_{i=1}^{n}\sum_{j=1}^{n} w_{ij}(x_i - \bar{x})(x_j - \bar{x})}{S^2 \sum_{i=1}^{n}\sum_{j=1}^{n} w_{ij}} \qquad \text{（式 3-1）}$$

$$I_i = \frac{(x_i - \bar{x})}{S^2}\sum_{j=1}^{n} w_{ij}(x_j - \bar{x}) \qquad \text{（式 3-2）}$$

式中，i、j 表示地区（$i=1, 2, \cdots, n$；$j=1, 2, \cdots, n$），$S^2 = \frac{\sum_{i=1}^{n}(x_i - \bar{x})^2}{n}$，$\bar{x} = \frac{1}{n}\sum_{i=1}^{n} x_i$，分别为样本方差与均值；$w_{ij}$为空间权重矩阵 W 中的（i，j）元，x_i和 x_j 分别为 i 地区和 j 地区的指标值；$\sum_{i=1}^{n}\sum_{j=1}^{n} w_{ij}$ 为所有空间权重之和，若对空间权重矩阵进行行标准化，则该数值为 n。

全局 Moran's I 指数和局部 Moran's I 指数取值均为（-1，1）。若 I 大于 0，表示该指标为正自相关，即存在高—高或低—低集聚；若 I 小于 0，为负自相关，即存在高值与低值集聚；若 I 值接近于 0，表示指标呈空间随机分布，不存在显著空间自相关。局部 Moran's I 指数将空间关联模式划分为 高—高、高—低、低—高、低—低四种类型，其中，高—高、低—低的 I_i值为正，表明地区 i 与相邻地区之间为正自相关，高—低、低—高表示 I_i值为负，即地区 i 与相邻地区之间为负自相关，即发展较高（低）的地区被低值（高值）区包围。

（2）人口—土地—产业要素耦合评价方法。研究思路为：首先，应用要素评价模型，分析评价研究区人口、土地、产业发展水平；其次，通过构建耦合模型，定量测度研究区人口—土地—产业要素耦合协调程度，揭示要素耦合空间分异规律；最后，依据研究区人口—土地—产业要素耦合协调度，划分要素耦合类型（孙平军等，2012；李国平等，2017；朱凤凯等，2014；沈孝强等，2014；方方，2018）。具体如下。

①人口、土地、产业发展水平测度。遵循数据可获得性、可比性、典型性、科学性等原则，建立要素评价模型，分别构建人口指数（P_{ij}）、土地指数（L_{ij}）、产业指数（T_{ij}），综合测度人口、土地、产业发展水平。指标体系如表 3-1 所示，共选取了 14 项指标。其中，人口指数选取了人口密度、人口城镇化率、乡村劳动力非农化、人口要素非农化、人口迁入率五项指标，数值越大，表明区域人口集聚与就业集聚能力越强；土地指数选取了人均城镇用地、城镇用地比重、经济密度、单位面积投资强度、单位城镇用地非农产业产值、耕地覆盖率六项指标，反映区域土地资源禀赋与土地投入产出能力，数值越大，表明区域土地资源越丰富，土地投入产出效益越高；产业指数选取了人均地区生产总值、人均工业产值、非农产业产值比重三项指标，数值越大，表明区域产业及非农产业发展水平越高。各项指标计算公式如下：

$$P_{ij} = \sum_{i=1}^{n} \alpha_j p'_{ij}\ ; \qquad L_{ij} = \sum_{i=1}^{n} \beta_j l'_{ij}\ ; \qquad T_{ij} = \sum_{i=1}^{n} \gamma_j t'_{ij} \qquad \text{（式 3-3）}$$

式 3-3 中，i 代表地区，j 代表年份，α_j、β_j、γ_j 为各项指数的权重值，应用熵值法计算得出，$\alpha_j + \beta_j + \gamma_j = 1$；$p_{ij}$、$l_{ij}$、$t_{ij}$ 分别代表人口、土地、产业指数的各项指标，n 为指标数，数值为 1，2，…，14。选取的指标均为正向指标，为统一量纲，采用极差标准化方法对原始数据进行归一化处理，以 p_{ij}'、l_{ij}'、t_{ij}' 代表处理后的数据。各项指数数值在［0，1］之间，数值越大，表示要素发展水平越高。

表 3-1　人口、土地、产业要素评价指标体系

指标		计算公式	单位
人口指数（P_{ij}）	人口密度	总人口/行政区总面积	人/km^2
	人口城镇化率	城镇人口/总人口	%
	乡村劳动力非农化	（乡村从业人员—农林牧渔业从业人员）/乡村从业人员	%
	人口要素非农化	二三产业就业人员/三大产业就业人员	%
	人口迁入率（刘盛和等，2010）	（常住人口—户籍人口）/总人口	%
土地指数（L_{ij}）	人均城镇用地	城镇用地面积/城镇人口	m^2
	城镇用地比重	城镇用地面积/行政区总面积	%
	经济密度	地区生产总值/行政区总面积	万元/km^2
	单位面积投资强度	全社会固定资产投资总额/行政区总面积	万元/km^2
	单位城镇用地非农产业产值	二三产业产值/城镇用地面积	万元/km^2
	耕地覆盖率	耕地面积/行政区总面积	%

（续表）

指标		计算公式	单位
产业指数（T_{ij}）	人均地区生产总值	地区生产总值/总人口	元
	人均工业产值	工业总产值/总人口	元
	非农产业比重	二三产业产值/地区生产总值	%

依据人口、土地、产业指数，应用加权评价法计算不同年份各县域的人口—土地—产业综合指数（M_{ij}）。计算公式如式 3-4 所示，η_j、δ_j、ε_j 分别为权重值，其中，$\eta_j + \delta_j + \varepsilon_j = 1$。

$$M_{ij} = \sum_{i=1}^{n} \eta_j P_{ij} + \delta_j L_{ij} + \varepsilon_j T_{ij} \qquad \text{（式 3-4）}$$

在分析过程中，以不同年份各项指数的均值为依据，对人口、土地、产业指数及人口—土地—产业综合指数进行分级，指数数值从大到小依次对应于高值区、次高值区、中值区、次低值区和低值区五类区域。

②人口—土地—产业耦合协调度测度与类型划分。在物理学中，耦合是指系统或要素之间相互影响程度，耦合协调度模型即是对协同程度的评价。本研究应用该模型，结合人口、土地、产业指数及综合指数，测度研究区人口、土地、产业要素之间的耦合协调程度。在计算过程中，首先，应用公式 3-5 计算三要素的协调度（C_{ij}），然后利用式 3-6 计算三要素的耦合协调度（D_{ij}）。D_{ij}反映了要素之间耦合协同程度，其数值位于［0，1］区间，数值越趋近于 0，表示三要素的耦合协调度越低，数值越趋近于 1，表明三要素的耦合协调程度越高（王国刚等，2013；钱丽等，2012）。

$$C_{ij} = 3 \times \sqrt[3]{(P_{ij} \cdot L_{ij} \cdot T_{ij}) / (P_{ij} + L_{ij} + T_{ij})^3} \qquad \text{（式 3-5）}$$

$$D_{ij} = \sqrt{M_{ij} \times C_{ij}} \qquad \text{（式 3-6）}$$

应用 K-means 聚类分析方法对研究区人口—土地—产业耦合协调格局进行类型划分。K-means 方法以欧式距离作为相似度评价指标，是一种典型的基于距离的聚类算法，具有算法快速、高效的优点。在类型划分过程中，应用 SPSS 软件，选择P_{ij}、L_{ij}、T_{ij}、D_{ij}四个变量进行主成分分析，以耦合协调度（D_{ij}）为主要划分依据，根据分析结果进行聚类分析，耦合协调度由高至低依次对应于发展协调型、中级协调型、初级协调型、轻度失调型、滞后失调型五种类型（崔长彬等，2012），并结合区位特征、自然地理特征等因素对部分聚类结果进行人工调整。

3.1.2.3　人口要素非农化时空格局

乡村人口非农化是乡村人口由农业部门向非农产业部门就业转移的趋势（张佰林等，2015）。由于缺少对乡村非农从业人员的统计数据，通常以乡村从业人员与农林牧渔从业人员之差来表示乡村外出务工人员（或称为农民工）（杨晓军，2012）。其中，乡村从业人员基本涵盖了乡村地区具有乡村户籍、且从事非农产业或农业产业的劳动力，在此基础上构建乡村人口非农化率（*LT*），作为乡村人口要素非农化的量化指标，计算公式为：*LT*=（乡村从业人员-农林牧渔从业人员）/乡村从业人员，采用2000—2016年京津冀地区典型县域数据进行计算。研究结果如下。

（1）乡村人口非农化率呈递增趋势，且空间分异显著。2000—2016年，乡村人口非农化率由38.5%增至56.4%（图3-4a），就业转移规模由1 044万人增至1 754万人。以*LT*均值、±0.5标准差、±1标准差作为临界值，对2000年和2016年*LT*值进行分级，如图3-5所示，京津冀地区乡村非农就业空间分异显著。

京津冀地区乡村就业非农程度整体相对较低，约38.8%的县域*LT*值低于31.3%，集中分布于冀西太行山区和坝上地区，约40%的县域*LT*值在39.1%~75.1%，零散分布于冀中平原与京津地区。至2016年，京津冀地区大致以“太行山—燕山”为界，西北和东南地区乡村非农就业差异显著，西北地区涉及约30%的县域，乡村非农就业相对较低，*LT*值均低于39.1%，东南地区包含约70%的县域，乡村非农就业相对较高，*LT*值均高于平均水平46.9%。

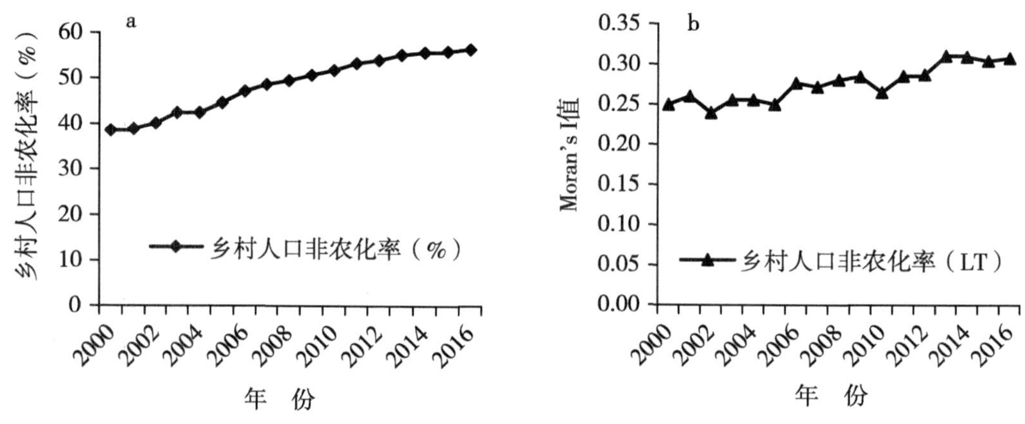

图3-4 2000—2016年京津冀地区乡村人口要素非农化趋势与全局Moran's I指数

（2）乡村人口非农化率空间集聚态势不断增强。2000—2016年，京津冀地区*PI*的Moran's I指数在1%水平通过检验，空间自相关性显著，Moran's I指数值由0.250增至0.308（图3-4b），反映乡村人口非农化率的集聚态势增强。局部莫兰指数划分的空间类型结果表明，京津冀地区*LT*的低—低型县域数量增加，由6个增至17个（图3-5），与全局莫兰指数结果较为一致。从Lisa集聚图来看，*LT*的高—高县域相对集中分布于京津与石家庄地区，随着时间的推移，逐步形成了京北、石家庄、沧州三个相对独立的高—高型集聚区与太行山—坝上的低—低型集聚区。

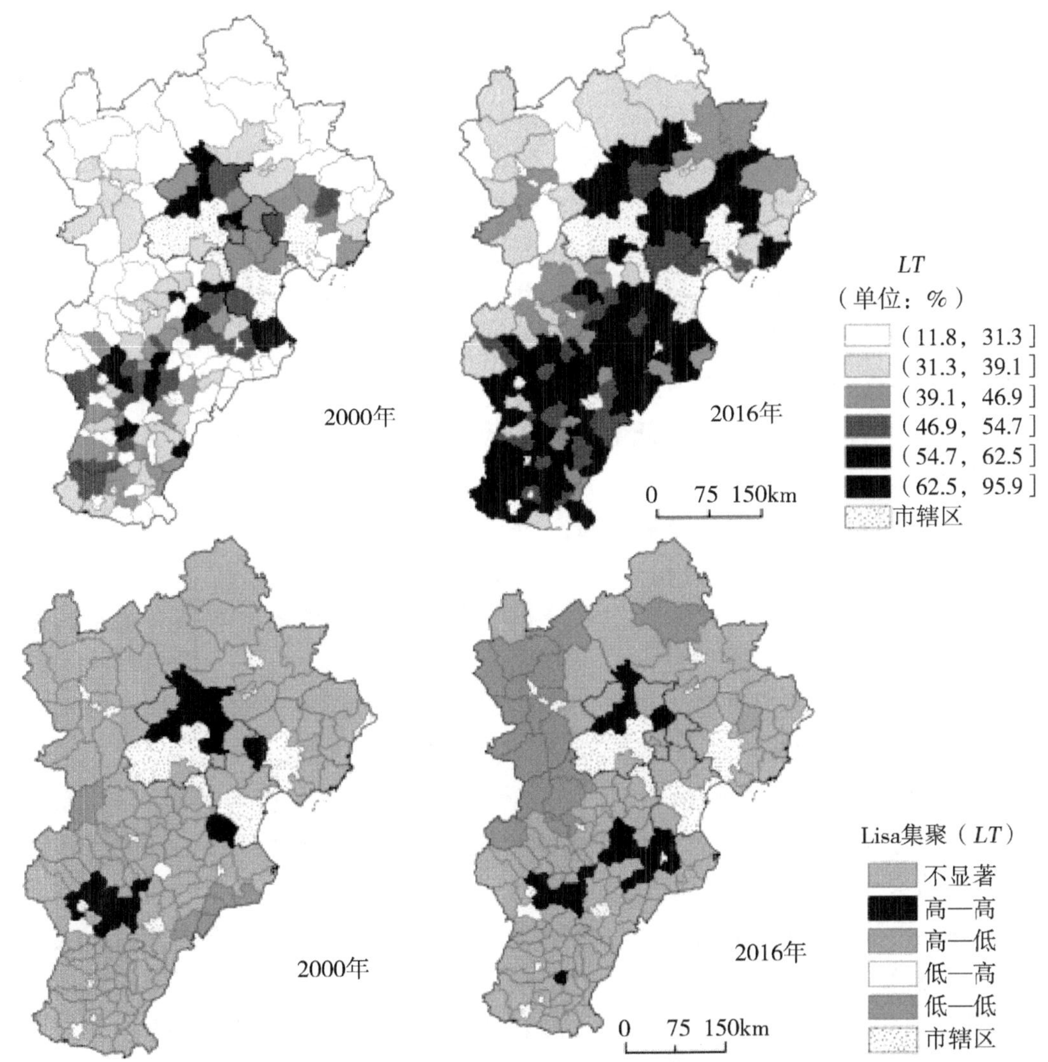

图 3-5 2000 年和 2016 年京津冀地区乡村人口要素非农化空间分布示意图

3.1.2.4 人口—土地—产业耦合格局

（1）人口、土地、产业要素空间格局。应用要素发展水平测度方法，分别计算了 2000 年、2008 年和 2016 年京津冀县域人口、土地、产业指数及人口—土地—产业综合指数（图 3-6）。主要特征如下。

①人口要素空间格局。三个年份人口指数均值在 0.305～0.363，中值区与次低值区县域约占县域总数的 80%，低值区与高值区县域数量比例均低于 5%。其中，高值区与次高值区零散分布于京津及其周围地区，中值区相对集中分布于河北平原地区，次低值区与低值区分布于冀北坝上高原、太行山—燕山山脉地区。京津及其周边县域具有较强的人口集聚能力与就业吸纳能力，人口城镇化率与就业非农化程度较高，导致人口指数相对较高，冀北地区人口密度低、县域的人口集聚能力较弱，

导致人口指数相对较低。

②土地要素空间格局。三个年份土地指数均值在0.207~0.241，中值区与次低值区县域数量约占县域总数的60%，高值区县域比例低于3%。其中，中值区分散布局在河北平原与冀东地区，低值区与次低值区交错分布于冀北坝上高原与太行山山脉地区，环京津经济发达地区受京津经济辐射扩散影响较大，城镇用地资源禀赋较为丰富，土地投入产出能力较强，是土地指数高值区。

③产业要素空间格局。三个年份产业指数均值在0.193~0.234，中值区与次低值区县域共占县域总数的60%左右，次高值区与高值区县域数量比例低于8%。产业指数的不同类型区呈交错分布，2000—2015年，高值区由相对集中分布于京津地区，向环京津的河北部分县域扩张，低值区与次低值区呈扩大的趋势，主要分布于坝上高原与太行山山脉地区。

④人口—土地—产业综合指数空间格局。结合Pearson相关性检验结果判断，人口—土地—产业综合指数与人口、土地指数相关性极强，r均大于0.850（$P<0.01$），总体来看，人口—土地—产业综合指数分布与人口、土地指数分布具有显著的空间一致性。

（2）人口—土地—产业要素耦合协调格局。应用协调度与耦合协调度模型，分析测度了2000年、2008年和2015年京津冀县域人口、土地、产业要素之间的耦合协调程度（图3-6）。从耦合协调度数值来看，三年份均值在0.463~0.469，最大值为0.789，最小值为0.213，各年份不同耦合类型县域数量排序均为：中值区>次高值区>次低值区>高值区，次低值区与中值区县域约占县域总量的90%左右。京津冀县域不同耦合类型呈现一定的空间集聚态势，其中，低值区相对集中分布于冀北地区，高值区县域数量较少，零散分布于京津及环京津地区，次高值区以石家庄、邢台、邯郸等地为中心，呈现出多个团块状集聚分布格局，次低值区主要分布于太行山脉地区，中值区主要分布在冀中南次高值区周围。在人口、土地、产业要素演化过程中，除中值区县域数量减少明显之外，其他类型区县域数量变化较小；在空间上，冀北地区存在着低值区与次低值区之间的空间转换，京津及环京津地区高值区与次高值区由相对分散向集中连片转换，冀中南地区以石家庄、邢台为中心的次高值区空间集聚明显。

京津冀县域人口—土地—产业耦合协调格局与人口集聚、产业发展格局之间具有一定的空间一致性，且要素耦合空间差异显著。京津地区作为全国及区域性中心城市，集聚了数量众多的经济社会要素，部分县域产业发展水平较高，人口集聚能力较强，土地利用产出效益较高，成为人口—土地—产业要素耦合协调程度较高的典型地区；在冀中南地区，石家庄、邯郸、邢台、廊坊等城市具备一定的要素空间集聚能力，土地要素投入产出能力相对较高，是人口—土地—产业要素耦合协调程度相对较高的典型地区，同时，在这些城市周围分散布局了人口—土地—产业要素

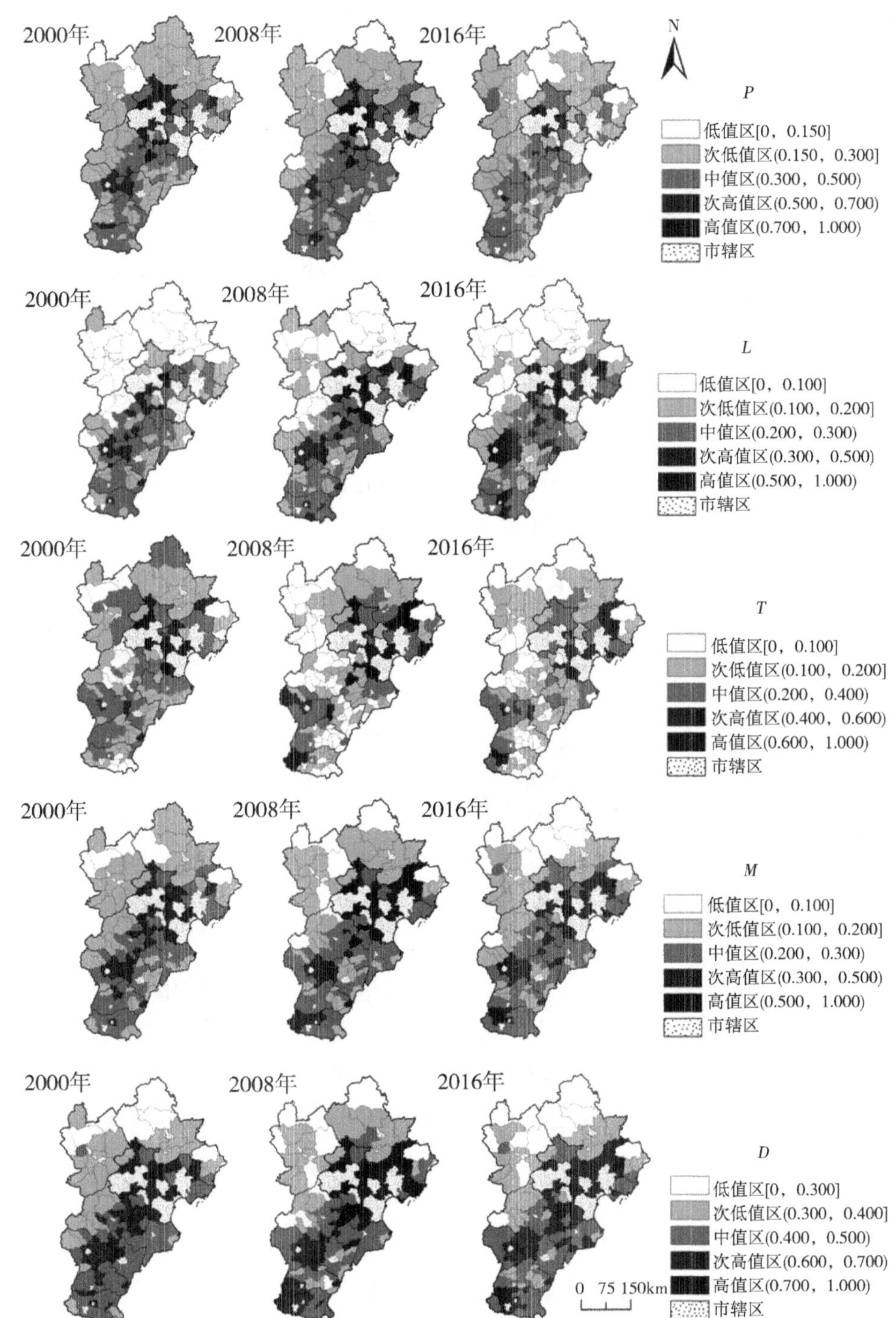

图 3-6　2000 年、2008 年和 2016 年京津冀县域人口、土地、产业空间格局及其耦合协调格局示意图

耦合协调的中值区，这些县域人口城镇化与就业非农化程度相对较高，但是非农产业发展较为滞后，导致人口—土地—产业要素耦合协调程度处于中等水平，覆盖县域范围较广；冀北坝上高原与太行山地区受地理环境因素的制约，经济社会总体发展较为滞后，人口集聚能力、非农产业发展水平与其他类型地区相比存在较大的差距，人口—土地—产业要素耦合协调程度较低，在时序上变化幅度也相对较小。

随着人口要素的流动、产业的空间集聚与经济发展水平的提升，京津冀县域人口—土地—产业耦合协调程度呈现出一定的空间演化特征。在快速工业化与城镇化过程中，随着京津发达地区辐射扩散效应不断增强，环京津的部分县域得以迅速发展，成为人口—土地—产业要素耦合协调程度较高的区域；随着冀中南地区进入快速工业化时期，人口集聚能力不断提升，土地投入产出能力与产业发展水平的空间差异扩大，从而使人口—土地—产业要素耦合协调程度表现出一定的交替演化特征。

（3）人口—土地—产业要素耦合类型划分。应用聚类分析方法，对 2016 年京津冀县域人口—土地—产业要素耦合格局进行类型划分（图 3-7），不同类型区的要素耦合特征与主要经济社会指标数据如表 3-2 所示。

表 3-2　2016 年京津冀县域人口—土地—产业耦合类型的主要特征

编号	耦合类型	县域数量	各指标均值的数值类型				人口密度（人/km^2）	乡村人口非农化（%）	就业非农化（%）	经济密度（万元/km^2）	人均地区生产总值（元）	非农产业比重（%）
			D	*P*	*L*	*T*						
Ⅰ	发展协调型	13	次高值区	中值区	次高值区	次高值区	831	71.04	68.46	5 463	65 758	94.3
Ⅱ	中级协调型	11	次高值区	中值区	次高值区	中值区	629	64.65	47.41	3 994	63 505	92.1
Ⅲ	初级协调型	47	次高值区	中值区	中值区	中值区	544	62.54	42.07	1 961	36 072	86.3
Ⅳ	轻度失调型	50	中值区	次低值区	次低值区	次低值区	432	48.75	25.78	1 006	23 280	78.7
Ⅴ	滞后失调型	26	次低值区	次低值区	低值区	低值区	121	37.27	29.24	238	19630	73.7

发展协调型（Ⅰ）区域分布于天津、环京津地区及石家庄周围县域，该类型区资源禀赋与区位条件较为优越，是京津冀县域经济发展水平相对较高的地区，集聚了大量外来人口，人口密度高，经济相对发达，土地投入产出效率较高；受京津、石家庄等城市辐射的影响，唐山、廊坊、石家庄等地的部分县域经济增长迅速，成为区域性的新的增长极，未来应进一步承接京津与石家庄产业转移，推进产业结构进一步升级。

中级协调型（Ⅱ）区域主要分布在天津与石家庄地区，其他零散分布于唐山、邯郸、沧州、廊坊的部分县域，人口集聚能力略低于Ⅰ类型，具有较好的产业发展基础，是京津与石家庄市经济社会要素进一步转移的重要承接地，在未来发展过程中，借助于京津冀协同发展战略的带动作用，应进一步推动传统服务业与现代服务业发展，实现人口—土地—产业要素耦合协调程度提升。

初级协调型（Ⅲ）区域环绕在Ⅰ类型和Ⅱ类型区周围，主要分布于石家庄、邯

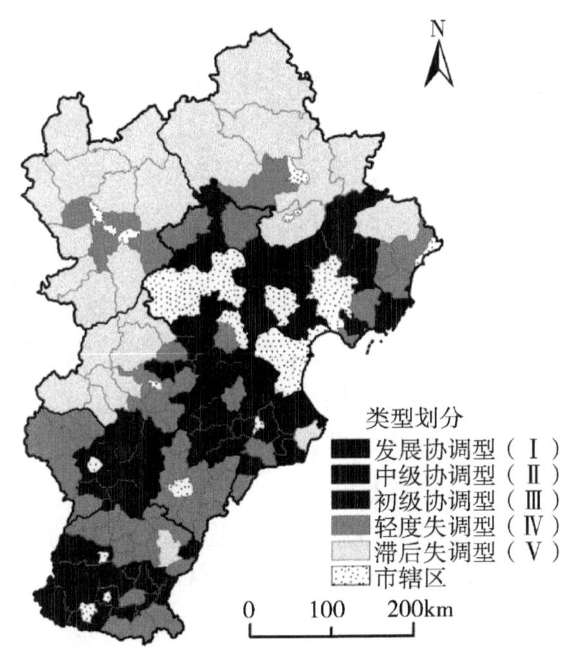

图 3-7 京津冀县域人口—土地—产业要素耦合类型划分示意图

郸、邢台、沧州、唐山、秦皇岛等地。该类型区京津冀地区重要的粮棉产区，人口要素资源丰富，非农产业发展相对缓慢，制约了人口—土地—产业要素耦合协调水平的提升。在未来发展过程中，需进一步优化产业结构，借助人口资源优势，发展劳动密集型与资本密集型产业，进一步推进人口要素向城镇地区的转移。

轻度失调型（Ⅳ）区域以冀中南地区为主，集中连片地分布于Ⅰ、Ⅱ、Ⅲ型区域周围，包括衡水、邢台、邯郸、石家庄、保定、张家口、承德的部分县域。这一区域是京津冀地区重要的粮棉产区，人口要素集聚能力较强，工业发展相对滞后，工农业对县域经济增长的贡献较为有限，处于传统农业县向工业县转型过程中。该类县域应制定以现代农业为核心的产业发展战略，充分发挥农产品优势，构建现代农业、农业产业化与人口城镇化之间的互动机制，以农业产业化带动人口城镇化，强化县域人口集聚功能，引导农村劳动力要素的有序转移。

滞后失调型（Ⅴ）区域相对集中连片地分布于坝上高原、燕山—太行山山脉南段，以山地丘陵区为主，人口密度低，经济较不发达，土地利用效益低。该地区作为京津冀重要的生态涵养区，工农业发展驱动力不足，对人口集聚与城镇化进程的带动作用有限，在未来发展过程中，应注重山地经济与生态环境保护相结合，发展特色农牧产品及深加工产业。

3.1.3 乡村人口要素非农化内在机理

（1）乡村人口非农转移的内在机理。我国乡村剩余劳动力开始向城镇地区转移，最早出现在改革开放前后，属于小规模、自发性的转移；改革开放之后，随着城乡二元结构体制的改革，一些农民向城镇地区就业转移，进入一些工业或服务业部门，或通过做小生意等途径自谋生路，生计趋于多元化；随着经济社会快速发展，区域经济发展重心向东南沿海地区转移，乡村人口非农转移格局也随之调整，形成了空间分异显著的乡村非农就业格局。乡村人口非农转移的内在机理如下。

①城乡收入差距是乡村人口就业转移的根本驱动力。我国非农产业部门的工资性收入普遍高于农业经营收入，因此，农村剩余劳动力选择进入非农产业部门从事非农活动，以获取更高的劳动报酬，与刘易斯城乡二元结构模型和拉尼斯—费的三阶段模型相吻合。尽管我国农产品价格有所提升，但是，农业经营收入与非农务工收入之间仍存在较大的差距，且这一差距在短期内难以改变，因此，城乡与不同产业部门之间收入差距仍将是未来较长时期内乡村人口非农就业转移的根本驱动力。

②宏观经济发展格局为乡村人口就业转移提供了重要的支撑作用。宏观层面的区域经济发展水平和微观层面的农户特征在一定程度上决定着乡村人口要素非农化的规模、速度及农户兼业的主导方式。在全国宏观经济形势总体趋于良好的时期，非农产业发展迅速，提供的非农就业岗位较多，乡村人口要素非农化流动的规模相对较大，在宏观经济增长总体趋缓的时期，乡村人口要素非农化流动的规模减少，乡村劳动力返乡与回流现象增多；在空间格局上，乡村人口非农就业呈现出向经济发达地区、大中城市集聚的态势。

③政策因素为乡村非农就业转移提供了重要的制度保障。在城乡二元户籍管理制度的限制下，城乡要素流动趋于停滞，制度性因素成为乡村剩余劳动力转移的主要障碍。随着以户籍为核心的城乡二元体制不断弱化，乡村剩余劳动力向城镇与非农产业加速转移，与此同时，乡村劳动力非农就业转移的鼓励性政策、外出农民工保障政策与支持农民自主创业等一系列制度与政策的出台，为乡村劳动力实现非农就业提供了更多的社会保障，并鼓励更多的乡村劳动力参与外出务工与自主创业。

④农户家庭分工是实现乡村非农就业转移的前提与基础。家庭内部成员分工是农户家庭决策的基础，也是实现乡村非农就业转移的前提。兼业农户家庭能够通过增加农业机械与技术的投入，种植粮食等省工性作物类型，减少经济作物的生产规模来降低劳动要素投入带来的损失，可以在一定程度上减轻农业要素投入减少带来的负面效应，若农户并非采用机械替代的方式补充劳动投入，则会减少对生产资料的投入，可能导致农业生产规模的减少。

（2）要素耦合机理。人口、土地、产业作为乡村发展的核心要素，三要素其非农化趋势及其耦合匹配程度，直接影响乡村可持续发展能力。人口、土地、产业三要素的相互作用关系表现为（图 3-8）：①土地作为人口与产业的空间载体，为人口集聚与产业生产提供必要的活动场所，土地资源禀赋决定其对产业、人口要素的承载能力；②人口与产业要素构成了区域主要经济社会活动，在产生用地需求的同时，也带来了一定的资源环境压力；③产业发展带来的经济增长与土地要素投入密不可分，产业为人口提供必要的产品、服务与就业岗位，是引导人口空间集聚的重要驱动力，同时，人口也为产业发展提供劳动力来源与智力支持。由于土地要素具有空间位置相对不变性，而人口与产业要素具有向要素配置效率高的区域流动的特征，三要素不同的空间趋向性导致三要素空间“不匹配”现象，进而在不同地域单元三要素耦合协调程度呈现出一定的空间分异规律。

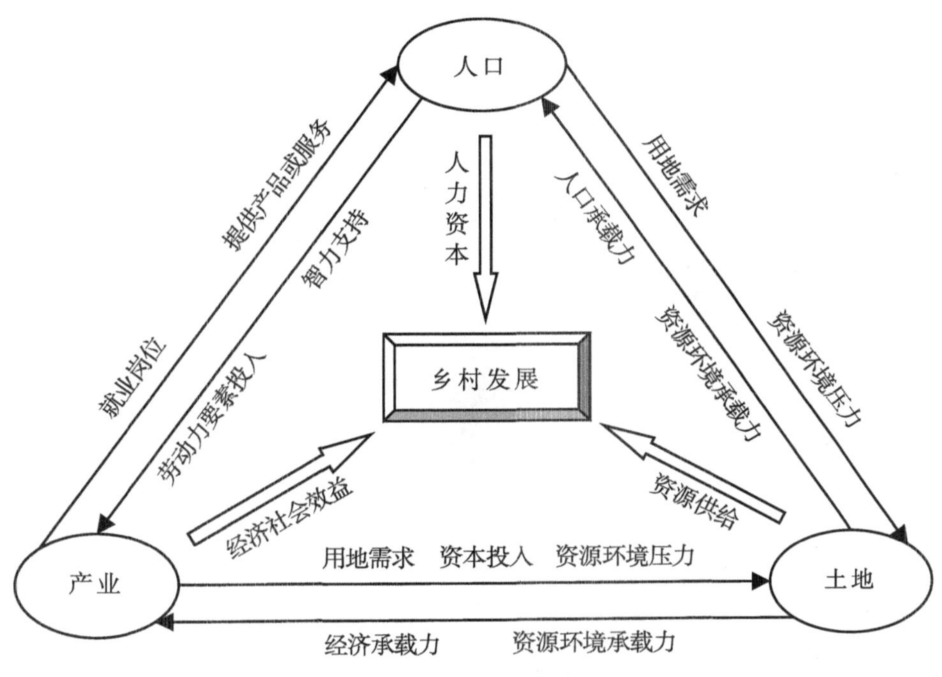

图 3-8　人口—土地—产业要素耦合机理

3.2　乡村土地要素非农化格局与机理：以环渤海地区为例

以环渤海地区为例，分析测度土地要素非农化的时空格局特征，探讨土地要素非农化与经济社会发展之间的耦合关系，揭示土地要素非农化的内在驱动机制，并探索了不同发展阶段县域土地适度非农化研究。

3.2.1　土地要素非农化格局

3.2.1.1　研究区概况与数据来源

环渤海地区陆域面积为 112 万 km^2，总人口约 2.6 亿人，分别占我国国土面积的 12%和人口的 20%，在我国及区域经济中发挥着重要的集聚、辐射与带动作用，被誉为继珠三角、长三角之后中国经济“第三个增长极”，其地理位置及其范围如图3-9所示。

（1）研究区概况。一是自然环境概况。在环渤海地区中，北京和天津位居区域的中心位置，辽东半岛和山东半岛为区域的两翼，使环渤海地区呈“C”形的整体轮廓。环渤海地区气候特点为雨热同期，该区域由辽河平原、黄淮海平原冲积而成，地形平坦，以平原和丘陵为主，局部有山地型县域①（图3-9）。

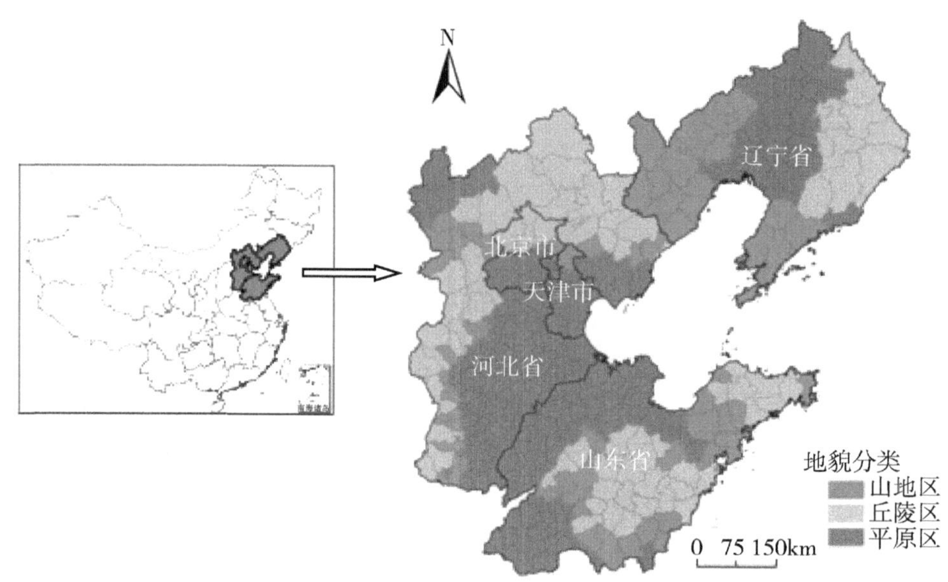

图3-9 环渤海地区的地理位置及其地貌类型划分示意图

环渤海地区具有显著的资源禀赋优势，良好的区位与交通条件。主要表现为：①海洋资源、矿产资源与土地资源丰富，在全国具有明显的比较优势。②环渤海地区农耕历史悠久，是我国重要的农业基地，耕地面积超过2 600万 hm^2，是全国重要的商品粮、蔬菜和瓜果种植区。③交通便利，形成以港口为中心、陆海空为一体的立体交通网络，铁路干线、港口、民用机场等运输能力极强，成为沟通东北、西北和华北地区经济以及连接国际市场的重要集散地。但是，随着矿产资源过度开采、城市过度发展，对生态环境的胁迫作用增强，局部地区出现资源环境承载能力下降，生态环境超载的现象，尤其近岸海域的生态环境日益恶化，突出表现为区域性水资源短缺、水系破坏、湿地减少、海水污染、赤潮频现等现象，危及环渤海地区经济社会的可持续发展。

二是经济社会概况。自“十一五”以来，环渤海地区经济得以快速发展，对周

① 根据《中国县（市）经济社会统计年鉴》对县域地形的划分，除44个城市辖区外，环渤海地区共有54个丘陵县、65个山区县和164个平原县。

边地区的辐射与带动作用不断加强，在国内以及国际经济贸易中发挥重要的集聚与枢纽作用，已成为中国北方经济最活跃的区域（席永钢，2005）。主要表现为以下特点：①拥有独特的地缘优势，对内对外经济交流便利。由于处于东北亚经济圈的中心地带，对国内与长三角、珠三角以及港澳台地区，对外联系着东部的韩国和日本，北部的蒙古国和俄罗斯远东地区，南部的东南亚各国，优势区位为广泛开展国内外各领域的经济合作提供了有利的环境。②产业结构优化升级，有效推动了经济快速增长。环渤海地区的地区生产总值由 1996 年 1.5×10^4亿元增至 2016 年的 16.6×10^4亿元，年均增长 7 550亿元，三次产业结构由 16.3：47.4：36.2 调整至 6.7：40.8：52.5，二三产业发展迅速，目前已形成了钢铁、原油、化工、制造等传统优势产业与电子信息、通讯、生物医药、新材料等高新技术产业并举的产业体系。③农业产业结构不断调整，农业生产优势得以发挥。环渤海地区是我国粮、棉、油生产大县集中分布地，1996—2016 年，农业总产值由 2 521亿元增长至 10 832亿元，年均增长 415 亿元。④环渤海地区已进入城乡转型期。1996—2016 年，人均 GDP 由 7247 元增加至 64 980元，增长了近 9 倍，目前人均 GDP 超过 6 000美元，整体上进入了“以工促农、以城带乡”的工业化后期阶段。城乡居民收入稳步提升，科教文卫事业蓬勃发展。

尽管环渤海地区经济社会方面取得了举世瞩目的成就，但是，未来发展中依然面临着困境，表现如下：①城市建设进程过快，各种城市问题及其弊端凸显。目前各大城市均面临着土地资源与能源短缺、劳动力成本上升、城市环境压力增大等问题，而各城市之间、城乡之间的人才、资源、资本等要素流动不畅，在一定程度上加剧了城市发展的负面效应。②区域与城乡之间建设用地效率空间差异较大。城市辖区、沿海地区和资源能源富集区的土地利用集约程度较高。城镇用地集约利用与农村宅基地粗放利用并存，农村住宅“空心化”日益严重。③由于区域资源禀赋相似性、城市实力相当，区域内部整体上存在着产业结构同质化、城市之间产业恶性竞争等问题，由于缺乏必要的交流与分工协作，城市之间的差异性与互补性有待加强。④区域城乡收入差距呈扩大趋势，目前城乡收入比已接近 3：1，略低于全国同期平均水平。区域内仍存在着大范围的贫困带，部分高原区、荒漠地区以及传统农区的农民生活水平依然艰苦，城乡统筹发展任务依然艰巨。

（2）数据来源。分别从宏观区域、省域尺度和县域尺度三个层面分析研究区土地要素非农化特征，其中，环渤海地区以县域为基本单元，选取了 2000 年、2008 年和 2012 年三个年份的截面数据，省域层面和县域层面的研究时段为 2000—2012 年。考虑研究时段内行政区划调整所涉及的县（市、区），以最新的行政区划为标准，最终确定了 327 个研究单元。

研究数据涉及经济社会数据与土地利用数据。其中，经济社会发展数据来源于相应年份的《中国区域经济统计年鉴》《中国县（市）经济社会统计年鉴》以及各省、直辖市的统计年鉴；土地利用现状数据来源于各省（市）国土资源厅（局）提供的分县土地利用详查变更数据，重点分析农用地、耕地、建设用地及地类结构等变化。典型县域所需数据来源于《中国县（市）经济社会统计年鉴》及各县（区）统计年鉴以及中国科学院地理科学与资源研究所的中国自然资源数据库。

3.2.1.2 *研究方法*

（1）土地利用动态度。土地利用动态度是反映特定时段内不同区域或不同土地利用类型动态变化程度及其差异的量度指标（刘纪远等，2000）。

$$C_a = \frac{A_e - A_0}{A_0} \times 100\% \qquad \text{（式 3-7）}$$

$$C_t = \frac{A_e - A_0}{A_0} \times \frac{1}{T} \times 100\% \qquad \text{（式 3-8）}$$

式中，A_e、A_0分别为研究起始期与研究期末某一土地利用类型数量，C_a表示研究时段内某一地类的数量变化率，C_t在 C_a的基础上，增加了时间 T 因素，代表了单位时间内某一地类的数量变化率。本文应用土地利用动态度计算环渤海地区耕地与建设用地变化率。

（2）信息熵。信息熵是一种刻画土地利用结构演替与变化的重要方法，被广泛地应用于土地利用变化的机理研究。通过计算区域土地利用信息熵，反映了土地利用结构的转换程度与有序程度（谭永忠等，2003；谭洁等，2010；杨武等，2007；何祖慰等，2007），本文应用信息熵模型侧重于分析城乡建设用地结构变化。计算步骤如下：

①假设所有土地利用类型的总面积为 A，包括 n 种地类，各类用地面积为 $A(x_i)$，各地类占土地总面积的比例分别为

$$P(x_i) = A(x_i)/A \ , \ \sum_{i=1}^{n} P(x_i) = 1 \qquad \text{（式 3-9）}$$

式中，$i = 1, 2, \cdots, n$，$P(x_i)$ 表示第 i 类土地利用类型在该区域所有土地利用类型中出现的可能性，即信息熵中事件发生的概率。

②依照 Shannon 的熵公式定义土地利用结构的信息熵：

$$H(x) = -\sum_{i=1}^{n} P(x_i)\ln P(x_i) \qquad \text{（式 3-10）}$$

式中，$H(x)$ 值越大，反映区域各类用地比重趋于均衡，反之，数值越小，各类用地的差异度越大。

（3）空间关联模型。空间自相关统计反映了地理位置上数据与其他位置数据之间的相互依赖程度，目前已广泛应用于地理统计研究。G_i^* 指数（Geary's C）是一种常用的重要的空间关联指数，用于分析区域与邻近区域属性的关联与差异程度，通过对子区域的信息分析，检验局部地区是否有高值或者低值在空间上趋于集中。高

的 G_i^* 指数，即热点区，表示某空间属性高值的集聚区，低的 G_i^* 指数，即冷点区，表示某空间属性低值的集聚区（王国刚等，2013）。计算公式为：

$$G_i^* = \frac{\sum_j (w_{ij} \times x_j)}{\sum_j x_j} \quad \text{（式 3-11）}$$

式中，x_j 表示地区 j 某属性特征的观测值；w_{ij} 为研究对象的空间权重矩阵，一般按照邻接规则或者距离规则定义。根据邻接标准，如果地区 i 和 j 邻接时，则定义 $w_{ij}=1$，否则为 0；根据距离标准，当地区 i 和 j 之间的距离在给定距离 d 范围以内时，定义 $w_{ij}=1$，否则为 0。

3.2.1.3　时空演化特征

（1）耕地与建设用地剧烈变化，以城市辖区与经济发达区最为显著。环渤海地区城镇化与工业化进程与耕地面积减少、建设用地迅速扩张等现象相伴而生，建设占用和农业结构调整是导致耕地减少的重要因素，在当今快速城镇化背景下，耕地与建设用地面积变化能够在一定程度上反映城镇与经济建设对非农建设用地的需求（图 3-10、图 3-11）。

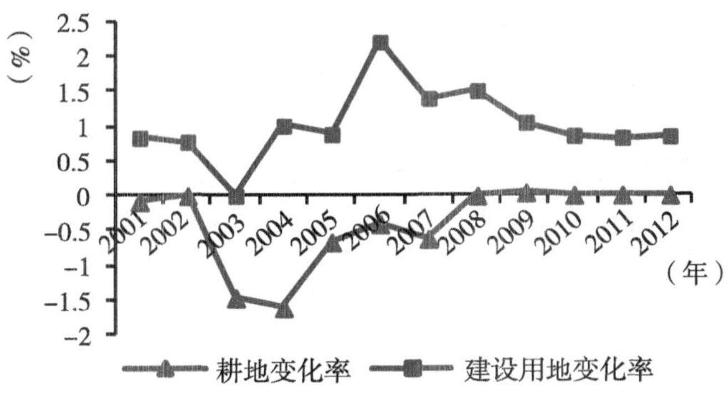

图 3-10　2001—2012 年环渤海地区耕地与建设用地变化率

2000—2012 年，环渤海地区耕地与建设用地变化较为剧烈，耕地面积共减少 98.6 万 hm^2，建设用地面积增加 60.8 万 hm^2，总体上呈现出以下特征：①耕地与建设用地变化率呈现大致相似的波动趋势，建设用地变化率的波动幅度略大于耕地；2002—2004 年建设用地变化率增幅最大，2004 年高达 2.21%；耕地以 2002—2003 年损失率最高，达到-1.60%，2007 年和 2008 年耕地面积有所增长。②环渤海地区各省（市）耕地面积均为减少的态势，减幅各不相同；河北省耕地减少最多，共减少了 56.6 万 hm^2，其次为山东省，耕地共减少了 17.9 万 hm^2；退耕还林政策导致一些山地丘陵区耕地面积减少。③县域耕地与建设用地变化率以城市辖区与经济发达区最为显著；计算了 2000—2012 年环渤海地区县域耕地与建设用地变化率，约 72%的县域耕地数量有不同程度减少，主要分布在京津地区及其周边河北省的部分县域，

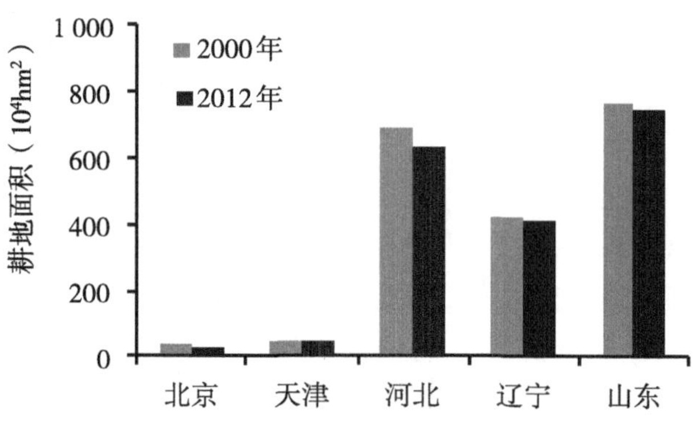

图 3-11　2000 年、2012 年各省（市）耕地面积

变化率在-2%左右，辽宁中部与北部、鲁西北与鲁中地区的一些传统农区，耕地面积有所增加，变化率在0.1%~0.5%；环渤海地区约97%的县域建设用地呈现增长态势，市辖区的建设用地增幅最大，河北与山东两省建设用地增长率较高的县域数量较多，反映出研究时段内经济社会用地需求旺盛。

（2）城乡建设用地结构变动随经济发展阶段呈现规律性变化。2000—2012 年环渤海地区城乡建设用地结构与经济发展阶段呈现出规律性变化（表 3-3）。随着经济发展与产业结构升级，城市用地、建制镇用地与独立工矿用地规模快速增长，分别增加了 10.7 万 hm^2、7.6 万 hm^2、20.6 万 hm^2，分别增长了 1.7%、1.4%和 3.8%，以独立工矿用地增幅最大；农村居民点用地规模与比重较大，占城乡建设用地60%~70%，面积共增加了 2.4 万 hm^2，比重有所下降，变化了-6.9%。

表 3-3　2000—2012 年环渤海地区主要城乡建设用地比重　（单位:%）

年份	城市用地	建制镇用地	农村居民点用地	独立工矿用地
2000	8.3	5.8	70.0	15.9
2001	8.4	5.9	69.6	16.2
2002	8.6	6.1	69.1	16.2
2003	8.8	6.1	68.7	16.4
2004	8.8	6.2	68.3	16.6
2005	8.8	6.2	68.3	16.6
2006	9.1	6.5	67.1	17.4
2007	9.2	6.6	66.4	17.8
2008	9.6	6.7	65.0	18.7
2009	9.8	6.9	64.4	18.9
2010	9.8	7.0	64.0	19.2
2011	9.9	7.1	63.6	19.4
2012	10.0	7.2	63.1	19.7

环渤海各省（市）土地资源禀赋与产业基础不同，城乡建设用地结构的省际差异显著，以各类建设用地比重分析更具可比性。北京与天津是我国重要的经济社会中心，也是环渤海地区经济发展的核心区，城镇化水平高，对城镇用地及工矿用地的需求较大，山东省、河北省与辽宁省是京津两市的重要辐射区，也是我国重要的农业大省与粮食主产区，农村人口众多，农村居民点用地规模较大。随着产业结构升级、城市功能的提升，城乡建设用地结构也面临着优化与调整。2000—2012 年环渤海地区省际城乡建设用地具有以下特征（图 3-12）：①各省（市）城市与建制镇用地比重均有不同程度增长，2012 年辽宁省和北京市城市用地比重最大，分别为 13.8%和 12.5%，而山东省城市用地比重增长了 4.4%，北京市建制镇比重增加了 4.0%。②河北、山东与辽宁三省农村居民点用地比重约高出北京与天津 20%左右，2000—2012 年山东省农村居民点用地比重（-10.6%）下降幅度最大，天津市工矿用地比重（10.3%）上升显著。

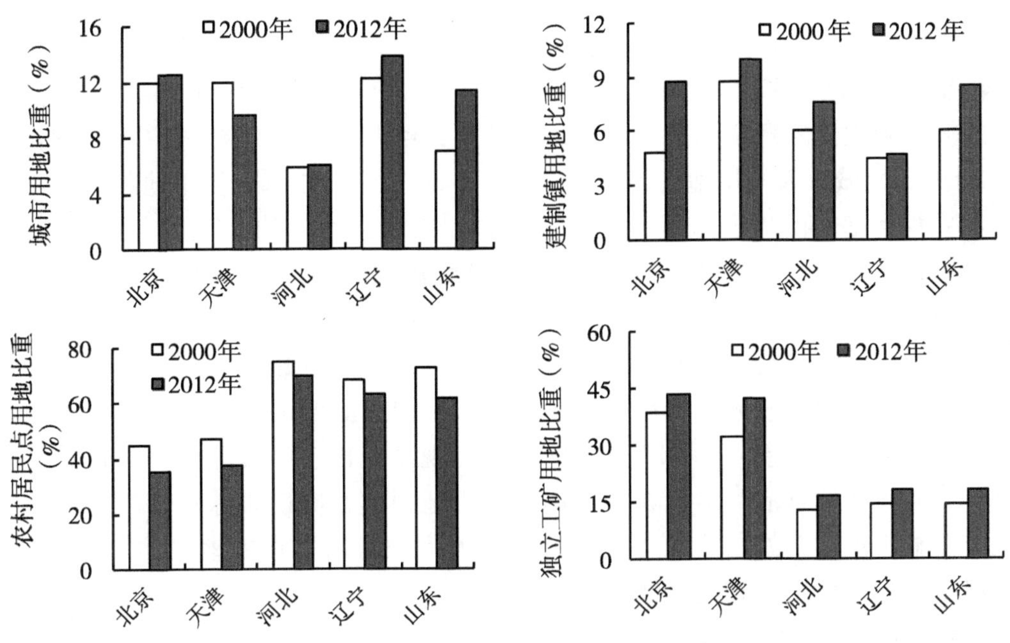

图 3-12　2000 年和 2012 年环渤海省域城乡建设用地比重

（3）县域城乡建设用地变化的“热点”区和“冷点”区与经济社会发展水平密切相关。熵值能够反映县域城乡用地变化强度。运用信息熵方法分别计算了环渤海地区 2000 年、2008 年、2012 县域城乡建设用地信息熵及 G^* 指数。应用 ArcGIS 软件中的 Standard Deviation 分类法，将 G^* 指数划分为热点区域、次热区域、过渡区域、次冷区域和冷点区域五级。

城乡建设用地信息熵与经济社会因素的变化密切相关。从环渤海地区县域城乡建设用地信息熵的时空分布具有以下特征：①一般而言，经济社会活动集聚地的土地利用变化强度大，熵值相对较高。从总体上看，信息熵高值区向城市辖区与经济社会发达地区集中，$P>1$ 的县域中，约 30 个县（区）位于城市辖区；信息熵低值区向传统农区集中，$P<0.5$ 的县（区）主要位于冀中南、辽西北与鲁西南等传统农区。②从三个年份的信息熵值变化看，信息熵的高值区域具有扩展的趋势，以京津地区和山东东部沿海地区变化最为显著。③通过 G^* 指数运算对县域信息熵进行聚类分析，形成了信息熵变化的热点区域和冷点区域，从整体来看，热点区域位于京津市辖区、济南经济圈与山东半岛地区，以大城市或城市群为依托，经济社会发展对城乡建设用地影响较为深远，辐射范围较广，冷点区域集中于冀西北坝上高原和山间盆地区、冀中南平原区和鲁西平原区，城乡建设用地变化强度较低。

（4）农村建设用地粗放利用现象普遍存在，以传统农区最为显著。环渤海地区普遍存在农村居民点用地粗放利用现象，远超过国家城镇规划的相关标准，急需通过城乡用地统筹对其整治。不同尺度下环渤海地区农村宅基地扩张的时空特征为：①环渤海地区农村宅基地未呈现与农业人口的减少同步缩减态势，且城乡建设用地集约利用的差距不断扩大。2000—2012 年，环渤海地区农业人口由 14 806万人减至 13 542万人，共减少了 1 265万人，与此同时，人均农村居民点用地由 203.7m^2增至 234.27m^2，超出国家规定标准上限 150m^2/人；2000—2012 年城镇人口规模增长接近 3 000万人，而城镇人均用地由 108.8m^2降低至 80.2m^2，城镇居住用地集约度不断增强，与农村宅基地的扩展趋势相比，城乡居住用地集约度的差距扩大（图 3-13）。②环渤海地区各省（市）均存在农村居民点用地粗放利用现象，2012 年，北京市和辽宁省人均农村居民点用地分别高达 314.9m^2和 312.5m^2，农村建设用地利用效率低下（图 3-14）。③传统农区农户为弥补农业收入不足，外出务工现象普遍存在，农户获取非农收入中的较大比例用于房屋建设，因缺乏必要的监管机制与宅基地退出机制，村庄房屋“建新不拆旧”“一户多宅”现象突出，空废化、空心化的村庄难以得到及时有效地整治，出现农村人均居住用地规模过高的现象，在环渤海的部分地区有明显表现，例如，冀北与辽西北地区人均农村居民点用地高达 470m^2，增加了农村土地整治利用的难度（图 3-15）。

3.2.1.4 与经济社会发展的耦合关系

在不同经济发展阶段，土地要素非农化与经济社会发展的耦合关系强弱不同，从而表现出不同的耦合特征，本节重点揭示环渤海地区不同经济发展阶段两者之间耦合关系及其变化趋势。

（1）县域经济发展阶段划分。环渤海地区地域辽阔，由于区域自然条件、区位条件、资源禀赋、经济基础等差异较大，县域经济发展极不平衡。由于环渤海地区县域经济发展具有显著的梯度差异，因此，同一时段内县域具有不同经济发展阶段的特征，通过县域空间对比研究，能够分析不同经济发展阶段的土地要素非农化规律，在一定程度上弥补了时序研究上的不足。因此，本文对环渤海地区土地要素非

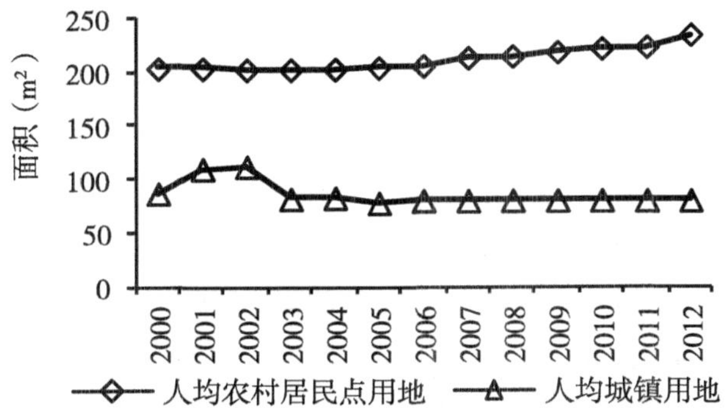

图 3-13　2000—2012 年城乡人均居住用地变化

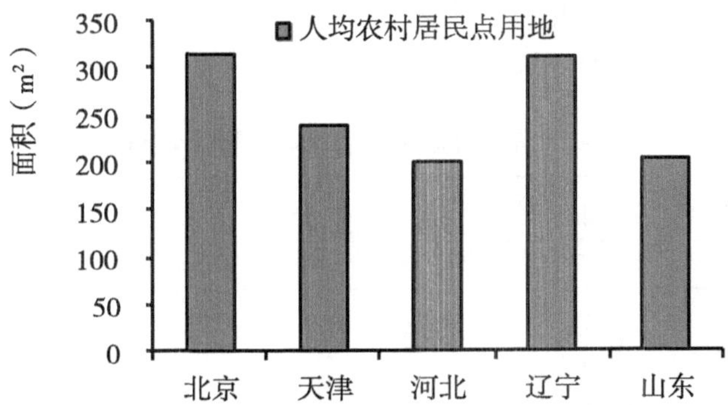

图 3-14　2012 年各省（市）人均农村居民点用地

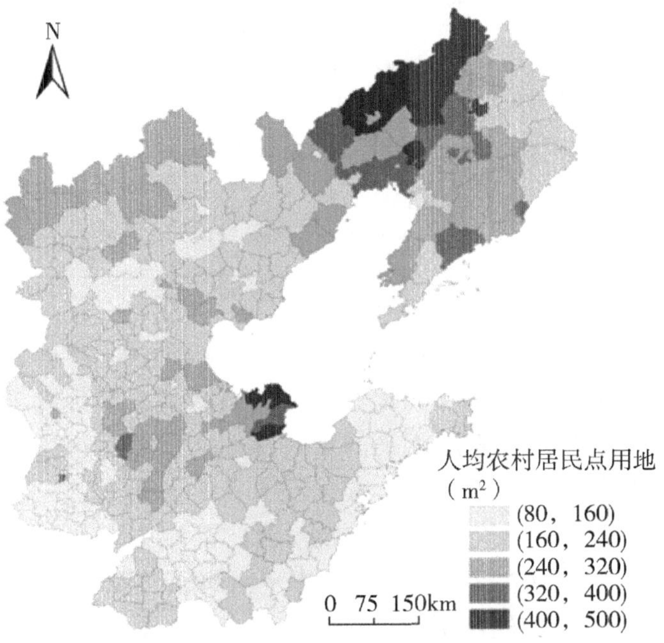

图 3-15　2012 年环渤海地区县域人均农村居民点用地示意图

农化与经济发展的耦合关系分析，需首先判断环渤海地区不同县域的经济发展阶段。

经济发展阶段的演进是经济增长由量变向质变转变的过程。国内外学者提出了不同的经济发展阶段理论，例如，李斯特以生产部门为标准提出经济发展五阶段论、胡佛等依据产业结构变化提出经济发展五阶段理论、罗斯托依据主导产业等标准将经济发展过程划分为六阶段、蒋清海的经济发展四阶段理论等（李娟文等，2000）。依据的标准不同，得到县域所处的经济发展阶段划分结果也不同。美国学者 H. 钱纳里（1991）以人均 GDP 为指标，将经济发展阶段划分为工业化起始阶段、工业化实现阶段（初期、中期、后期阶段）、发达经济阶段，揭示了不同经济发展阶段结果变化的标准模式，被国内外学者广泛应用。新时期，一些学者对钱纳里设定的数值标准进行换算与修订，结果如表 3-4 所示。本文借鉴该理论，通过对县域实际经济发展水平进行验证，对 2012 年环渤海地区县域经济发展进行阶段划分。

表 3-4　经济发展阶段的不同划分标准及结果

资料来源	指标	工业化起始阶段	工业化实现阶段			发达经济阶段	
			初期阶段	中期阶段	后期阶段	初级阶段	高级阶段
钱纳里（1991）	人均 GDP（1970 年美元）	140~280	280~560	560~1 120	1 120~2 100	2 100~3 300	3 300~5 040
	人均 GDP（1980 年美元）	300~600	600~1 200	1 200~2 400	2 400~4 500	4 500~7 200	7 200~10 800
周叔莲等（2000）	人均 GDP（1996 年美元）	620~1240	1 240~2 480	2 480~4 960	4 960~9 300		≥9 300
李善同等（2001）	人均 GDP（1998 年美元）	530~1 200	1 200~2 400	2 400~4 800	4 800~9 000	9 000~16 600	16 600~25 000
	人均 GDP（1998 年美元，购买力平价）	1 700~3 010	3 010~5 350	5 350~8 590	8 590~11 530	11 530~16 850	16 850~22 730
邬晓霞等（2011）	人均 GDP（2011 年美元）	748~1 495	1 495~2 990	2 990~5 981	5 981~11 214		≥11 214

环渤海地区县域的经济发展阶段划分结果如图 3-16 所示。不同经济发展阶段的县域数量基本呈现正态分布，处于工业化初期和中期的县域数量最多，处于发达经济阶段的县域数量最少。从经济发展水平的空间格局来看，发达经济阶段与工业化后期阶段的县域主要位于京津唐经济区、沈阳经济区、大连市辖区、济南经济圈和山东半岛蓝色经济区；处于工业化起始与初期阶段的县域主要分布于冀北或冀西北坝上农牧交错区、鲁西南传统农区、冀南至冀中平原地区以及辽西北荒漠化地区等。

（2）不同经济发展阶段与建设用地扩展的关系。土地作为一种重要的生产要素，符合要素边际效益递减规律。对于不同经济发展阶段的区域，对建设用地需求或依赖程度不同，进而建设用地规模表现出随经济发展而呈现出一定的规律性变化。

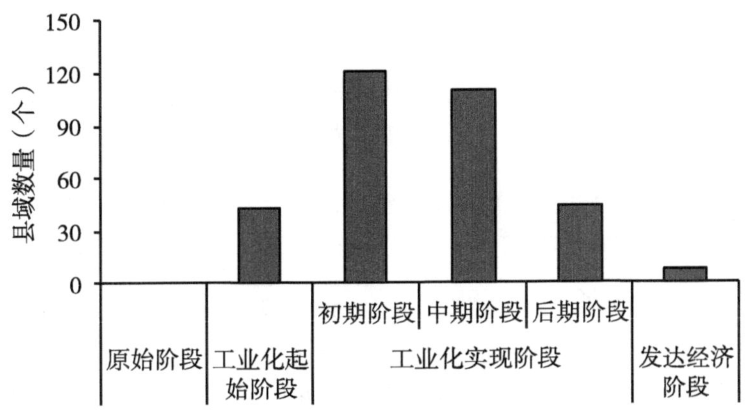

图 3-16 环渤海地区不同发展阶段的县域数量

柯布—道格拉斯（Cobb-Dauglas）生产函数模型（简称为 C-D 函数）揭示了生产要素投入与经济产出之间的关系，函数模型可表述为：$Y = tL^{\alpha}A^{\beta}K^{\gamma}$，即经济产出 Y 受土地 L、劳动力 A、资本 K 和技术 t 因素的影响，土地、资本和劳动力之间得到最佳匹配时，才能取得经济效益最大化。该函数模型能够线性化，计算相对方便，参数估计等方面具有重要优势。C-D 生产函数可表述为：

$$Y = e^{\lambda}CL^{\alpha}A^{\beta}K^{\gamma} \quad \text{（式 3-12）}$$

公式表明，经济产出（经济增长 Y）受到建设用地 CL、劳动力 A、资本 K 和技术 e^{λ} 等因素的影响。通过对模型两边求对数，得出以下线性方程：

$$\ln Y = \lambda + \alpha \ln CL + \beta \ln A + \gamma \ln K + u \quad \text{（式 3-13）}$$

这一公式可简化为：

$$Y' = \lambda + \alpha CL' + \beta A' + \gamma K' + u \quad \text{（式 3-14）}$$

该线性方程侧重于分析经济增长与各类生产要素之间的弹性关系，即在其他生产要素固定不变时，某一要素投入的增长率所带来的经济产出变化率（毛振强等，2007；姜海等，2009）。式 3-12 中，α、β、γ 分别表示建设用地、劳动力和资本投入对经济产出的弹性，即每增加 1%的建设用地、劳动力和资本投入，分别带来 α%、β%、γ%经济产出量的变化，λ 代表技术进步，u 为随机误差项。

（$\alpha+\beta+\gamma$）可作为劳动力、资本和土地要素投入的规模经济报酬指标，其数值代表不同含义：①若（$\alpha+\beta+\gamma$）=1，表明经济生产规模报酬不变；②若（$\alpha+\beta+\gamma$）>1，表明经济生产规模报酬递增；③若（$\alpha+\beta+\gamma$）<1，经济生产规模报酬递减。替代弹性表示在产出一定的情况下，各生产要素之间相互替代的难易程度，根据要素之间的关系，可区分为以下几种情景：①（$\alpha+\beta$）/ γ>1 时，表明土地和劳动力替代资金较易；②（$\alpha+\beta$）/ γ>1 时，表明土地和资金替代劳动力较易；③（$\alpha+\beta$）/ γ>1 时，表明劳动力和资金替代土地要素较易。由于技术因素较难以量化，此处暂不考虑技术进步的影响，最终确定了就业人数、全社会固定资产投资、

GDP 和建设用地四项指标，选用 2008 年环渤海地区 327 个分县数据进行计算。以就业人数、全社会固定资产投资和建设用地作为自变量，以 GDP 作为因变量，并分别构建环渤海地区及其不同经济发展阶段县域的要素投入—产出方程，分析各生产要素与经济产出之间的弹性关系。计算结果如表 3-5 所示。

表 3-5　环渤海地区及不同发展阶段县域 C-D 函数估计结果

系数（自变量）	环渤海地区	工业化起始阶段	工业化实现阶段			发达经济阶段
			初期阶段	中期阶段	后期阶段	
常数	3.469***	6.334***	7.518***	7.481***	7.002***	5.972**
	(6.418)	(6.954)	(15.546)	(12.387)	(6.929)	(6.442)
α（ln*CL*）	0.021	0.139**	0.078**	−0.017	0.181**	0.752
	(0.593)	(2.243)	(1.760)	(−0.399)	(1.851)	(4.223)
β（ln*A*）	0.389***	0.793***	0.787***	0.704***	0.526***	0.454**
	(10.752)	(12.652)	(17.457)	(14.63)	(5.665)	(5.024)
γ（ln*K*）	0.607***	0.137**	0.192***	0.332***	0.331***	−0.201
	(21.161)	(2.680)	(6.549)	(7.531)	(5.004)	(−1.308)
模型显著性检验（*F*）	686.099***	145.870***	481.344***	261.466***	159.740***	503.888***
拟合度（R^2）	0.864	0.918	0.925	0.881	0.921	0.997
样本数	327	43	121	110	45	8

注：*** 和 ** 分别代表在 1%和 10%水平上显著；括号内的数值为 *t* 检验值

依据表 3-5 的计算结果（第一列数值），环渤海地区的生产要素投入—产出方程表述为：

$$Y' = 0.034CL' + 0.593A' + 0.597K' + 3.469 \qquad （式 3-15）$$

$$(R^2=0.864,\ F=686.099)$$

其中，*F* 值在 1%的显著性水平上通过检验。环渤海地区就业人数、固定资产投资、建设用地与经济增长之间具有较高的相关性，拟合度达到 85%以上，其中，就业人员与投资对经济产出的弹性系数分别为 0.593 和 0.597，对经济增长的贡献率远超过建设用地。

通过分析不同发展阶段县域的生产要素投入—产出的关系，得出如下规律：

一是生产要素与经济产出之间的拟合度相对较高，R^2 数值在 0.864～0.997。各生产要素中，就业人数与经济增长的相关性最强，*t* 值在 1%或 10%水平显著；固定资产投资与经济增长也具有较强的相关性，工业化起始至工业化后期阶段的县域样本，通过了 *t* 值检验；建设用地与经济增长之间的相关性不明确，仅在工业化起始期、初期和后期阶段，*t* 值在 10%的水平上通过检验，工业化中期和发达经济阶段的县域样本未通过检验。

二是不同经济发展阶段生产要素与经济增长的规律性解析。主要表现为：①建设用地与经济增长的弹性系数总体上呈现出先降低、后上升的趋势，随着经济发展阶段的演进，建设用地每增长 1%，所带来的经济增长由 0.139%变化增至 0.752%，表明建设用地集约度及其利用强度随经济发展而不断增加。但是，由于建设用地规模对年度指标、用地管理制度等具有较强的敏感性，同时，部分地区已提早进入“脱钩”时期，一些县域建设用地与经济增长之间显著性较弱，两者的耦合关联程度仍处于波动变化之中。②固定资产投资对经济增长的弹性系数由起始期的 0.137 增长至工业化后期的 0.331，这表明，随着经济发展，单位固定资产投资增长带来经济增长率不断增加，但在发达经济阶段，两者相关性不明显。③就业人数与经济增长之间呈现出不断下降的变化规律，在工业化起始期与初期和中期阶段，就业人数增长对经济增长的拉动效应显著，就业人数每增长 1%，可带来近 0.8%的 GDP 增长。

三是建设用地、固定资产投资和就业人员之间的要素替代关系。①三个生产要素的规模报酬指标（$\alpha+\beta+\gamma$）值在 1.005~1.069 呈波动变化，表明环渤海地区不同发展阶段县域的经济规模报酬是递增的。②要素之间的替代关系为：（$\alpha+\beta$）/γ 和（$\beta+\gamma$）/α 均大于 1，表明投资易于被建设用地和劳动力所替代，而建设用地易于被劳动力和投资所替代，但是，（$\alpha+\gamma$）/β 数值均小于 1，表明就业人员不易被建设用地和投资建设所替代。

综上所述，处于不同发展阶段的地区，对建设用地的依赖程度不同，即不同时期建设用地扩张对经济增长的贡献度不同。当前，在工业化与城镇化发展背景下，环渤海地区县域经济增长仍以劳动力要素投入的贡献为主，而建设用地与资金投入对经济增长的贡献率与县域经济发展阶段密切相关。建设用地扩展与经济增长之间的耦合强度受工业化阶段的制约，处于工业化过程中的县域经济增长较依赖于建设用地要素投入与资金投入，随着产业结构由劳动密集型向资本密集型的转变，以及有限资源总量的约束，建设用地与经济增长之间将呈现出新的变化趋势。

3.2.2　土地要素非农化内在机理

3.2.2.1　城乡用地非农化的驱动机制

土地要素非农化过程不仅体现为不同地类面积、比重与结构的变化，更体现为深层意义上土地用途与功能变化的过程。由于城镇与乡村分别肩负不同的职能，土地要素非农化的驱动因素各不相同，本节将分别阐述城镇用地与农村宅基地变化的驱动机制。

（1）城镇用地变化的驱动机制。城镇具有经济、政治、行政管理、文化等基本功能（常亮等，2011）。城镇与乡村最大的区别是因人口、地域和经济带来的聚集效应，城镇用地规模与其功能大小正相关（李新建，1992）。

城镇系统作为一个稳态系统，具有一定抵抗外界干扰、维持系统结构与功能的能力。一般而言，城镇系统通过系统内部的正负反馈机制进行自我调节。其中，正反馈作用使其远离稳态，负反馈则通过减弱或抑制作用使系统达到平衡态或稳态，正负反馈通过不断相互作用达到平衡。土地要素非农化对城镇系统产生的影响表现为，乡村系统作为外界环境，向城镇系统输入土地要素，以及附着于土地上的人口、资金等相关要素，使城镇系统产生变化，直接表现为城镇用地扩展。

从需求层面来讲，城镇经济发展、公共服务设施、城镇就业与居民生活等因素是城镇用地扩展的主导驱动力，经济社会发展需求决定了城镇用地扩展的内在动力，也构成了城镇系统的正反馈作用。非农用地资源供给来源于乡村系统，土地资源禀赋是城镇用地扩展的基础，农用地或耕地规模越大，可用于非农转用的后备资源数量也越丰富，这些因素构成了城镇系统的外部影响因素。城镇规划、空间管制、土地征用、土地收益分配、土地产权等政策与制度因素对城镇用地扩展起到一定的抑制或促进的作用，对城镇系统起到一定的负反馈作用。例如，当前我国城镇用地征用的低成本与土地征用后的增值收益在一定程度上刺激了城镇用地不断扩张。

城镇用地具有就业与居住等基本功能，与乡村系统发展密切相关。理性的地方政府行为应充分考虑城乡土地与人口等要素流动的有效性与公平性，在城镇用地扩张、农地征用的同时，提供一定比例的就业机会与居住空间，适当推进城镇化进程，使城镇用地扩展与人口城镇化、人口要素非农化之间形成良性互动，促进城镇土地优化配置。如果城镇用地扩展决策未考虑其就业与居住功能，则会产生“虚假城市化”、土地低效利用等现象（图 3-17）。

（2）农村宅基地变化的驱动机制。乡村系统土地要素非农化主要体现为农村宅基地变化，在不同的农户行为或土地管理政策导向下，农村宅基地时空格局变化存在较大的差异。乡村社区是农户进行生产活动、居住、社会文化活动、生态活动的主要场所（乔家君，2011b），乡村系统土地要素非农化过程需将其放置于乡村社区背景下研究。

乡村社区有经济、政治、文化、社会管理等基本功能，具有相对稳定和完整的结构、功能、动态演化特征以及一定认同感的社会空间，是乡村社会的基本构成单元和空间缩影（张小林，1999；张小林等，2002）。乡村社区演化一般经历了长期的历史积累与沉淀，地域空间分布相对分散，以村域行政区域为单元，对社区生产、生活等活动进行管理。国外城市社区的居民行为空间研究在一定程度上揭示了农户建房行为的内在机理。Robson（1975）认为，内外部压力共同导致了家庭迁居行为，内部压力包括因家庭收入增加、经济社会地位提高等因素对住房产生新的需求与期望，外部压力主要由原住房老化、居住环境变化、邻里关系变化等因素引起，当居民不能忍受这种压力时，便会产生迁居行为。不同阶段居民迁居行为决策内容不同（Knox，1987；Lawton et al，1988）。

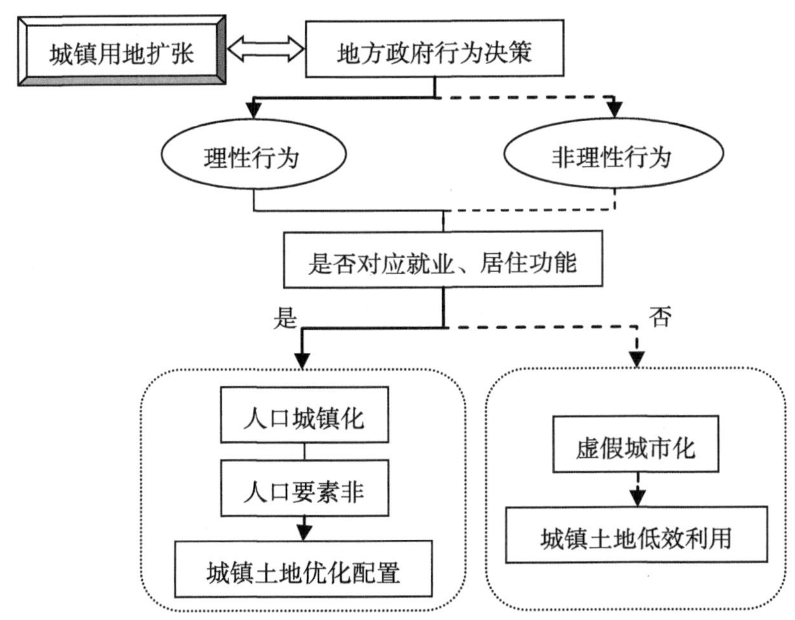

图 3-17　城镇用地扩张决策行为反馈图

借鉴行为主义理论与方法，本文从微观视角揭示农户建房行为导致传统型村庄农村宅基地扩张。农户行为决策直接影响农村宅基地变化，农村宅基地变化反映了农户行为主体的内在需求。我国特殊的城乡二元制度，需从农户家庭行为及其行为产生的深层社会原因剖析我国传统型村庄的农村宅基地扩展。本研究将其划分为内在动力、直接动力与外部动因三个层面（图 3-18）。

一是农户因生育、立业对房屋的需求是农村宅基地扩张的内在动力。住房是一种必需的消费品，因农户家庭人口增加，传统大家庭向以夫妻为中心的核心家庭裂变，导致住房需求的增加（王介勇等，2010）。在我国农村地区，房屋是家庭最重要的固定资产，虽不具备投资价值，但作为一种家庭成就的认可与家庭财富和成功的象征，被赋予特殊的含义。

二是农户收入与消费能力是新建住房的直接动力。农户建房行为具有显著的时代特征，农户经济收入与消费能力是住房扩张的经济基础，在农户家庭总收入快速增长时期尤为明显。由于农村住房的特殊意义，住房成为农村家庭最重要的消费支出，因家庭收入增加带来消费能力显著增强，加快了建房高潮的到来，“一户多宅”现象显著，导致当前我国许多村庄普遍出现外扩现象。

三是农村文化与制度环境是导致农户建房行为的人文外因。在相对平均的社会分化网络中，差别较小的同一阶层容易发生农户攀比行为，具有群体性特征。农村文化网络、农户的平均主义心态，以及农民价值观、个体责任观等因素，造成了农户建房攀比的“非理性”消费行为（卢晖临，2006）。

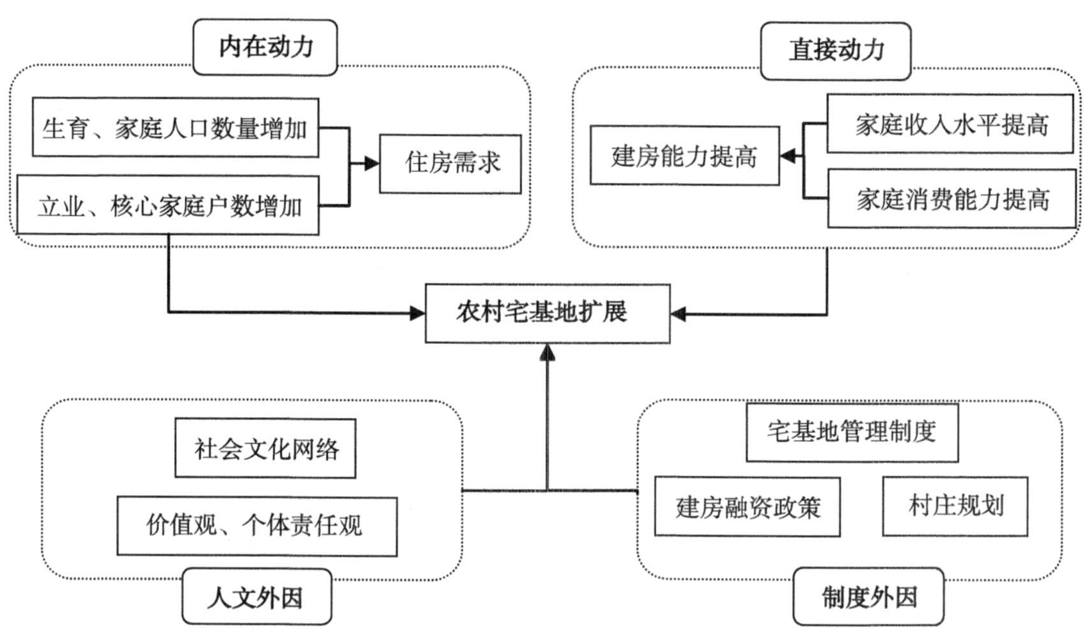

图 3-18　农村宅基地扩展的动力机制

四是村庄规划、宅基地管理制度、住房贷款政策等因素是影响农村宅基地变化的制度外因。在我国，由于村庄规划的缺失与宅基地无偿使用政策，农村建房呈无序发展状态，人口要素非农化造成村庄存在大量空置住房，耕地占用与村庄"空心化"并存，而宅基地退出管理机制的缺失，加大了村庄闲置用地整治的难度（蔡建平，2011）。此外，农村建房多元化的融资渠道，例如小额贷款优惠政策，在一定程度上刺激了农民的住房消费。

农村宅基地扩张态势与农户的行为决策直接相关。农户的居住区位选择以自身居住福利最大化为原则，受个体捕获信息能力、认知程度偏差、攀比心理、环境不确定性和制度绩效等因素的影响，农户建房行为具有一定的"非理性"或"有限理性"行为（吴康明，2011）。

农村宅基地扩张是地方政策、制度与农户行为决策共同作用的过程。当今，我国农村普遍存在外出务工现象，持续稳定的非农业收入是农户改善住房条件的基础与前提，非农业收入水平是农户选择进城买房或在农村宅基地新建住房的决策因子。基于农户理性与非理性"经济人"的假设，农户改善住房的行为决策具有理性与非理性之分，理性行为是农户在选择进城买房或宅基地新建住房后，将原宅基地退出，或在原宅基地就地重建；非理性行为则是农户以自身利益最大化为目标，在改善住房条件后，原宅基地闲置。农户选择何种决策，需从农户自身利益与各级地方政策制度两方面进行综合考虑，地方政府宅基地退出与户籍管理的制度约束，与农户原宅基地闲置的非理性行为具有较强的相关性。

理性的地方政府注重土地资源消耗的最小化，提高土地利用效率。农村社区化是在政府力量的推动下，将分布零散的农村居民点整理成为规模集聚的新型农村社区的过程。农村社区化过程可以看作为农户自身发展能力决定的内在因素与外部环境因素共同作用的结果。具体表现为：①县域经济发展阶段、镇域经济发展水平以及村域支撑产业从不同角度影响了非农就业、家庭消费等农户资源禀赋特征。②家庭经济状况是影响农户行为决策的主导因素，从根本上决定农户是否具有搬迁社区能力。③农户搬迁前后的居住环境差异刺激了农户家庭对居住的内在需求，构成了农户搬迁的推力与拉力。④宏观政府层面的城乡用地“增减挂”与旧村改造政策提出与实施是一个自上而下的过程，而农户迁居社区行为则是自下而上的过程，只有实现政策制订与农户实际需求的有机结合，才能够较为顺利地推进。从总体来看，区域政策、经济社会环境与微观村庄环境等因素为农户由低效用的居住环境向高效用居住环境迁居提供了可能，延缓或加速了迁居进程；农户自身发展能力则决定了农户家庭搬迁能力，是农户迁居社区的基础。

3.2.2.2　土地要素非农化供需机制

土地要素非农化与区域经济社会发展具有各自的动态演化规律，在经济社会发展需求不断变化与有限土地资源的约束下，土地要素非农化在各时间节点表现出不同的规律与特征（方方等，2013b）（图 3-19）。

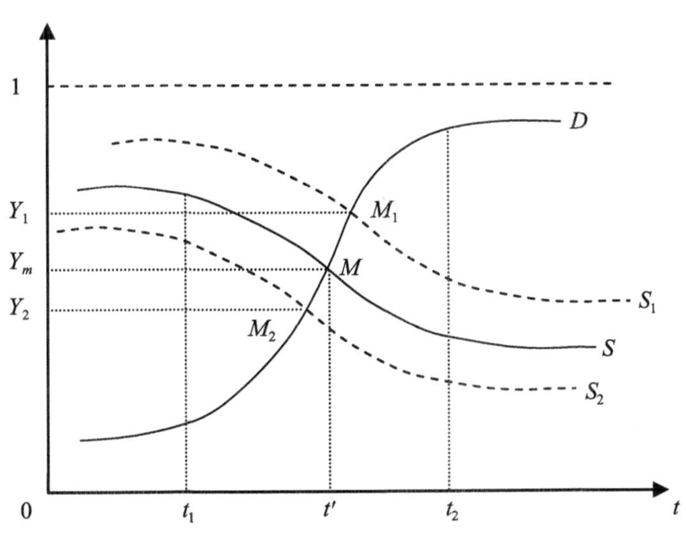

图 3-19　土地要素非农化供需曲线

（1）土地作为一种不可再生资源，决定建设用地供给的有限性，以建设用地比重代表土地要素非农化，建设用地比重 Y 同时受区域土地资源禀赋、经济社会对用地消耗数量的影响，从总体上，土地要素非农化供给曲线 S 呈倒“S”形，且土地要素非农化供给的取值为（0，1）（刘钦普等，2005；陈秧分等，2012）。

（2）土地作为一种重要的生产要素，其投入数量与经济增长存在密切关系，符合边际效益递减规律。从整体来看，经济社会发展对土地要素非农化的需求曲线 D 呈现为正“S”形。如图 3-19 所示，不同节点土地要素非农化供需状况的差异显著：初期（t_1），土地要素非农化供给能力较强，但较低的经济社会发展水平对建设用地需求较小；随着时间推移，经济社会发展对土地要素非农化的依赖性增强，工业化、城镇化对建设用地需求加速增长，而建设用地供给能力处于下降趋势，至时间 t'，土地要素非农化达到供需平衡；至时间 t_2，土地资源短缺的约束作用逐渐显现，同时，由于产业结构升级、资本和技术等生产要素的替代作用，经济社会发展的用地需求趋缓。总体来看，土地要素非农化与经济社会发展的耦合程度具有由弱至强、再至弱的变化趋势，土地要素非农化到达供需平衡点前后即是两者耦合作用最强烈的时期。

将土地要素非农化供需平衡点对应的土地要素非农化规模（Y_m）定义为土地适度非农化，代表了土地要素非农化的理想状态，指单位面积建设用地可容纳的经济社会要素趋近于理想值。但是，经济社会发展的用地需求与建设用地的实际供给之间往往存在一定的偏差。在既有的经济发展需求水平（D）下，依据土地要素非农化的实际供给曲线，可区分为以下两种情景：①若土地要素非农化的实际供给曲线为 S_1，供需平衡点将由 M 上移至 M_1，土地要素非农化规模相应由 Y_m 上移至 Y_1，这表明土地要素非农化处于盈余状态，土地集约利用程度不足，现有土地要素非农化规模能够支撑经济社会进一步发展。②若土地要素非农化的实际供给曲线为 S_2，供需平衡点将由 M 下移至 M_2 处，对应的土地要素非农化规模变化至 Y_2，这表明土地要素非农化处于超载状态，建设用地容纳经济社会要素过多，供给相对不足，不利于经济社会可持续发展。

不同时期若干个土地要素非农化供需平衡点构成了土地适度非农化曲线，利用这一曲线能够确定土地适度经营的阈值区间。现实的土地要素非农化规模往往围绕这一曲线上下波动，仅处于相对理想状态的土地要素非农化规模与曲线相交。针对具体的区域，因资源禀赋、产业类型、经济发展阶段存在差异，土地要素非农化供求曲线会有不同的表现，供需平衡点将产生一定的偏移。

同样，土地要素非农化的供求规律也反映了城乡不同行为主体对非农建设用地的需求与建设用地供给之间的关系，它决定非农建设用地供求均衡时的数量和价格。由于建设用地的需求与供给具有波动性特征，不同时期的建设用地供给数量与价格也呈现出波动变化趋势。对于城镇用地与农村宅基地扩展两种不同形式的土地要素非农化，其供求关系具有不同的表现：①城镇用地供给具有一定的惯性特征，由地区建设用地指标控制，并受上一轮土地指标供给量的影响。城镇各类用地成交价格对于城镇用地扩展具有一定的影响。②我国农村宅基地属于农村集体用地性质，一般为无偿使用，农村宅基地扩张并不受市场规律的支配，因此，农村宅基地的供求关系与地价无相关性。我国农村宅基地扩张属于明显的需求引致型，农户的住房需求对宅基地扩张起主导作用，国家宏观层面的经济形势和微观层面的农民收入水平直接影响住房需求；农村宅基地供给与村庄宅基地管理制度相关。

3.2.3　土地适度非农化

土地是人类主要经济社会活动的空间载体。本节基于经济发展阶段与土地要素非农化之间规律的理论解析，试图在经济发展阶段与土地要素非农化之间寻找一个合适的平衡点，通过评价不同经济发展阶段县域土地要素非农化的适宜程度，确定各阶段的土地适度经营规模，并对环渤海县域土地要素非农化进行类型划分。研究成果可为因地制宜地制定科学合理的建设用地规划，推进区域经济社会可持续发展提供参考依据（王介勇，2008）。

3.2.3.1　*研究方法与指标体系*

（1）经济发展阶段划分。借鉴美国学者 H. 钱纳里的理论，利用折算后的人均 GDP 标准划分为五个经济发展阶段：工业化起始阶段、工业化完成阶段（初期、中期、后期阶段）、发达经济阶段；各阶段对应的人均 GDP 数值区间分别为 748~1 495 美元、1 495~2 990 美元、2 990~5 981 美元、5 981~11 214 美元、高于 11 214 美元（2007 年美元价格）。

（2）土地要素非农化适度性评价。承载力模型是判断资源环境对经济社会要素承载能力的一种重要方法（毛汉英等，2001），能够定量测度人类经济社会活动与建设用地资源之间相互匹配程度。如前述理论分析，经济增长、投资建设、劳动力非农化、人口城镇化等人类经济社会活动对建设用地施加了压力，城镇用地、农村宅基地、交通用地等不同地类变化反映了建设用地的承压能力，因此，分别从经济社会（A_i）需求与土地要素非农化（B_i）供给的角度，选取 12 项指标（表 3-6），以各类供需要素与理想值的接近程度来衡量土地要素非农化的适度性，计算步骤如下：

①数据标准化处理。各项指标的理想参考值中，B_8、B_9、B_{10}和 B_{11}以城乡相关规划标准为依据，A_1、A_2、A_3、A_4、A_6以当年全国平均值代替理想值，A_5、A_7、B_{12}依据国内相关文献确定理想值，结合区域经济发展阶段分别确定不同的标准值，进行数据标准化处理（陈百明等，2002）。

②土地要素非农化适度性指数的计算。分别构建经济社会需求指数 D_i和土地要素非农化供给指数 S_i，在此基础上再构建土地要素非农化适度性指数 P_i，公式如下：

$$P_i = D_i / S_i = (b_1 \cdot \sum_{j=1}^{7} \omega_j A_{ij}') / (b_2 \cdot \sum_{j=8}^{12} \omega_j B_{ij}') \qquad (式 3-16)$$

$$b_1 = 1 / \sum_{j=1}^{7} \omega_j \,,\; b_2 = 1 / \sum_{j=8}^{12} \omega_j \qquad (式 3-17)$$

ω_j 代表指标 j 的权重值，运用熵值法计算得出。熵值法赋权具有较高的可信度和精确度，指标权重值与数值的变异程度正相关。为避免指数之间权重差异过大，确保指数间的可比性，在计算指数 P_i 时，对 D_i 和 S_i 指数的权重进行换算，如式 3-16 和式 3-17 所示。

土地要素非农化适度性指数 P_i 反映了经济社会发展对空间需求与建设用地供给之间的差距，可划分为盈余、可载和超载三种状态。若 $P_i \in (0, 0.9]$，表明土地要素非农化供给大于需求，存在一定的用地空间剩余；若 $P_i \in (0.9, 1.1]$，表明土地要素非农化供需基本平衡，为土地要素非农化的理想状态；若 $P_i \in (1.1, +\infty]$，表明土地要素非农化供不应求，属于土地要素非农化超载。

表 3-6　土地要素非农化适度性评价指标体系

目标层	指标层	计算方法	单位	权重	参考值
经济社会需求（0.78）	人均 GDP（A_1）	地区生产总值/总人口	元	0.166 4	23 128
	单位面积投资强度（A_2）	城镇固定资产投资/城镇用地面积	万元/hm^2	0.140 3	426
	年均 GDP 增长率（A_3）	（当年 GDP－基期 GDP）/基期 GDP	%	0.092 3	25.4
	单位城镇用地的非农业产值（A_4）	二、三产业产值/城镇用地面积	万元/ km^2	0.171 5	65 761
	人口密度（A_5）	总人口/行政区总面积	人/km^2	0.005 2	250
	乡村劳动力非农化（A_6）	（乡村从业人员－农林牧渔业从业人员）/乡村从业人员	%	0.030 0	49
	城镇化率（A_7）	城镇人口/总人口	%	0.171 8	20~70
土地要素非农化供给（0.22）	人均城市建设用地（B_8）	城市建设用地面积/总人口	m^2/人	0.018 8	65~115
	农村人均宅基地面积（B_9）	农村居民点用地面积/农村常住人口	m^2/人	0.021 6	150
	城镇建设用地比重（B_{10}）	城镇建设用地面积/行政区总面积	%	0.011 0	20
	交通运输用地比重（B_{11}）	交通运输用地面积/建设用地面积	%	0.071 9	10~30
	人均耕地面积（B_{12}）	区域耕地总面积/总人口	hm^2/人	0.099 3	0.059

（3）确定不同发展阶段土地适度非农化阈值及评价。运用承载力模型计算了土地要素非农化对人类经济社会活动支撑能力，可载状态对应的土地要素非农化即为土地要素非农化的适度规模。利用可载状态的样本数据，通过回归拟合分析，模拟土地适度非农化曲线的变化趋势，并确定不同经济发展阶段对应的土地要素非农化适度规模。利用式 3-18 评价实际土地要素非农化与理想状态土地适度非农化（$\bar{y}$）之间的差距，计算公式如下：

$$\alpha = (y - \bar{y})/y \qquad (式 3-18)$$

$\alpha \in (25\%, +\infty]$、$(-25\%, 25\%]$、$(-\infty, -25\%]$，分别代表了土地要素非农化过度、适度与不足三种类型。

2012 年，环渤海地区人均 GDP 接近 5 000 美元，已基本进入“以工促农、以城带乡”的发展阶段。该地区地域辽阔，县域自然条件、区位条件、资源禀赋存在较大的空间差异。因其县域经济发展梯度差异显著，从而使同一时段内县域具有不同经济发展阶段的特征。在此选取 2012 年环渤海地区县域截面数据，为确保县域样本具有可比性，剔除了城市辖区，最终获得样本总量为 252 个。

3.2.3.2　县域土地要素非农化与经济发展阶段的相关性

研究区县域土地要素非农化的空间差异显著，县域土地要素非农化比重以 10%~20%居多。以 2000 年为基期，分析 2000—2012 年环渤海地区县域耕地与建设用地年均变化率，结果显示，约 72%的县域耕地数量呈现减少态势，97%的县域建设用地数量呈增长态势，土地要素非农化趋势显著。样本统计表明（表 3-7），县域土地要素非农化主要位于 10%~15%和 15%~20%两个区间，对应的县域数量分别占样本总量的 39. 3%和 34. 9%。

表 3-7　不同经济发展阶段下对应不同土地要素非农化比重的县域数量统计

工业化起始阶段		工业化完成阶段			发达经济阶段
		初期阶段	中期阶段	后期阶段	
2%~5%	4	8	2	0	0
5%~10%	8	9	8	1	0
10%~15%	14	44	32	8	1
15%~20%	10	33	35	9	1
20%~25%	0	6	8	4	1
25%~30%	1	2	2	1	0

随着经济发展阶段的提升，环渤海县域土地要素非农化比重总体呈现缓慢增长趋势。处于工业化完成阶段的县域，经济社会发展与土地要素非农化之间时空耦合关系尤为显著。具体表现为：①县域经济发展阶段与土地要素非农化存在一定的相关性。从移动平均拟合曲线（图 3-20）来看，随着经济发展阶段的演进，土地要素非农化略有上升，且各时期的上升趋势与速度各有不同。运用 Pearson 方法检验人均 GDP 与建设用地比重之间的相关性，结果表明，两者呈弱正相关关系（$P<0.01$，$r=0.242$），在人均 GDP 748~7 500美元的区间内，两者之间正相关性尤为显著。②经济发展高级阶段的县域与耕地减少、建设用地增加的县域在空间上基本吻合。例如，工业化后期阶段与发达经济阶段的京津唐经济区及其周边区域，其耕地减少率为 2%左右，是环渤海地区耕地减少最显著的区域之一，而工业化起始阶段与初期阶段的

鲁西南传统农区，2000—2012 年耕地面积未减少反而有所增加，变化率在 0.1%~0.5%。

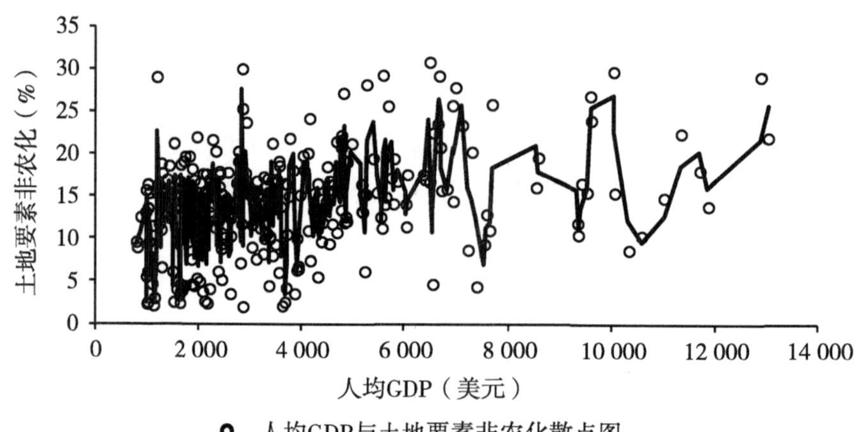

图 3-20 经济发展阶段与土地要素非农化散点图

3.2.3.3 不同经济发展阶段的土地适度非农化分析

（1）土地要素非农化供需分析。在宏观经济发展需求与资源环境压力的共同作用下，部分县域出现土地要素非农化供需不对称现象。具体表现为：①经济社会需求指数呈阶段性变化特征：一是工业化起始期至人均 GDP 达到 5 000美元的上升期，二是人均 GDP 5 000美元至发达经济阶段的平稳变化期。②受区域土地资源禀赋与建设用地指标的限制，土地要素非农化供给能力的时序变化趋势不显著，供给指数基本围绕 $S=0.75$ 上下波动，整体较为平稳。

随着经济发展由初级向高级阶段演化，县域土地要素非农化供需类型从相对盈余逐渐向相对超载过渡。Pearson 相关系数方法检验结果表明，县域人均 GDP 与土地要素非农化适度性指数存在强相关性（$P<0.01$，$r=0.608$）。依据前述土地要素非农化类型划分标准，处于盈余状态的县域有 142 个，占样本总量的 56.3%，处于可载状态的县域共 83 个，占样本总量的 32.9%，处于超载状态的县域共 27 个，占样本总量的 10.7%。结合经济发展阶段分析，工业化起始期的县域全部处于盈余状态，发达经济阶段的县域处于超载状态；自工业化初期至工业化后期，县域土地要素非农化承载状态由盈余向可载转变，工业化初期约 75%的县域处于盈余状态，工业化中期和后期可载状态的县域分别占 65%和 45%左右。

由于经济社会发展与土地要素非农化具有不同的演化轨迹，在既有经济社会发展趋势下，受建设用地供给指标等政策性因素的影响，多数县域往往在平衡点上下波动，仅有部分县域在特定时刻能够达到土地要素非农化供需相对平衡。

（2）土地适度非农化阈值。不同经济发展阶段的土地适度非农化阈值是本文探讨的关键问题。在前述理论与实证分析中，将经济社会发展需求与土地要素非农化供给取得相对平衡的状态定义为理想状态，因此，本文以不同经济发展阶段土地要素非农化可载状态的县域作为样本，计算不同经济发展阶段的土地适度非农化阈值。结果表明，处于可载状态的县域共 83 个，剔除了部分异常值的样本数值后，保留了 65 个样本，数量分布区间为工业化初期 35.7%、工业化中期 51.4%、工业化后期 12.9%。通过线性、幂函数、指数函数等多种拟合方法的比较，最终确定人均 GDP（x）与土地要素非农化（y）之间的三次非线性方程。拟合曲线为：

$$\bar{y} = (2E - 11)x^3 - (5E - 07)x^2 + 0.004x + 5.402$$

$$(F=54.138,\ P<0.01) \qquad \text{（式 3-19）}$$

该方程模拟了特定时期理想状态下的土地要素非农化，总体上呈现出缓慢增长的趋势。将工业化初期、中期和后期的人均 GDP 标准数据代入方程，取得不同发展阶段县域对应的土地要素非农化理想值，该时段的土地适度非农化阈值为 10.0%~17.5%。运用式 3-18 计算土地要素非农化过度或不足程度。土地要素非农化适度的县域 113 个，约占样本数量一半以上，土地要素非农化过度的县域约占三分之一。例如河北省蠡县和容城县，土地要素非农化分别超出理想值的 105%和 91%，属于严重过度土地要素非农化状态；辽宁省宽甸满族自治县和河北省兴隆县土地要素非农化现状分别为 2.2%和 2.0%，低于理想值 84%以上，属于土地要素非农化严重不足的状态。

3.3　小结

本章分别以京津冀地区与环渤海地区为例，分析了快速工业化与城镇化过程中，乡村人口与土地要素非农化的时空格局与演化特征，揭示了乡村要素非农化的内在机理。具体内容如下。

（1）京津冀地区乡村人口要素非农化的时空与耦合格局。2000—2016 年，京津冀地区乡村人口非农化率由 38.5%增至 56.4%，就业转移规模由 1 044万人增至 1 754万人；京津冀地区乡村非农就业空间分异显著，大致以“太行山—燕山”为界，形成了西北和东南两个人口要素非农化差异显著的地区，其中，西北地区乡村非农就业程度相对较低，东南地区包含约 70%的县域，乡村非农就业程度相对较高，且高—高、低—低空间集聚态势不断增强。京津冀县域人口、土地、产业要素发展格局空间差异显著，京津及其周边县域具有较强的人口集聚能力与较高的产业发展水平，土地资源禀赋较为丰富，土地投入产出能力较强，是人口、土地、产业指数的高值区，低值区主要分布在冀北坝上高原与太行山山脉地区，人口集聚能力较弱，土地投入产出能力较低，中值区与次低值区覆盖县域数量最多，主要分布在河北平原地区。

（2）环渤海地区土地要素非农化的时空格局及其耦合特征。研究时段内，环渤海地区建设用地与耕地变化率呈相似波动趋势，且建设用地的变化幅度略大于耕地；城镇用地与独立工矿用地比重快速增长，鲁冀辽三省农村居民点用地规模偏大；土地利用的信息熵（$P>1$）高值区域以城市辖区与发达地区为主，土地利用变化较剧烈，$P<0.5$ 的低值区向冀中南、辽西北与鲁西南等传统农区集中，土地利用变化程度相对缓和。处于工业化阶段的县域，其经济增长较依赖于建设用地要素投入与资金投入。环渤海地区土地要素非农化比重介于2%~30%，与人均GDP呈正相关，以工业化完成阶段最为显著；随着经济发展由初级向高级阶段演化，县域土地要素非农化承载类型从相对盈余为主逐渐向相对超载过渡；工业化初期至后期的土地适度非农化阈值为10.0%~17.5%。

（3）要素非农化的驱动机制与作用机理。人口要素非农化的内在机理：①在农业剩余劳动力供给充足的阶段，工业与农业部门工资收入的差距是导致农业剩余劳动力非农就业转移的经济驱动因素；②宏观经济发展格局为乡村人口就业转移提供了重要的支撑作用；③政策因素为乡村非农就业转移提供了重要的制度保障；④农户家庭分工是实现乡村非农就业转移的前提与基础；⑤人口、土地、产业作为乡村发展的核心要素，三要素其非农化趋势及其耦合匹配程度，直接影响乡村可持续发展能力，三要素不同的空间趋向性导致三要素空间“不匹配”现象，进而在不同地域单元三要素耦合协调程度呈现出一定的空间分异规律。土地要素非农化的内在机理：①土地要素非农化过程是乡村系统向城镇系统输出土地要素的过程，直接导致城镇用地扩展，其中，经济社会发展需求是城镇用地扩展的内在动力，不同时期的土地利用政策与制度通过负反馈机制作用于城镇用地扩展。②农村宅基地变化是对农户家庭行为决策的响应，从微观视角来看，农户对新建房屋的需求、农户家庭收支能力、村域文化与政策环境共同构成传统型村庄农村宅基地扩展的动因，具有一定的非理性行为特征，另一方面，区域政策、经济社会环境与微观村庄环境等因素为农户迁居新型农村社区提供了可能，但农户自身发展能力则决定了农户家庭搬迁能力，是农户迁居社区的基础。③基于土地要素非农化供给与经济社会发展需求特征分析了不同经济社会发展阶段的土地要素非农化数量规律，表现为：两者之间耦合程度存在着由弱至强、再至弱的变化趋势，土地要素非农化到达供需平衡点前后即是两者耦合作用最强烈的时期。

第4章　典型地区乡村要素非农化效应

由于乡村要素非农化对乡村系统的影响具有显著的阶段性与交互耦合特征，需结合不同尺度研究需求开展效应研究。本章选取典型案例区，通过测算乡村人口与土地要素非农化对乡村系统的影响，归纳了乡村要素非农化效应与影响机理。

4.1　研究思路与框架

4.1.1　总体判断

随着城乡之间物质流、能量流、人员流、信息流等要素不断交换，我国乡村系统由一个相对封闭的系统转变为开放性系统，城乡系统之间相互依赖、相互渗透。从系统论与要素—结构—功能视角来看，乡村系统演化是城镇系统的外源性驱动与乡村要素自身产生的内源性驱动共同作用的结果（李裕瑞等，2012），存在着正向与负向两种相反的演化趋势，两者共存共生、交替进行。其中，正向演化是指在城镇系统驱动下，通过发挥自组织功能，乡村实现由低级到高级协调演化、自我发展能力提升的过程，表现为乡村要素的优化组合与配置，生产、生活、生态空间合理，进而带来生态环境改善、经济发展、社会进步、居民福利提升，是一种进化过程；负向演化是指在城镇系统的外部干扰下，乡村生产要素流失、自组织功能弱化、自我发展能力降低，进而导致环境退化、要素利用效率低下、经济衰退、居民福利降低等问题，是一种退化过程。正向与负向演化共同推动着乡村系统呈循环螺旋式演变发展，并使其呈现出周期性特征（张富刚等，2007；方方等，2014）。

乡村人口与土地要素非农化对乡村系统的影响，具有动态性、交互耦合的变化特征，一方面，人口与土地要素由乡村向城镇地区流转或转移，对乡村系统产生了直接或间接影响，并改变了乡村系统的原有状态，而乡村系统在人口与土地要素非农化过程中，也将产生一定的响应与反馈；另一方面，经济社会发展的阶段性在一定程度上决定了要素非农化对乡村系统的影响强度。城乡系统之间劳动力、技术、资金等要素流动越频繁，城镇系统对乡村系统的辐射作用越强，要素非农化过程对乡村系统的影响也越强。具体来看，在经济发展的早期阶段，乡村要素非农化现象尚不显著，与乡村系统之间呈现弱的耦合关系，对乡村系统的影响也相对较弱；随着工业化与城镇化的加速推进，要素非农化与乡村系统均产生显著的变化，两者之间的交互耦合关系随着城乡之间互动得以显著加强，乡村系统因获得资金、技术、高素质劳动力等资本与要素投入而加速演进，一些发达农区甚至产生了乡村的强烈变革，发生了乡村系统由量变到质变的演化过程；随着经济社会的进一步发展，乡村自我发展能力不断增强，乡村要素非农化与城乡流动趋势逐渐减弱，乡村系统在自身积累与外界影响过程中不断向高级阶段演进，从而使乡村要素非农化与乡村系统之间呈现出新的弱耦合关系。

乡村系统作为一种稳态系统，具有一定的自身演变规律。在微弱外界因素干扰下，乡村系统演化表现为缓慢、渐变与连续性的变化过程；在外界的强烈刺激作用下，乡村系统会产生非连续性的突变式变化。受研究尺度的影响，在区域尺度（宏观与中观）、农户尺度（微观）上乡村要素非农化对乡村系统的影响将呈现不同的格局与特征，应予以区别对待。

4.1.2 研究框架

乡村系统是一个复杂系统，其运行与演化过程受多种内部与外部因素的共同作用，乡村生产要素作为乡村系统的组成部分，其要素非农化必然对乡村系统产生一定的影响。宏观视角分析乡村要素非农化对乡村系统的影响机理与效应，侧重于在要素—结构—功能、压力—状态—响应（PSR）的研究框架下开展，具体内容如下。

（1）影响因素。乡村系统演化是多种因素共同作用的结果，乡村要素非农化可能引起乡村系统各方面的变化，结合乡村系统的概念界定，从区域与农户尺度分别筛选出主要的影响因素，其中，对资源环境子系统的影响主要体现在土地利用与生态环境等方面，对经济子系统的影响体现于农村经济与农业生产等方面，对社会子系统的影响主要体现在乡村社会结构、就业方式、收入水平等方面。具体指标如表4-1所示。

表 4-1 乡村要素非农化对乡村系统的可能影响

类型	区域尺度	农户尺度
资源环境子系统	➢土地利用（耕地、建设用地、农用地、农村居民点用地等不同地类数量与结构变化；耕地细碎化） ➢生态环境（生态服务价值；景观多样性）	√居住环境（农户对空废房屋、环境污染的满意度等） √土地利用（征地面积、征地意愿、征地补偿等）

（续表）

类型	区域尺度	农户尺度
经济子系统	➢农村经济（农业总产值；农林牧渔总产值） ➢农业生产（复种指数；有效灌溉面积；粮食播种面积比重）	√家庭资产（房屋占地面积、房屋结构、建房年代、主要耐用消费品） √家庭收入（种植业收入、畜牧业收入、非农就业收入等） √农业生产（复种指数、有效灌溉面积、种植结构、土地流转）
社会子系统	➢社会结构（农业人口比重；乡村从业人员） ➢收入水平（农村居民人均纯收入） ➢公共服务（乡村科教文卫；基础设施建设）	√就业方式（家庭兼业方式、非农就业时间、务工地点、家庭收入结构） √家庭消费（主要消费支出项目） √公共服务（农户对社区配套服务的满意度等）

（2）作用路径。乡村要素非农化对乡村系统的效应影响路径应从三个层面上区分：首先，从作用途径来看，效应是直接效应与间接效应的总和（马静等，2011）。具体而言，乡村要素非农化对乡村系统的直接效应指因乡村要素非农化过程直接引起乡村系统某些要素的变化，间接效应指乡村要素非农化通过其他中介变量，对乡村系统某些要素产生间接作用。其次，根据其作用效果来看，包括对乡村系统的正面与负面效应，凡是有利于乡村系统由低级阶段向高级阶段演进的，为正面效应，反之为负面效应。第三，从乡村系统的子系统构成来看，土地要素非农化效应包含着对资源环境效应、社会效应与经济效应等各个子系统的影响。其中，正面与负面效应暗含在直接与间接效应以及各子系统效应之中。

图 4-1 为乡村要素非农化效应的关系示意图，包含土地与人口要素非农化引起城镇系统与乡村系统各要素的变化。例如，土地要素非农化直接体现为城镇用地变化与农村宅基地变化，因城镇用地扩展导致的产业发展、经济增长、就业机会增加等，间接带动了乡村系统的经济、社会子系统的变化，体现为农户就业方式变化、家庭非农业收益与农业生产；这一过程也导致人口要素非农化的变化，并进一步反馈于农业生产与乡村演化过程中。

4.2　乡村人口要素非农化效应

近年来，我国工业化与城镇化引起了乡村劳动力的加速流动。乡村劳动力流动带来的非农就业对提高农民家庭收入、改善家庭生活质量发挥了重要的积极作用，但同时，乡村劳动力过度外流也导致农业劳动力投入不足，势必对农业生产与耕地资源利用产生一定的影响。本节以京津冀地区为案例区，通过划分不同的地域类型，

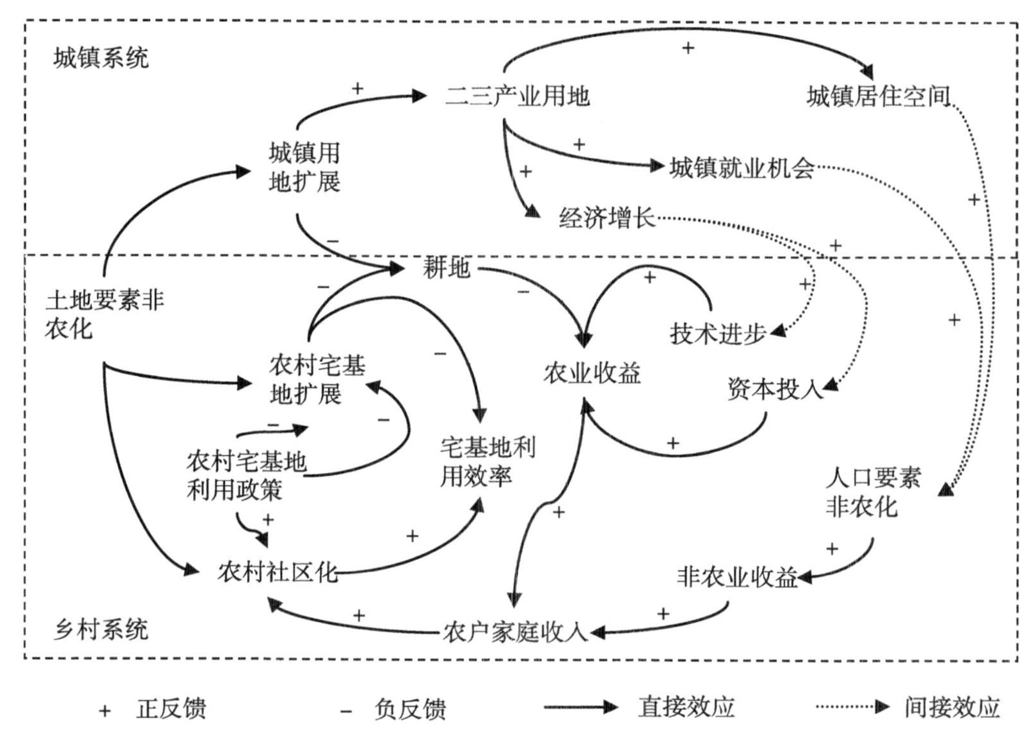

图 4-1　乡村要素非农化的效应与反馈

综合判断乡村人口要素非农化对乡村系统的影响。

4.2.1　资源环境效应

4.2.1.1　案例区域及其地域类型划分

为深入分析京津冀地区乡村人口要素非农化影响乡村系统的区域差异，遵循地域综合性与主导功能性相结合、农业生产现状与未来发展方向相结合等原则，对京津冀地区进行地域类型划分。依据研究主题的需求，主要采取以下两种地域类型划分方法。

（1）基于主体功能区规划的地域类型划分。基于区域资源环境条件与社会经济基础进行地域划分的主体功能区规划，能够在较大程度上综合反映京津冀地区地理分异特征与人类经济社会活动差异，不同主导功能的地区受自然资源禀赋、生态基础、产业发展定位的影响，提供农产品类型不同，进而形成在空间上基本连续、区内相对一致与区间显著异质的农业生产与耕地利用格局特征（方方等，2019a）。依据《河北主体功能区规划》《天津市主体功能区规划》《北京市主体功能区规划》划定的优化开发区、重点开发区、限制开发区及其各类型区所涉及的县（区、市），结合各主体功能区提出的农业发展定位，将京津冀县域划分为四种地域类型（图 4-2）：①优化开发区（Ⅰ）。对应于主体功能区划中的优化开发区域，分布于环渤海中部、燕山山前平原、冀中平原北部地区，以特色农业、都市农业与农产品加工业

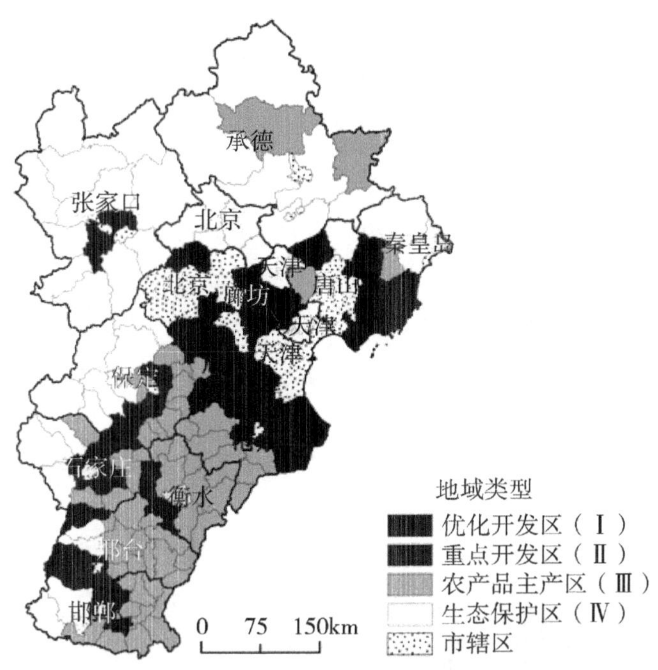

图 4-2　京津冀县域地域类型划分示意图

为主，涉及天津 3 个区县与河北 21 个县域。②重点开发区（Ⅱ）。对应于主体功能区划中的重点开发区，分布于太行山山前平原地带、黑龙港中北部部分地区、张承盆谷地区，其定位为现代农业与粮食生产基地，包括北京 2 个区县与河北 22 个县域。③农产品主产区（Ⅲ）。对应于主体功能区划中限制开发区域的黄淮海平原农产品主产区，分布于太行山燕山山前平原、丘陵地区和黑龙港低平原地区，涉及河北省 58 个区县。④生态保护区（IV）。对应于主体功能区划中的重点生态功能区，分布在坝上高原地区、冀北燕山山区、冀西太行山山区，以特色农业为主，禁止有污染的农业开发活动，包括北京 4 个区县、天津 2 个区县与河北 35 个县域。2016 年各类型区土地利用特征如表 4-2 所示。

表 4-2　京津冀不同地域类型县域分布与土地利用特征

地域类型	空间分布	县域数量	土地总面积		耕地总面积	
			数量（hm^2）	比例（%）	数量（hm^2）	比例（%）
优化开发区（Ⅰ）	环渤海中部、燕山山前平原、冀中平原北部地区	共 24 个区县，涉及天津 3 个区县与河北 21 个县域	257.0×10^4	13.0	120.5×10^4	18.7
重点开发区（Ⅱ）	太行山山前平原地带、黑龙港中北部部分地区、张承盆谷地区	共 24 个区县，包括北京 2 个区县*与河北 22 个县域	215.2×10^4	10.9	99.8×10^4	15.5

（续表）

地域类型	空间分布	县域数量	土地总面积		耕地总面积	
			数量（hm^2）	比例（%）	数量（hm^2）	比例（%）
农产品主产区（Ⅲ）	太行山燕山山前平原、丘陵地区和黑龙港低平原地区	涉及河北省 58 个区县	472.0×10^4	23.9	258.7×10^4	40.1
生态保护区（Ⅳ）	坝上高原地区、冀北燕山山区、冀西太行山山区	共 41 个区县，包括北京 4 个区县、天津 2 个区县与河北 35 个县域	$1\ 031.9\times10^4$	52.2	166.5×10^4	25.8

*：《北京市主体功能区规划》将昌平和大兴列入城市发展新区，主体功能是重点开发，因此，本研究将其划定为重点开发区。

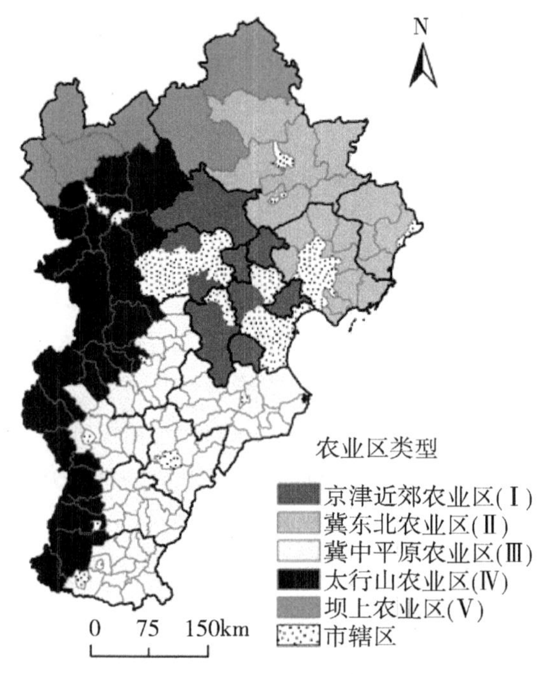

图 4-3 京津冀地区农业区类型划分示意图

（2）基于农业区规划的地域类型划分。遵循一致性与共轭性、地域差异性与主导功能性相结合等原则，依据光热、水土资源禀赋差异对京津冀地区农业区进行类型划分（邓静中，1963；吴传钧，1981）。参照刘彦随等（2018）提出的现代农业区划方案，在农业一级区与二级区的基础上，以县域为单元对京津冀地区农业区进一步细化，考虑县域经济社会数据的可获得性，以县域行政单元内主导的区位、地形地貌、水土资源禀赋、农业特征代表县域地域类型，最终形成了空间上相对连续、区内相对一致、区间相对异质的五类农业区（图 4-3）。①京津近郊农业区（Ⅰ）。属京津平原丘陵近郊农业二级区，涉及京津除主城区外的市辖区县及其廊坊市的 8

个县市，共 23 个区县。②冀东北农业区（Ⅱ）。属冀东北平原山区都市农业二级区，涉及承德、唐山和秦皇岛市的 17 个县市。③冀中平原农业区（Ⅲ）。属冀鲁平原高效农业二级区，涉及保定、石家庄、沧州、衡水、邢台与邯郸市共 75 个县市。④太行山农业区（Ⅳ）。属太行山区林果农业二级区，涉及张家口、保定、石家庄、邢台与邯郸市的 29 个县市。⑤坝上农业区（Ⅴ）。属蒙东南农业二级区，涉及张家口、承德市的 7 个县域。

4.2.1.2　对耕地利用效率的影响

（1）主要研究方法。

①耕地利用效率评价模型。一般而言，耕地产出的增长取决于生产要素投入的增长与要素生产率的提高，受要素边际效益递减效应的影响，耕地产出的持续增长更依赖于要素利用效率的提高（王良健等，2014；叶浩等，2011）。耕地利用效率是对耕地资源配置合理程度的定量测度（张立新等，2017；张荣天等，2015），反映了单位耕地面积上资本、劳动力等要素投入产出效率。随机前沿生产函数（Stochastic Frontier Production Function）通过建立不同要素投入组合与耕地最大产出之间的函数关系来衡量地区耕地利用的技术效率，由于实际农业生产活动无法达到技术最优，即存在技术无效率，因此，耕地利用效率可表达为在要素投入不变的情况下，单位面积耕地实际产出与最优产出的比例。一般运用最小二乘法或最大似然法进行估算，由于估计的生产前沿面是随机的，将生产边界的差异界定为随机误差与技术非效率共同作用的结果，对模型估计结果进行假设检验，能够相对有效反映样本计算的真实性（周曙东等，2013；傅晓霞等，2006）。依据 Battese 和 Coelli（Battese et al，1992）提出的方法模型，随机前沿生产函数模型可表达为：

$$Y_{ij} = A_{ij}^{\beta_0} M_{ij}^{\beta_1} E_{ij}^{\beta_2} F_{ij}^{\beta_3} e^{v_{ij}-u_{ij}} \quad \text{（式 4-1）}$$

$$u_{ij} = e^{-\eta(j-T)} u_i \quad \text{（式 4-2）}$$

$$u_i \sim N^+ (\mu,\ \delta_u^{\ 2}) \quad \text{（式 4-3）}$$

$$v_{ij} \sim N(0,\ \delta_v^{\ 2}) \quad \text{（式 4-4）}$$

耕地利用效率可表示为：

$$TE_{ij} = e^{-u_{ij}} \quad \text{（式 4-5）}$$

式中：i 代表地区（$i = 1,\ 2,\ \cdots,\ N;\ N = 147$），$j$ 代表年份（$j = 2000,\ 2001,\ \cdots,\ 2016$），$T$ 为研究时段，Y_{ij}为地均农业增加值，反映耕地产出能力；在投入要素中，A_{ij}为农业生产技术水平，M_{ij}为地均农业机械总动力，E_{ij}为地均农林牧渔从业人员数量，F_{ij}为地均化肥使用量；e 为随机扰动项，服从正态分布，v_{ij}表示不可控因素导致的随机误差，u_{ij}表示 i 地区 j 年的生产无效率项，u_i服从非负的单侧正态分布；TE_{ij}表示 i 地区 j 年的耕地利用效率，$\beta_0 \sim \beta_3$、μ、δ^2、η 为待估参数。令 $\gamma = \delta_u^2/(\delta_u^2 + \delta_v^2)$，若接受原假设 $H_0: \gamma = 0$，表示普通最小二乘法估计有效，反之，随机前沿生产函数模型估计有效。

2000—2016 年京津冀县域耕地投入产出要素的描述性统计见表 4-3。

表 4-3　变量描述性统计分析

类型	变量	单位	计算方法	平均值	标准差	最小值	最大值
耕地产出	地均农业增加值（*Y*）	万元	农业增加值/耕地面积	0.184	0.161	0.007	1.161
耕地投入	地均农用机械总动力（*M*）	kW	农用机械总动力/耕地面积	1.026	0.660	0.027	5.542
	地均农林牧渔从业人员（*E*）	人	农林牧渔从业人员/耕地面积	0.345	0.190	0.048	2.845
	地均化肥使用量（*F*）	t	化肥使用量/耕地面积	0.035	0.018	0.001	0.219
乡村人口非农化率（*LT*）		—	（乡村从业人员-农林牧渔从业人员）/乡村从业人员	0.469	0.156	0.118	0.959
经济发展	人均 GDP（*PG*）	万元	地区生产总值/总人口	2.501	1.819	0.189	22.222
	农村居民人均纯收入（*PI*）	万元	来源于统计年鉴	0.551	0.372	0.085	2.187
	非农产业比重（*NI*）	—	二三产业产值/地区生产总值	0.790	0.102	0.210	0.989
农业生产	人均耕地面积（*PA*）	hm^2	耕地面积/乡村人口	0.207	0.095	0.055	0.696
	复种指数（*MI*）	—	农作物总播种面积/耕地面积	1.402	0.326	0.356	2.421
	有效灌溉率（*R*）	—	有效灌溉面积/耕地面积	0.730	0.123	0.036	1.244

②回归分析方法。农业生产要素投入的替代关系与农户家庭分工协作是实现农村劳动力非农就业的基本前提。与资本、土地等要素相比，劳动力对农业生产具有更高的产出弹性（李庆等，2013）。农民作为理性经济人，追求家庭效用最大化，在家庭成员通过务工获取非农收入的同时，减少了对耕地利用的人力投入，必然导致耕地资源的重新配置。国内外学者从不同视角评价了乡村非农就业对土地资源配置效率的影响，有学者指出，我国农业生产要素处于规模报酬递减阶段，农村剩余劳动力外流有利于缓解人地矛盾，同时，非农就业能够降低农业投资风险，有利于提高土地投资水平与土地产出率，从总体上促进耕地投入产出能力的提升（许恒周等，2012；郭亚军等，2011）；也有学者认为，非农就业导致部分农区农业劳动力投入不足，不利于耕地利用效率提升（Li et al，2013；Brauw et al，2008）。从本质上看，非农就业对耕地利用效率是否存在负面效应与要素替代作用密切相关。此外，非农就业对耕地利用效率的影响程度受农户兼业方式、兼业程度、收入类型、消费方式等微观农户行为的制约，以及土地流转、农作物类型等外部因素的影响（Rozelle，2008；贺振华，2005）；乡村非农就业对耕地资源利用的影响还可能存在明显的空间差异，需结合地域特征开展相关研究，以得出科学合理的结论。

（2）变量选取。被解释变量为耕地利用效率，解释变量为乡村人口非农化，其计算公式同第 3 章 3.1.2.3 节，数值越大，乡村非农就业程度越高。此外，耕地利用效率还受自然禀赋、经济社会、科技进步、农户行为等因素的影响（卢新海等，2018）。考虑数据可获得性，从经济发展与农业生产角度选取 6 个控制变量（表 4-3）：①经济发展。在不同经济发展水平下，耕地要素投入能力与强度存在着差异，选取了人均 GDP、农村居民人均纯收入与非农产业比重 3 项指标，反映地区经济发展、收入水平与产业非农化程度（丘雯文等，2016）。②农业生产。农业资源禀赋条件是影响耕地利用效率的基础因素，耕地投入要素组合与耕地产出功能之间密切相关，选取了人均耕地面积、复种指数与有效灌溉率 3 项指标，反映地区农业生产要素投入特征。各变量描述性统计分析如表 4-3 所示。

（3）回归模型构建。为揭示京津冀地区乡村人口非农化对耕地利用效率影响的地域差异，构建回归模型见式 4-6。

$$\begin{aligned} TE_{ij} = \alpha_0 + \alpha_1 TE_{ij-1} + \alpha_2 LT_{ij} + \alpha_3 PG_{ij} + \alpha_4 PI_{ij} + \\ \alpha_5 GI_{ij} + \alpha_6 PA_{ij} + \alpha_7 MI_{ij} + \alpha_8 R_{ij} + \mu_{ij} \end{aligned} \quad \text{（式 4-6）}$$

式中：TE_{ij}为被解释变量，数值为（0，1），α_0为常数项；为了减少内生性问题，将 TE_{ij}滞后一期，以 TE_{ij-1} 表示，系数为 α_1；LT_{ij}为乡村人口非农化率，作为解释变量；PG_{ij}、PI_{ij}、GI_{ij}、PA_{ij}、MI_{ij}、R_{ij}分别为纳入模型的 6 个控制变量，系数分别为 $\alpha_3 \sim \alpha_8$；μ_{ij}为随机扰动项。

（4）回归分析检验。为避免出现“伪回归”现象，首先，对面板数据进行多重共线性检验，若 VIF<10，则表明不存在明显的多重共线性；然后，对面板数据进行回归分析，步骤如下：①采用 Hausman 检验来确定模型为固定效应或随机效应模型；②分别应用似然比（LR）、Wooldridge、Pesaran’s 方法检验面板数据是否存在异方差、自相关和截面相关，若存在，需对回归方法加以修正（Driscoll et al，1998；王亚辉等，2017）。上述回归分析借助 Stata14 实现。

针对回归可能存在的变量遗漏或双向因果等问题，采取如下处理方法：①因各类型区回归拟合度均超过 90%，表明遗漏变量的概率相对较小；②采用 Davidson-MacKinnon 方法对面板数据进行内生性检验（Davidson，1983），检验结果 F 值为 3.801 6，P 值为 0.217 4，表明双向因果关系造成的内生性问题对回归模型设定的影响较小。此外，本文采用解释变量滞后一期等方法，也能够在一定程度上减少内生性的影响，提高估计结果的可信度。

（5）乡村人口要素非农化与耕地利用效率特征

①乡村人口要素非农化特征。2000—2016 年，各区乡村人口非农化率均呈波动增长趋势，数值由高到低依次为重点开发区（Ⅱ）>优化开发区（Ⅰ）>农产品主产区（Ⅲ）>生态保护区（Ⅳ）（图 4-4）；在空间分布上，LT 低值区主要分布于生态

保护区（Ⅳ），以冀北与太行山沿线地区为主，17年间增长幅度较小，变化趋势较不显著；*LT* 高值区与次高值区在四大地域类型区均有分布，空间上相对集中连片，涉及京津的昌平、怀柔、静海、密云等区县，冀中地区的藁城、任丘、新乐等县域，以及冀南地区的鸡泽、永年等县域，且17年间 *LT* 数值增长趋势明显（图4-5）。

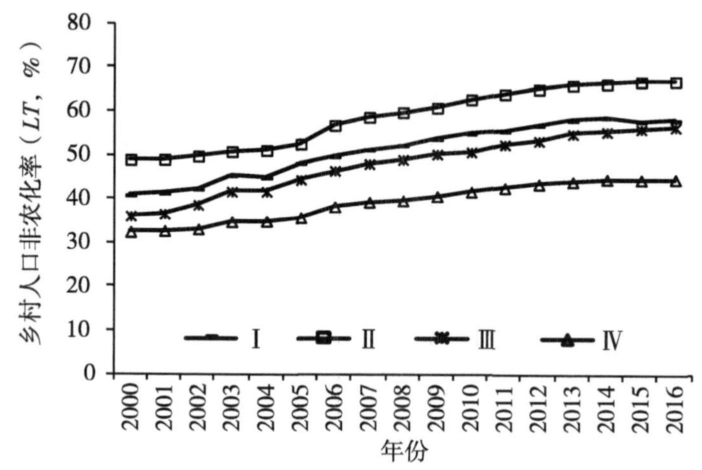

图4-4　2000—2016年京津冀四大地域类型区乡村人口非农化变化趋势

②耕地利用效率特征。借助于软件 Frontier 4.1，分别测算了2000—2016年京津冀四大地域类型区耕地利用效率，各参数估计值如表4-4所示。估算结果中，γ 均显著大于0，单边似然比检验值较大，且统计检验在1%水平下显著，表明误差项是随机的，模型设定合理。京津冀地区优化开发区、重点开发区、农产品主产区与生态保护区的随机前沿生产函数误差中分别有51.9%、70.3%、34.9%、37.3%源于技术无效率，表明技术效率损失是导致各地域类型区耕地实际产出与最优产出之间存在差距的主要原因，其中，重点开发区技术效率损失最高。

表4-4　四大地域类型区随机前沿生产函数方程估计结果

	β_0	β_1	β_2	β_3	δ^2	γ	μ	η
优化开发区（Ⅰ）	−0.068 (−0.363)	0.466*** (8.444)	0.013 (0.197)	0.065 (1.083)	0.095*** (8.369)	0.519*** (19.522)	0.445*** (5.784)	0.056*** (14.286)
重点开发区（Ⅱ）	0.841*** (3.570)	0.235*** (4.918)	0.054 (0.744)	0.217*** (3.494)	0.148*** (8.698)	0.703*** (25.512)	0.673*** (8.362)	0.045*** (18.243)
农产品主产区（Ⅲ）	0.638*** (4.440)	0.112*** (3.214)	0.112*** (3.553)	0.374*** (8.824)	0.071*** (15.773)	0.349*** (18.579)	0.314*** (9.291)	0.078*** (27.190)
生态保护区（Ⅳ）	0.710*** (6.604)	0.166*** (4.139)	0.352*** (6.358)	0.127*** (3.099)	0.146*** (11.352)	0.373*** (14.031)	0.467*** (8.398)	0.074*** (18.176)

注：括号内为 *t* 检验值；*、**、*** 分别表示在10%、5%、1%水平下显著。

β_1~β_3 分别为农用机械总动力、农林牧渔从业人员、化肥使用量对耕地产出的弹

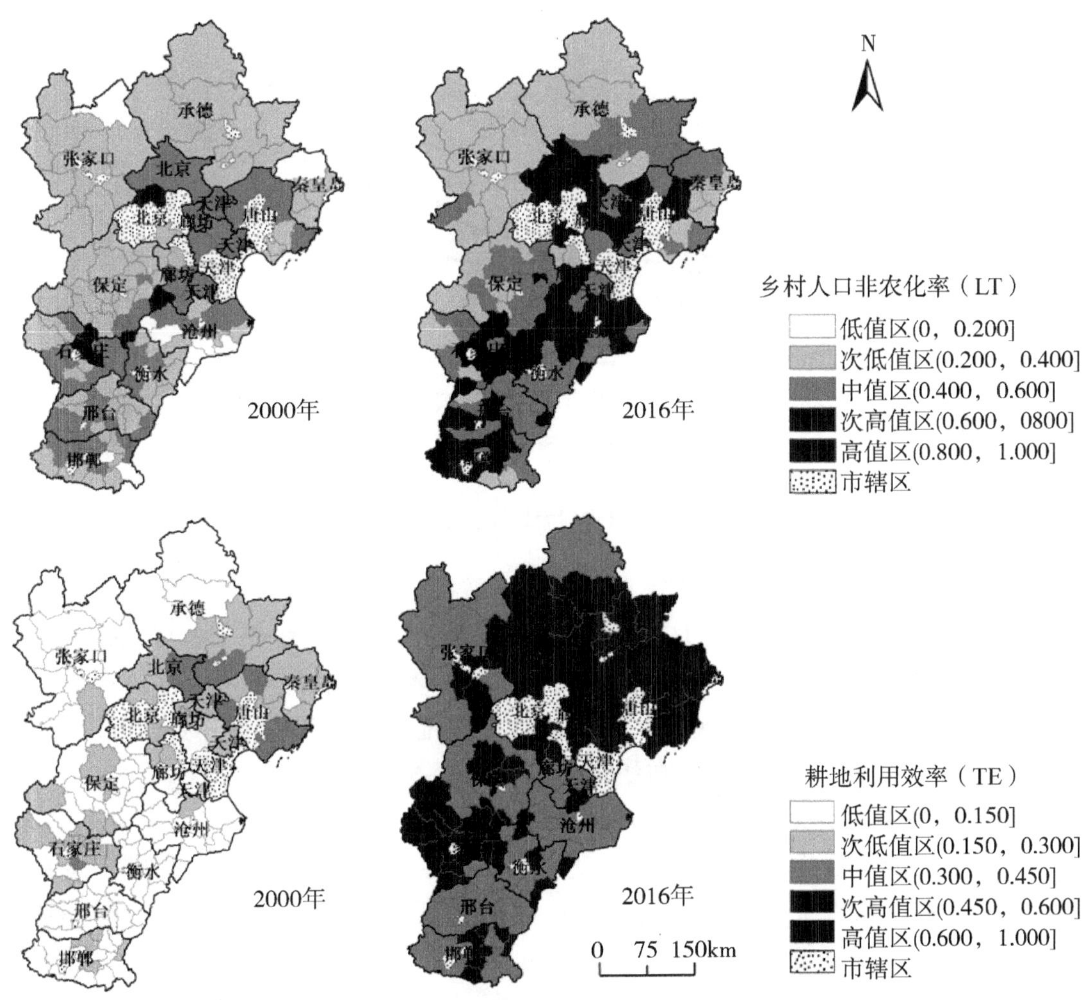

图4-5 2000年和2016年京津冀县域乡村人口非农化与耕地利用效率空间分布示意图

性系数（表4-4）。从β_1系数来看，四大地域类型区耕地产出受机械总动力的影响较大，以优化开发区最高；从β_2系数来看，农产品主产区、生态保护区农林牧渔从业人员与耕地产出之间关系显著，以生态保护区最高；从β_3系数来看，重点开发区、农产品主产区、生态保护区耕地产出与化肥使用量之间呈显著正向关系，而优化开发区不显著。

2000—2016年，各区域耕地利用效率呈线性增长趋势（图4-6）。其中，农产品主产区*TE*值及其增速均位居前列，重点开发区居于末位。初期，四大地域*TE*值均较低，区域差异相对较小；随着种粮补贴、农业税取消等支农惠农政策与耕地保护政策的出台与落实，以农业为农民主要生计来源的农产品主产区和生态保护区*TE*值保持高速增长，居于领先水平。在空间分布上，2000年京津冀县域*TE*值总体水平较低，约90%的县域*TE*值低于0.300，*TE*中值区仅在京津唐地区周围的生态开发区

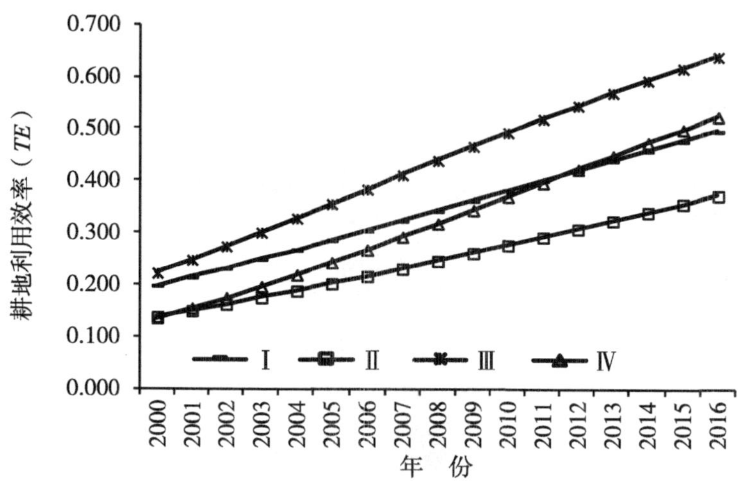

图 4-6 2000—2016 年京津冀四大地域类型耕地利用效率变化趋势

与优化开发区有零散分布，涉及密云、兴隆、平谷、玉田、滦南等区县；截至 2016 年，TE 值形成了以北京、石家庄下辖县域为核心、呈集中连片分布的两大高值集聚区，涉及怀柔、密云、兴隆、三河、迁西等北京与环北京的部分区县以及石家庄的藁城、栾城等区县，*TE* 高值区与次高值区在四大地域类型区均有分布，*TE* 中值区在农产品主产区与生态保护区分布相对较广（图 4-5）。

（6）人口要素非农化对耕地利用效率的影响机理

各类型变量 VIF 均值低于 10，表明不存在显著的多重共线性；估算结果表明（表 4-5），各区均宜采用固定效应模型；对于Ⅱ区存在的截面相关与异方差问题，采用“异方差—截面相关”稳健型标准误进行修正；对于Ⅰ、Ⅲ和Ⅳ区存在的序列相关、截面相关与异方差问题，采用“异方差—序列相关—截面相关”稳健型标准误进行修正。

表 4-5 京津冀四大地域类型耕地利用效率影响因素估计结果

变量	优化开发区（Ⅰ）	重点开发区（Ⅱ）	农产品主产区（Ⅲ）	生态保护区（Ⅳ）
上一年耕地利用效率（*TE*）	1.0170*** （232.52）	1.0304*** （164.93）	1.0125*** （313.41）	1.0416*** （215.91）
乡村人口非农化率（*LT*）	0.0089** （3.85）	-0.0038** （-2.30）	0.0024** （2.75）	0.0019（0.99）
人均 GDP（*PG*）	-0.0003** （-3.53）	-0.0001（-0.91）	-0.0014** （-8.22）	-0.0003*** （-4.38）
农村居民人均纯收入（*PI*）	-0.0025（-1.67）	-0.0021** （-2.37）	-0.0070*** （-8.21）	-0.0121*** （-10.96）
非农产业比重（*NI*）	-0.0009（-0.64）	-0.0009** （-2.28）	-0.0051** （-2.19）	0.0060（0.87）
耕地资源禀赋（*PA*）	-0.0015（-0.66）	0.0031（1.51）	0.0135*** （3.23）	0.0165** （2.88）
复种指数（*MI*）	-0.0007（-1.76）	-0.0001（-1.15）	0.0016*** （3.79）	0.0009** （2.88）
有效灌溉率（*R*）	-0.0001（-0.51）	-0.0014（-1.26）	0.0041** （2.84）	0.0038*** （3.02）
常数项	0.0134*** （14.39）	0.0210*** （3.68）	0.0233*** （12.46）	0.0170*** （4.76）

（续表）

变量	优化开发区（Ⅰ）	重点开发区（Ⅱ）	农产品主产区（Ⅲ）	生态保护区（Ⅳ）
样本数量	408	408	986	697
Mean VIF	2.00	3.06	2.86	2.01
时间区间	2000—2016	2000—2016	2000—2016	2000—2016
R^2_ within	0.9997	0.9998	0.9998	0.9996
估计方法	Driscoll & Kraay	OLS+稳健标准误	Driscoll & Kraay	Driscoll & Kraay

注：括号内为 t 检验值；*、**、*** 分别表示在 10%、5%、1%水平下显著。

一是解释变量对耕地利用效率的影响。京津冀乡村人口非农化对耕地利用效率提升的贡献各不相同，优化开发区、重点开发区与农产品主产区耕地利用效率对乡村人口非农化率的弹性系数分别为 0.0089、-0.0038、0.0024，以优化开发区最高，生态保护区两者之间的关系不显著。具体来看：

①优化开发区乡村人口非农化有效提升了耕地利用效率。优化产业结构与经济发展方式是优化开发区主体功能建设的主要任务。依托京津两大城市，在城镇非农产业发展与城镇化的双重带动下，该区域积极发展现代都市农业，已形成相对高效的现代农业与耕地利用格局。由于都市区人口集聚能力较强，乡村非农就业转移比重较高。同时，机械等资本投入对劳动力要素的替代性较强（表 4-4）。在农业技术进步的推动下，乡村人口非农化促使农业经营者加大了耕地的资本和科技投入力度，驱使着耕地利用向规模化与集约化经营演化，优化了耕地资源配置，有效提升了耕地利用效率。

②重点开发区快速的乡村人口非农化抑制了耕地利用效率增长。重点开发区是未来工业化与城镇化的重要潜力区，主要分布于冀中南地区部分市辖区的周围，耕地资源禀赋较好。由于区位条件好、非农务工的机会成本较低，非农就业机会多，农民对农业生产投入的主观积极性下降。尽管机械和化肥等要素投入发挥了较强的替代作用（表 4-4），但耕地投入仍显不足，难以有效弥补劳动力要素流失带来的农业损失，抑制了耕地利用效率的提升。此外，由于土地流转与农用地用途变更等监管机制不健全，乡村劳动力外流致使耕地资源粗放利用与无序开发，也不利于耕地利用效率的提升。

③农产品主产区乡村人口非农化带动了耕地利用效率增长。提供稳定高效安全的农产品是农产品主产区主体功能建设的主要任务，该区域人均耕地资源较少，乡村人口非农化有利于缓解单位耕地面积过密的劳动力资源，非农务工收入对维持农户家庭生计的作用日益凸显。平原地区的地形优势和耕地资源禀赋优势有利于充分发挥机械与化肥等要素替代作用，推动剩余劳动力的进一步释放，驱使着耕地要素投入向省工省时、集约高效的方向演化，促进了耕地利用效率的提升。

④生态保护区乡村人口非农化与耕地利用效率数据未通过显著性检验（表4-5）。生态保护区由于地处山地丘陵地带，耕地产出对劳动力要素的依赖程度高于农业机械、化肥等要素（表4-4），因此，该区域60%以上的县域农林牧渔从业人员呈增加态势。提供生态产品是生态保护区的主体功能，乡村人口非农化有利于减轻人口对生态环境的压力。在生态保护区建设初期，生态恢复和生态环境治理为首要任务，特色农业的培育和产业化尚处于起步阶段，因此，该类型区乡村人口非农化与耕地利用效率的关系不显著，该结论与王良健等（2014）的研究结论基本一致。

二是主要控制变量对耕地利用效率的影响。从经济发展的控制变量看，部分地域类型人均GDP、非农产业比重、农村居民人均纯收入与耕地利用效率之间呈负向关系。研究时段内，各类型区人均GDP、非农产业比重、农村居民收入均呈持续增长趋势，表明各类型区经济发展及非农产业发展水平不断提升。经济增长与二三产业发展带来的非农就业收益是乡村劳动力外流的重要诱因。受农业与非农产业比较效益差距的影响，各类型区经济发展对非农产业的依赖程度不断提高，减弱了对农业生产的支持与投入力度，最终表现为经济发展抑制了耕地利用效率的提升，与丘雯文等（2016）研究结论相似。从农业生产的控制变量看，以农业为重要生计来源的农产品主产区与生态保护区仍处于要素投入递增的阶段，增加耕地数量与资本投入有利于提高耕地产出能力，与杨勇等（2017）研究结论相似。

4.2.1.3 对缩小农业生产差距的影响

（1）研究方法。主要应用农业生产效率测算模型与收敛性检验方法，具体内容如下：

①超效率DEA模型。本研究采用数据包络分析（DEA）方法，选取投入导向型、规模报酬不变的CCR模型测度京津冀县域农业生产效率，通过比较决策单元偏离前沿面的程度来衡量各个县域农业生产的相对效率，其数值区间为（0，1］（张伟等，2011）。由于传统DEA模型测算结果可能产生多个决策单元均处于前沿面（即效率值为1）的情况，对此，运用Andersen提出的超效率DEA模型进行测算。计算模型与公式详见文献（Andersen et al，1993）。

②Malmquist指数。本研究采用Malmquist指数（ML）对京津冀县域农业生产效率进行动态考察。通常将Malmquist指数分解为技术效率变化（ECH）和技术进步变化（TCH），而技术效率变化（ECH）可进一步分解为纯技术效率变化（$PECH$）与规模效率变化（$SECH$），即$ML=ECH \times TCH$，$ECH=PECH \times SECH$。若$ML>1$，表明农业生产效率呈增长态势；若$ECH>1$，表明决策单元农业生产更接近生产前沿面，相对技术效率提高；若$TCH>1$，表明农业生产存在技术进步，使生产前沿面“向上”移动。计算公式参见文献（Fare et al，1992）。

③收敛性检验。农业生产效率收敛性（也称为趋同），指地区之间农业生产效率

差异逐渐缩小的过程，绝对 β 收敛和条件 β 收敛是常用的收敛检验方法。

一是绝对 β 收敛。绝对 β 收敛通过衡量农业生产效率的增长率与其初始水平之间的负相关关系，反映农业生产效率的时序变化态势。公式见式 4-7（Barro et al，1992）。

$$\ln(AE_{i,\ t+T}/AE_{i,\ t})/T = \alpha + \beta\ln AE_{i,\ t} + \varepsilon_{i,\ t} \quad \text{（式 4-7）}$$

式中，$AE_{i,t+T}$、$AE_{i,t}$分别为研究期末与研究期初第 i 个地区农业生产效率，n 为研究单元总数（i=1，2，3，…，n），t 为年份，T 为研究时段，α 为截距项，$\varepsilon_{i,t}$为误差项。若 β<0，表明区域农业生产效率增长率存在收敛趋势，反之则存在发散趋势。

二是条件 β 收敛。若增加控制变量后，能够改变 β 的符号与显著性，则表明存在条件 β 收敛，拟采用逐步引入变量的方法，检验京津冀地区及五大农业区农业生产效率的条件 β 收敛特征及成因。方法见式 4-8（沈坤荣等，2002）。

$$\ln(AE_{i,\ t+T}/AE_{i,\ t})/T = \alpha + \beta\ln AE_{i,\ t} + \sum_{j=1}^{k}\beta_j Z_{j,\ it} + \varepsilon_{i,\ t} \quad \text{（式 4-8）}$$

式中，$Z_{j,it}$为第 j 个控制变量（j=1，2，3，…，k），β_j为控制变量的系数，$\varepsilon_{i,t}$为误差项。若 β<0，表明该区域的农业生产效率存在各自的稳态趋向，并收敛于自身的稳态水平。

（2）主要投入产出变量。在测算农业生产效率过程中，选取投入与产出变量如下：

①投入变量。资本、劳动力、土地是农业生产的基本投入要素，选取了农作物总播种面积、农用机械总动力、化肥使用量、有效灌溉面积和农林牧渔从业人员 5 项指标，综合反映农业生产中耕地要素投入、机械技术投入与劳动力要素投入状况。

②产出变量。本研究选取农林牧渔增加值作为农业产出指标。气候等自然因素对农业的影响较大，并在很大程度上制约农业产出的稳定性，因此，农业生产普遍存在周期性波动现象。为确保运算的平稳性，采用 HP 滤波方法分离农业产出，将农林牧渔总产值分离为长期趋势项和短期波动项，剔除了由气候等因素导致的短期波动项，最终以长期趋势项作为本研究农业生产的产出变量。根据农业生产周期特性，将 *HP* 滤波的参数 λ 设定为 100（尹朝静等，2016）。

（3）农业生产格局特征。借助于 DPS（Data Processing System）软件，分别从静态与动态视角测算了 2000—2016 年京津冀及各农业区农业生产效率。主要特征如下：

①京津冀地区农业生产效率变化趋势总体较为平稳，各农业区波动趋势不同。2000—2016 年，京津冀地区 *AE* 值保持在 0.462～0.592，波动幅度相对较小（图 4-7），各农业区 *AE* 值由大到小依次为：Ⅴ>Ⅱ>Ⅳ>Ⅰ>Ⅲ。在五大农业区中，京津近郊农业区毗邻大都市区，其定位是服务于大都市的郊区型农业，农业占区域经济比重较低，受农作物总播种面积下降与农林牧渔从业人员减少的影响，*AE* 值波动性较强，分别于 2005 年和 2010 年出现两次峰值，农业生产效率总体不高；冀东北农

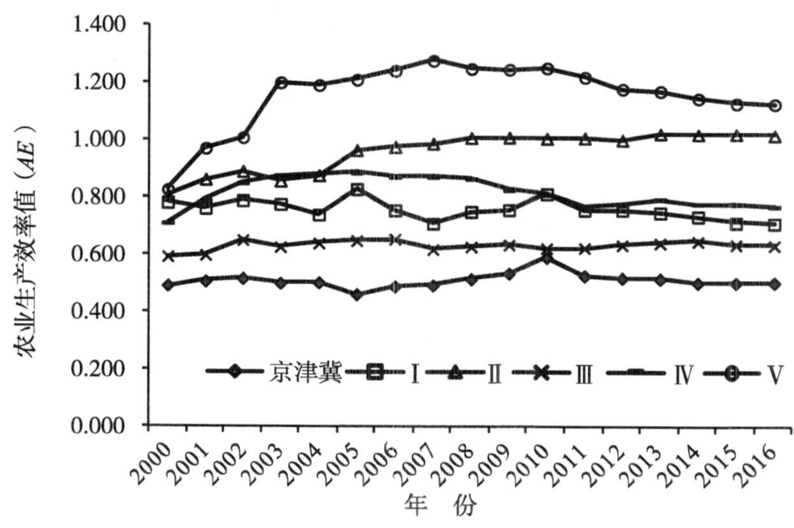

图 4-7 2000—2016 年京津冀地区及五大农业区农业生产效率变化趋势

业区作为重要的农产品主产地，农业类型多样，农林牧渔总产值较高，农业生产效率相对较高，且呈现持续增长趋势，*AE* 值由 2000 年的 0. 806 增至 2016 年的 1. 019；冀中平原农业区作为重要的农产品主产区，以传统农业为主，农业要素投入与产出均较高且相对稳定，因此，农业生产效率整体呈平稳变化趋势，由于农产品附加值较低，*AE* 值居于末位；太行山农业区农业生产效率变化相对平稳，总体上表现为先上升后下降的变化趋势，*AE* 值在 0. 711~0. 886 波动，2010 年之后，受机械总动力持续增长的影响，农业产出未实现快速增长，导致 *AE* 值略有下降；坝上农业区农业生产具有较高的投入产出比，尽管要素投入规模较小，仍取得了相对较高的农业生产效率，*AE* 值位居 0. 826~1. 277。

②京津冀及五大农业区农业生产效率变化率呈现相似的波动趋势，技术进步对农业生产效率提升的作用显著。采用 Malmquist 指数模型测算了京津冀及五大农业区农业生产效率变化率（图 4-8），研究区农业生产效率 *ML* 指数均大于 1，表明京津冀及五类农业区农业生产效率变化均以上升趋势为主；京津冀及各类型区 *ML* 指数存在相似的波动性特征，总体呈现出先快速下降，后平稳变化的“L”形走势。在五大农业区中，冀东北农业区、冀中平原农业区与太行山农业区 *ML* 指数变化相对平稳，仅在局部年份波动显著；受要素投入与农产品市场的影响，京津近郊农业区与坝上农业区 *ML* 指数具有较强的波动性，局部地区个别年份农业生产效率呈衰退趋势。从 Malmquist 指数分解来看（表 4-6），与技术效率（*ECH*）相比，技术进步（*TCH*）对农业生产效率提升具有更高的贡献率。2000—2016 年，京津冀及五大农业区均存在农业技术进步，且各类农业区技术进步指数相差较小，表明技术进步对京津冀及各区农业生产产生了显著的积极作用。

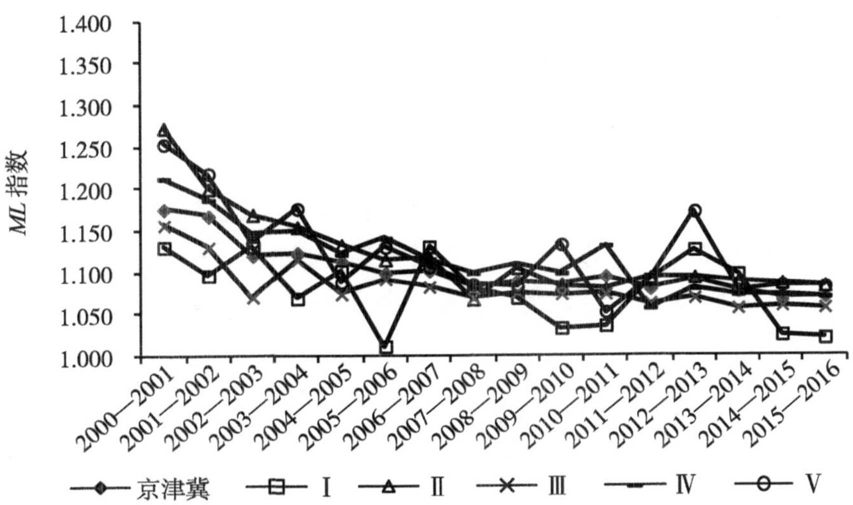

图 4-8　2000—2016 年京津冀地区及五大农业区 Malmquist 指数变化趋势

表 4-6　2000—2016 年京津冀及五大农业区 Malmquist 指数分解

	技术效率（ECH）	技术进步（TCH）	纯技术效率（PECH）	规模效率（SECH）	Malmquist 指数
京津冀地区	1.000	1.104	1.008	0.992	1.104
Ⅰ	0.989	1.098	1.001	0.988	1.086
Ⅱ	1.011	1.109	1.010	1.001	1.121
Ⅲ	1.005	1.080	1.004	1.001	1.085
Ⅳ	1.005	1.112	1.004	1.001	1.118
Ⅴ	1.018	1.108	1.006	1.012	1.128

（4）收敛性结果分析。一是绝对 β 收敛检验结果分析。运用式 4-7 对京津冀及各农业区农业生产效率的波动趋势进行绝对 β 收敛检验，为避免遗漏数据信息，取 $T=1$。在回归分析中，首先通过豪斯曼检验确定宜采用固定效应模型，对面板数据进行异方差、序列相关与截面相关检验，处理后的回归模型结果如表 4-7 所示。

表 4-7　京津冀地区农业生产效率的绝对 β 收敛检验

	京津冀地区	Ⅰ	Ⅱ	Ⅲ	Ⅳ	Ⅴ
$\ln AE_{it}$	-0.293*** (-5.360)	-0.395*** (-3.710)	-0.322*** (-5.740)	-0.270*** (-5.860)	-0.257*** (-6.820)	-0.222*** (-8.020)
常数项	-0.195*** (-5.320)	-0.112*** (-3.800)	-3.521E-04 (-0.050)	-0.119*** (-5.310)	-0.044*** (-4.210)	0.052*** (3.780)
R^2_within	0.2030	0.2370	0.2723	0.2248	0.2800	0.3018
F	28.72	13.74	32.95	34.3	46.54	64.39
估计方法	Driscoll & Kraay	Driscoll & Kraay	Driscoll & Kraay	Driscoll & Kraay	Driscoll & Kraay	Driscoll & Kraay

注：括号外为参数估计值，括号内为 t 检验值；*、**、*** 分别表示在 10%、5%、1%水平下显著。

从京津冀地区来看，农业生产效率的收敛趋势显著，收敛系数β在1%的显著水平下通过检验，表明在京津冀地域范围内，农业生产相对落后的县域通过农业技术进步、增加资本投入，与农业发达县域之间的差距不断缩小。从五大农业区的收敛系数来看，β均小于0，且在1%的显著水平下通过检验，各农业区农业生产效率均收敛于各自的稳态水平，表明各农业区的落后县域实现了对先进县域农业技术效率差距的追赶。

二是条件β收敛检验结果分析。农业生产效率的收敛性不仅受初始水平的影响，也受区域经济社会环境、农业资源、技术、政策等各类因素的影响，因此，需进行条件β收敛检验。

在控制变量选取上，综合考虑京津冀地区农业生产特征与数据可获得性，选取了7个控制变量。

①区域经济发展水平。人均GDP（Z_1）是反映区域经济发展水平的重要指标。一般而言，经济发展水平较高的地区，农业生产过程中更易于采用新设备、应用新技术，提高农业生产要素的资本投入与科技投入，有利于农业生产效率提升；但是，随着经济水平不断提高，区域经济对农业生产的依赖程度降低，也可能不利于农业持续发展，因此，选取第一产业产值比重（Z_2）反映第一产业对区域经济的贡献程度。

②农业非粮化。经济作物种植比重（Z_3）是反映区域农业（主要是种植业）产业结构的重要指标，数值越高，区域农业非粮化趋势越强，农业产出能力也越高。经济作物种植比重（Z_3）由计算公式（1-粮食作物种植面积/农作物总播种面积）得出。

③农户生产行为及类型分化。农村居民人均纯收入（Z_4）与乡村人口非农化率（Z_5）是反映农户类型分化程度的主要指标。一般而言，农村居民人均纯收入越高，乡村非农就业程度越高，越倾向于采取省工省时的农业生产方式，有利于提高农业生产效率。乡村人口非农化率（Z_5）由公式（乡村从业人员-农林牧渔从业人员）/乡村从业人员计算得出。

④农业扶持政策。农业扶持政策反映了政府对农业生产的支持力度。自2004年以来，我国政府取消了农业税费，对农业生产提供粮食直补、农资综合补贴、良种补贴和农业机械购置等补贴。农业补贴能否调动农户农业生产积极性、增加粮食产量，学者们意见不一（黄季焜等，2011），在此，假设农业补贴（Z_6）有利于农业生产效率的提高。在指标选取上，将农业补贴（Z_6）设为虚拟变量，由于政策效应的延迟性，2005年之前取值$Z_6=0$，2005年及其以后年份取值$Z_6=1$。

⑤农业技术进步。随着农业生产对现代农业技术需求不断提高，农业科技进步在推动农业经济增长由要素投入为主的粗放型增长方式向依靠科技进步为主的集约型增长转变的重要性不断凸显。技术进步指标（Z_7）由Malmquist指数分解得出，并以2000年为基准，分别计算相对于2000年的累积技术进步增长率，综合反映研究时段农业技术进步程度。

经过异方差、序列相关与截面相关检验处理后，收敛检验回归结果如表4-8所示。检验结果表明，京津冀及各农业区农业生产效率均存在条件β收敛，即京津冀及不同农业区内部县域农业生产效率差距总体呈不断缩小的态势。区域经济环境、农业产业结构调整、技术变革、农业补贴等各种外部因素的共同作用，对农业生产效率差距缩小起到了促进或抑制的作用（表 4-9）；依据β系数来判断，各农业区在不同的稳态水平收敛，京津近郊农业区（Ⅰ）和冀东北农业区（Ⅱ）具有更高的收敛速度，效率稳态水平相对较低（表 4-8、表 4-9）。

表 4-8　京津冀地区农业生产效率的条件β收敛检验

	京津冀地区	Ⅰ	Ⅱ	Ⅲ	Ⅳ	Ⅴ
$\ln AE_{it}$	-0.245*** (-8.781)	-0.395*** (-6.672)	-0.472*** (-12.230)	-0.192*** (-7.840)	-0.240*** (-11.940)	-0.155*** (-3.410)
人均 GDP（Z_1）	1.920E-07 (1.066)	8.960E-07 (1.107)	-1.280E-06*** (-3.780)	-3.900E-07 (-0.540)	-1.340E-06** (-2.010)	-2.170E-06 (-0.830)
第一产业产值比重（Z_2）	0.001 (1.530)	0.005** (2.110)	0.003*** (4.200)	4.044E-04 (0.570)	-4.754E-04 (-0.410)	0.003** (2.430)
经济作物种植比重（Z_3）	-0.001 (-1.330)	0.003** (2.360)	0.002 (1.230)	-0.001*** (-4.220)	0.002** (-2.190)	0.005*** (3.100)
农村居民人均纯收入（Z_4）	-4.750E-06*** (-3.710)	-6.150E-06 (-1.390)	5.600E-06 (1.630)	-8.510E-07 (-0.500)	-4.450E-06** (2.260)	1.920E-07 (0.010)
人口非农化率（Z_5）	0.003*** (6.090)	0.004 (1.560)	0.002 (1.440)	-7.380E-05 (-0.270)	0.002** (2.260)	0.003 (1.770)
农业补贴（Z_6）	-0.044*** (-3.970)	0.013 (0.470)	0.081*** (3.430)	-0.026*** (-4.380)	-0.044*** (-2.670)	-0.016 (-0.320)
农业技术进步（Z_7）	-0.663*** (-12.750)	-0.235** (-2.340)	0.066 (0.330)	-0.763*** (-9.510)	-0.297*** (-7.170)	0.360** (2.520)
常数项	0.492*** (5.930)	-0.185 (-1.230)	-0.310 (-1.240)	0.797*** (6.750)	0.258*** (4.430)	-0.746*** (-3.460)
R^2_within	0.5629	0.3588	0.3950	0.5451	0.4491	0.4858
F	301.92	22.51	24.62	671.84	104.03	89.34
估计方法	Driscoll & Kraay	Driscoll & Kraay	OLS+稳健标准误	Driscoll & Kraay	Driscoll & Kraay	OLS+稳健标准误

注：括号外为参数估计值，括号内为 t 检验值；*、**、*** 分别表示在 10%、5%、1%水平下显著。

表 4-9　京津冀地区农业生产效率β收敛的影响因素

地区	效率稳态水平	控制变量的回归系数符号及其对β收敛性的作用						
		人均 GDP（Z_1）	第一产业产值比重（Z_2）	经济作物种植比重（Z_3）	农村居民人均纯收入（Z_4）	人口非农化率（Z_5）	农业补贴（Z_6）	农业技术进步（Z_7）
京津冀	高	不显著	不显著	不显著	负/抑制收敛	正/促进收敛	负/抑制收敛	负/抑制收敛

（续表）

地区	效率稳态水平	控制变量的回归系数符号及其对β收敛性的作用						
		人均GDP（Z_1）	第一产业产值比重（Z_2）	经济作物种植比重（Z_3）	农村居民人均纯收入（Z_4）	人口非农化率（Z_5）	农业补贴（Z_6）	农业技术进步（Z_7）
Ⅰ	低	不显著	正/促进收敛	正/促进收敛	不显著	不显著	不显著	负/抑制收敛
Ⅱ	低	负/抑制收敛	正/促进收敛	不显著	不显著	不显著	正/促进收敛	不显著
Ⅲ	高	不显著	不显著	负/抑制收敛	不显著	不显著	负/抑制收敛	负/抑制收敛
Ⅳ	高	负/抑制收敛	不显著	正/促进收敛	负/抑制收敛	正/促进收敛	负/抑制收敛	负/抑制收敛
Ⅴ	高	不显著	正/促进收敛	正/促进收敛	不显著	不显著	不显著	正/促进收敛

（5）乡村人口要素非农化对缩小区域农业生产差距的影响机理。根据研究区农业生产的共性特征，归纳京津冀地区人口要素非农化对农业生产效率收敛的影响机理：农业劳动力是农业生产的行为主体，受自身的技术应用能力与农业政策等内外部因素的影响，同时，农民就业分化程度与收入规模也直接影响农业生产，从而使农业生产效率存在一定的区域差异，京津冀地区乡村非农就业总体上有利于缩小地区农业生产差距；农业资源禀赋、地理区位是农业生产效率空间差异的内源性因素，由经济发展环境、技术进步与农业政策支持等外源性因素构成的外部环境，通过改变农业资源条件间接影响京津冀地区农业生产效率空间差异。在各种内外部因素的共同作用下，京津冀地区一方面通过优化重组农业生产要素，提升了农业生产效率，另一方面通过要素流动与要素替代作用，缩小了不同农业区内部的农业生产效率差距，从而使不同经济发展水平的各农业区农业生产效率收敛于不同稳态水平。

京津冀不同农业区乡村非农就业态势对缩小区域农业生产差距的影响各不相同，从收敛结果来看，仅太行山农业区（Ⅳ）乡村人口要素非农化有利于缩小该区域农业生产差距，其他农业区表现均不显著。其他变量对缩小区域农业生产差距的影响机理具体表现为：①五大农业区人均GDP持续增长、一产比重持续下降，由于农业对县域经济增长的贡献不断下降，地方政府对投资改善农业基础设施的积极性降低，难以缓解原本由农业资源禀赋差异导致农业生产效率差距过大的问题，抑制了部分农业区农业生产效率收敛。②五大农业区经济作物种植比重均呈下降态势，受经济作物比较效益的影响，京津近郊农业区、太行山农业区、坝上农业区导致县域农业生产效率差距扩大，而作为粮食主产区的冀中平原农业区，农业非粮化趋势受到严格的政策限制，经济作物种植比重的下降趋势有利于该区农业生产效率收敛。③坝上农业区生态环境脆弱，就业非农化有利于疏解耕地劳动力压力，缩小农业生产效率的县域差距；与非农产业相比，农业生产带来的增收效应不断减弱，势必影响农业要素投入，导致县域农业生产差异扩大，而人口流动的不确定性、农户家庭消费需求的多样性导致仅在局部地区表现显著。④冀中平原农业区与太行山农业区作为粮食主产区和农产品主产区，农业补贴政策对农户农业生产行为差异影响较大，扩大了农业生产效率的县域差距，经济相对发达的冀东北农业区，农业补贴带来的农业生产的区域差异较小，京津近郊农业区和坝上农业区对农业生产的依赖程度较低，补贴政策引领作用不明显，与王欧等（2014）研究结论一致。⑤由于各农业区农业技术运用能力存在差异，技术进步在推动农业生产效率提升过程中，扩大了农业生产效率县域差距，使其呈现发散状态；坝上农业区作为生态保护区，农业生产力在政策约束下难以有较明显的改进，技术进步能够在一定程度上缩小农业生产差异。

4.2.2　经济与社会效应

随着以户籍为核心的城乡二元体制不断弱化，农村劳动力向城镇与非农产业加速转移，带动了农民收入持续增长。据我国农民工监测调查报告显示，2017 年农民工总量 2.865 万人，比上年新增 481 万人，月均收入 3 486元，比上年增长 6.44%；第一产业经营净收入、工资性收入对农民增收的贡献率分别为 14.6%、44.6%。但是，乡村非农就业是一把“双刃剑”，一方面能够有效增加农民家庭收入，使农民脱贫致富，另一方面可能引起乡村劳动力要素过度非农化，导致乡村主体老弱化、农村内生发展动力不足，成为乡村衰退的主要诱因。乡村人口要素非农化对乡村经济社会子系统的影响综合反映在农民增收方面，本节以农民增收为核心问题，定量测算乡村非农就业的经济与社会效应（方方等，2019b）。

4.2.2.1　理论分析与研究方法

国内外学者长期关注乡村非农就业转移、农民收入增长与乡村发展这一议题。国外经典劳动力流动理论较早地证实了城乡收入差距是乡村非农转移的根本动力（Li et al，2015；柳建平等，2009）。对于非农就业能否促进农民增收，学者们意见不一，通过研究乡村非农就业对农民增收的效应及其对乡村发展的影响，大致形成了以下两种观点：一些学者认为，乡村非农就业总体上有利于农民增收与消除绝对贫困，外出劳动力通过汇款提高了家庭农业投资，对农业生产存在一定的正向影响（胡枫，2010）；也有学者认为，非农就业扩大了务工农户与务农农户家庭之间的收入差距，导致农村相对贫困（何仁伟，2018），同时，非农务工导致一些山地丘陵型农区出现了土地撂荒、农业产出下降等问题，制约了农民的农业增收（Sauer et al，

2012）。研究尺度与视角不同，案例区资源禀赋和社会经济存在一定的差异，是导致当前研究结论存在分歧的重要原因。

（1）空间回归模型。空间自相关是空间回归分析的前提，反映地域单元及相邻单元变量之间的空间相关程度。在测算农村居民收入与乡村人口要素非农化各自空间自相关的前提下，构建两指标之间的空间回归模型。若农村居民收入与乡村非农就业之间存在空间依赖性，采用空间滞后模型（SLM）和空间误差模型（SEM）进行回归估计，模型分别见式 4-9、式 4-10（许和连等，2012）。

$$y_{it} = \rho W_R + \beta x_{it} + \varepsilon \qquad \text{（式 4-9）}$$

$$y_{it} = \beta x_{it} + \varepsilon,\ \varepsilon = \lambda W_\varepsilon + \mu \qquad \text{（式 4-10）}$$

式中，n 为地区维度，k 为时间维度，被解释变量 y_{it} 是一个 $n \times k$ 的列向量（$i=1, 2, \cdots, n$；$t=1, 2, \cdots, k$），解释变量 x_{it} 是一个 $n \times k$ 的矩阵；W_R 和 W_ε 是 $n \times n$ 的被赋予不同空间邻接关系定义的空间加权矩阵。β 为变量系数，ρ 为空间回归系数，λ 为空间误差系数。其中，SEM 模型空间依赖作用存在于误差项中，ε 和 μ 为随机误差项，服从正态分布。

在回归分析中，若采用普通最小二乘法（OLS）进行估计，估计值可能存在有偏或无效等缺陷，对此，Anselin（1990）提出采用最大似然法（MLE）对 SLM 和 SEM 进行估计，使估算结果更为科学有效，并一定程度地缓解变量的内生性问题（Bruce et al，2007），本研究拟采用 MLE 方法进行估计；为降低异方差对回归结果造成的影响，对控制变量均取自然对数值。

（2）数据来源。本研究关注乡村非农就业与农民收入情况，为确保县域之间具有可比性，需剔除农业人口和农业产值比重过低的主城区或市辖区，最终获得 2000—2016 年京津冀地区共 147 个县（市、区）的面板数据。其中，经济社会数据来源于三省市统计年鉴（2001—2017）、中国县域经济社会统计年鉴（2001—2017），以及部分区县的统计公报等；空间矢量数据来源于国家基础地理信息中心的行政区划空间数据。京津冀地区地域类型划分方法采用 4.2.1.1 节提出的五类农业区划分结果。

（3）变量选取。①主要变量。被解释变量为农村居民人均纯收入①，解释变量为乡村非农就业水平，反映了乡村从业人员由农业部门向非农业部门就业转移的趋势，以乡村人口非农化率作为量化指标，见表 4-10。②控制变量。选取了 5 个控制变量，其中，人均 GDP 反映县域经济发展水平；人均农林牧渔总产值、人均耕地面积、经济作物比重与复种指数 4 个指标综合反映县域农业与种植业发展水平。

① 由于 2013—2016 年国家统计局将农村居民人均纯收入指标调整为农村居民人均可支配收入，本研究 2013—2016 年农村居民人均纯收入由上一年农村居民人均纯收入乘以农村居民人均可支配收入增长率换算得出。

表 4-10　变量描述性统计

	指标	计算公式	平均值	标准差	最小值	最大值	单位
被解释变量	农村居民人均纯收入（*PI*）	来自统计年鉴	5 505	3 716	846	21 871	元
解释变量	乡村人口非农化率（*LT*）	（乡村从业人员—农林牧渔从业人员）/乡村从业人员	46. 9	15. 6	11. 8	95. 9	%
控制变量	人均 GDP（*CG*）	地区生产总值/地区总人口	20 511	18 194	1 888	222 212	元
	人均农林牧渔总产值（*PTA*）	农林牧渔总产值/农林牧渔从业人员	31 052	25 432	2 605	201 964	元
	人均耕地面积（*PAA*）	耕地面积/乡村人口	3. 10	1. 01	1. 20	9. 633	亩
	经济作物比重（*PEC*）	1-粮食作物播种面积/农作物总播种面积	27. 2	13. 1	2. 8	84. 1	%
	复种指数（*MCI*）	农作物总播种面积/耕地面积	140. 2	33. 0	35. 6	242. 1	%

4. 2. 2. 2　农民增收与乡村非农就业时空格局

农民收入的时空演化特征。京津冀县域农民收入持续增长，其均值由 2000 年的 2 627元增至 2016 年的 11 933元；五类地域类型区乡村人口非农化率依次为：Ⅰ>Ⅲ>Ⅱ>Ⅳ>Ⅴ，农村居民人均纯收入依次为：Ⅰ>Ⅱ>Ⅲ>Ⅳ>Ⅴ（图 4-9、图 4-10）。2000 年，京津冀农民收入水平总体较低，27. 2%的县域农民收入低于 2 128元，集中分布于冀西太行山区和坝上地区，约 63. 9%的县域农民收入在 2 128~3 817元，分布于冀中平原区。截至 2016 年，县域农民收入有较大提升，*PI* 值高于 8 882元的县域约占 73. 5%，以京津唐地区与冀中平原为主（图 4-11）。

2000—2016 年，研究区农民收入呈近似指数增长，*PI* 值高于 8 509元的县域约占 77. 5%，国家出台的支农惠农政策，有效减轻了农民负担，调动了农业生产积极性，同时，农业技术进步有效促进了农业增收与农村经济发展，以农业资源禀赋较优、毗邻经济中心的京津唐地区与冀中平原农区，其增收效应更为明显，生态脆弱的太行山区与坝上地区人地矛盾也趋于缓和。快速工业化与城镇化吸引了大量乡村劳动力由乡村转移至城镇地区，城乡二元体制逐步解体加速了这一过程，以邻近大都市区或市辖区的县域转移更为显著。

4. 2. 2. 3　乡村非农就业对农民增收的空间效应

2000—2016 年，京津冀 *LT* 和 *PI* 的 Moran's I 指数 *I* 在 1%水平上均显著为正，表明京津冀地区农民收入与乡村非农就业之间存在空间依赖关系，为进一步分析两者之间数量关系，需构建空间回归模型进行定量判断。其中，回归分析借助于软件

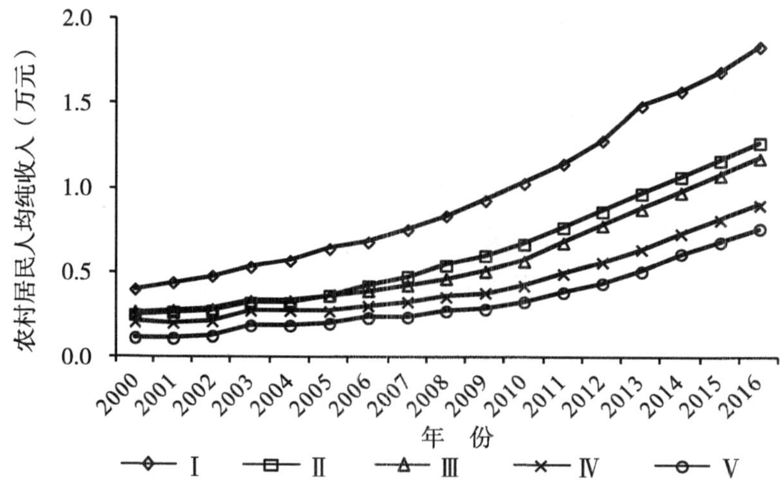

图 4-9　2000—2016 年京津冀分区域农村居民人均纯收入变化趋势

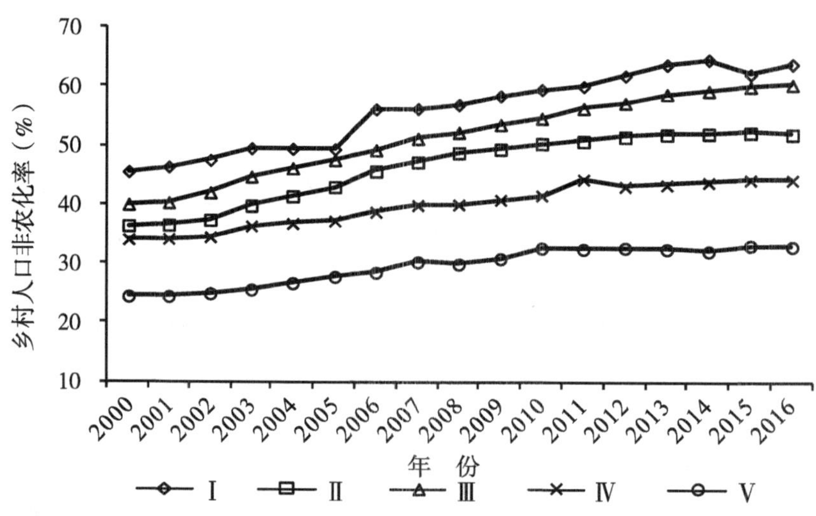

图 4-10　2000—2016 年京津冀分区域乡村人口非农化率变化趋势

Stata 14.0 实现，空间权重矩阵由软件 GeoDa 计算得出。

（1）全区空间回归结果与分析。首先进行 Hausman 检验，SLM 和 SEM 模型的 Hausman Test 值均大于 0，且在 1%水平通过检验，均宜采用固定效应模型（表 4-11）。Log Likelihood 和 Adjusted R^2是判断采用 SLM 模型或 SEM 模型的指标，其数值越大，表明拟合优度越好（孙庆刚等，2013），但空间回归模型 R^2是一个伪数值，不能解释回归拟合度，依据 Log Likelihood 数值得出，SLM 估计结果优于 SEM，宜选用 SLM 模型（表 4-11）。

估计结果显示，空间滞后系数 ρ 显著为正，表明京津冀地区乡村人口非农化与农民收入具有较强的空间关联性和空间趋同效应，即某一县域的就业非农化与农民

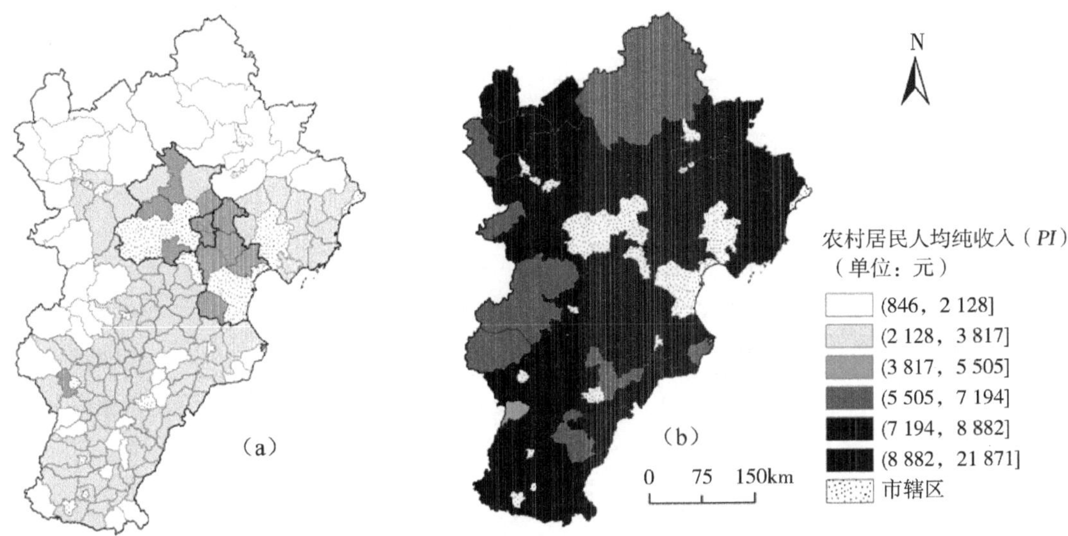

图 4-11　2000 年（a）和 2016 年（b）京津冀地区农村居民人均纯收入空间分布示意图

收入对其相邻的县域产生了正向的溢出效应。解释变量乡村人口非农化率的回归系数为 9.126，在 1%显著性水平下通过检验，表明乡村人口非农化有利于农民增收，乡村人口非农化率每提高 1 个单位，农民收入增长 9.126 个单位；从控制变量估计结果来看，人均 GDP 对农民增收具有显著的带动作用，而人均农林牧渔总产值、人均耕地面积、经济作物比重、复种指数与农民人均纯收入之间均呈现显著的负向关系。

表 4-11　京津冀地区总体空间回归结果

	SLM		SEM	
常数项	—	−821.076* (−1.660)	—	5 957.990*** (5.04)***
LT	9.126*** (2.96)	11.044*** (3.580)	16.525*** (5.220)	18.024 (5.60)***
ln（*CG*）	743.683*** (10.76)	709.019*** (10.210)	584.466*** (6.140)	721.288*** (7.54)
ln（*PTA*）	−342.553*** (−4.33)	−296.156*** (−3.720)	−601.491*** (−6.810)	−500.919*** (−5.51)
ln（*PAA*）	−1822.538*** (−15.58)	−1567.868*** (−13.770)	−1725.574*** (−13.200)	−1678.509*** (−13.28)
ln（*PEC*）	−709.472*** (−9.93)	−587.230*** (−8.140)	−771.145*** (−9.660)	−648.700*** (−7.98)
ln（*MCI*）	−11.289*** (−8.91)	−10.079*** (−7.980)	−5.276*** (−3.860)	−5.015*** (−3.61)
ρ	0.865***	0.862***	—	—

（续表）

	SLM		SEM	
λ	—	—	0.949***	0.947***
Adj. R^2	0.7706	0.7788	0.2520	0.4975
Log$L$	-20 280	-20 660	-20 360	-20 750
Hausman Test	65.25***		97.36***	
固定/随机模型	FE	RE	FE	RE
时间	2000—2016	2000—2016	2000—2016	2000—2016
样本数	2 499	2 499	2 499	2 499

注：*、**、*** 分别表示在10%、5%、1%水平下显著；括号外为参数估计值，括号内为系数标准差。

从全区回归结果看，解释变量与各控制变量对农民增收的贡献程度各不相同：①京津冀地区乡村非农就业有效带动了农民增收。农业经营与非农就业收入构成了农民总收入，由于非农就业的增收效应远高于农业生产，在家庭劳动力资源总量有限且相对自由流动的前提下，农民就业选择更倾向于非农务工以获得更高的收益，同时也必然舍弃农业生产带来的部分收益，即乡村人口非农化过程导致农民收入结构分化呈现出此消彼长的态势，非农收入对农民增收的作用越强，则农业经营收入对农民增收的作用越弱。乡村人口非农化率与人均农林牧渔总产值分别反映非农就业的劳动力要素投入与农业产出能力，从回归系数来看，两者对农民增收的效用相反，其中，非农就业对农民增长发挥持续稳定的正向作用，而农业增产的增收效应较弱，因此，系数为负。②各控制变量中除人均 GDP 之外，其他控制变量对农民增收的作用均为负。2000—2016 年，京津冀地区经济增长迅速，人均 GDP 由 7 257元增至 38 989元，外部经济环境为京津冀地区乡村劳动力务工提供了更多的就业机会，有效地带动了农民收入增长；农业经济得以快速发展，人均农林牧渔总产值由 10 878元增至 49 384元，经济作物比重和复种指数分别由 23.6%增至 27.6%、由 127.4%增至 134.2%，反映种植业要素投入不断增加，同时，受耕地红线的严格限制，研究时段内全区耕地面积减少趋势并不显著，尽管农业产值增加、种植业规模扩大与收益提高等措施有利于农业增收，但是，对农业收入增长的作用较为有限，远低于非农就业带来的增收效应，因此，系数为负。

（2）分区空间回归结果与分析。Hausman 检验结果表明，五类地域类型区均宜采用固定效应模型，对比 Log *Likelihood* 值，Ⅱ、Ⅲ、Ⅳ区 SLM 模型的统计学意义较好，而Ⅰ和Ⅴ区 SEM 模型较好（表 4-12）；空间滞后系数 ρ 与空间误差系数 λ 均显著为正，表明五大类型区乡村人口非农化与农民收入的空间趋同效应显著。从解释变量回归系数可知，Ⅰ、Ⅱ、Ⅲ、Ⅳ区均通过检验，分别在 1%、10%、5%和 5%水平上显著，Ⅳ区表现不显著，其中，Ⅰ区与Ⅴ区就业非农化促进了农民收入增长，且Ⅰ区就业非农化对收入增长的带动作用强于Ⅴ区；Ⅱ和Ⅲ区就业非农化对农民收入增长产生了抑制作用；从控制变量来看，Ⅱ、Ⅲ区的农民人均纯收入与 5 个控制变量之间均显著相关，Ⅰ区农民人均纯收入与人均农林牧渔总产值之间相关性不显著，Ⅳ与人均 GDP、人均农林牧渔总产值之间显著相关，Ⅴ区与人均 GDP、经济作物比重之间显著相关。

表 4-12　京津冀分区域空间回归结果

	Ⅰ	Ⅱ	Ⅲ	Ⅳ	Ⅴ
LT	29.028*** (3.57)	-23.605* (-1.89)	-10.388** (-2.59)	-1.109 (-0.11)	9.951** (2.08)
ln（*CG*）	1 701.963*** (7.68)	656.854*** (3.04)	583.331*** (5.64)	395.590** (2.30)	1 249.278*** (8.66)
ln（*PTA*）	-317.530 (-1.60)	746.308** (2.39)	216.327* (1.85)	440.751** (2.49)	-191.660 (-1.43)
ln（*PAA*）	-1968.589*** (-9.14)	-2247.918*** (-5.32)	-1645.835*** (-5.86)	-176.911 (-0.44)	279.818 (1.24)
ln（*PEC*）	-494.033*** (-3.23)	-1699.062*** (-6.16)	-343.814*** (-3.89)	47.824 (0.23)	-175.657* (-1.87)
ln（*MCI*）	-6.378** (-2.41)	-16.373*** (-3.64)	-20.489*** (-7.69)	-0.781 (-0.18)	1.289 (0.65)
ρ	0.924***	0.793***	0.850***	0.740***	0.933***
Adj. R^2	0.8695	0.7916	0.8623	0.7073	0.8213
Log*L*	-2 659.818	-2 366.570	-10 080.000	-4 049.720	-836.342
模型	SEM	SLM	SLM	SLM	SEM
时间	2000—2016	2000—2016	2000—2016	2000—2016	2000—2016
样本数	323	289	1 275	493	119

注：*、**、*** 分别表示在 10%、5%、1%水平下显著；括号外为参数估计值，括号内为系数标准差。

不同地域类型的作用机理与特征。京津冀地区地域广阔，自然资源禀赋差异较大，在乡村人口非农化驱动下，五类地域农民收入呈现出各自不同的空间变化态势。具体如下：①京津近郊农业区区位优越，经济发展水平高，农民易于获得较多的非农就业机会与较高的工资性收入，与其他区相比，非农就业转移比例最高，对农民增收的带动作用也最强。②冀东北农业区农业生产条件相对优越，非农就业转移规模与比重相对较高，由于从事农业经营活动的机会成本（非农收入）小于农业经营收入，农业经营收入对农户家庭维持稳定的生计来源更为重要，因此，乡村人口非农化对农民收入增长具有一定的负向影响，该结论与杨怀德等（2016）研究结果相似。③冀中平原农业区农业生产条件优越，是京津冀地区重要的农产品主产区与粮食主产区，与冀东北地区相似，农民易于从农业经营中获得相对稳定的收入来源，因此，乡村非农就业总体上不利于农民增收。④太行山农业区是燕山—太行山集中连片特困区的重要组成，"首都的生态屏障和水资源保护地"的功能定位使其工农业发展受到限制，区域经济总量低、城镇化进程缓慢，山区交通设施落后，导致非农产业吸纳就业能力较弱、劳动力转移困难，尚未形成非农就业带动农民持续增长的长效机制。因此，非农就业对农民增收的贡献不显著。⑤坝上农业区生态环境脆弱，水热分布不均衡，自然灾害较多，农业生产受气候条件影响较大，农业生产效益低下，农业增产对农民增收的带动作用有限，远低于非农就业的带动作用。尽管该区非农就业的规模、比重与其他区相比仍较小，但是，该地区旅游发展初具规模、交通通达性较好，非农就业方式促进农民增加工资性收入的积极作用不断显现，从回归系数对比来看，坝上农业区人口非农化对农民增收的促进作用仅次于Ⅰ区，该结论与柳建平等（2009）、蒲艳萍（2011）研究结论一致。

4.2.3 主要效应影响

伴随着乡村人口要素非农化由低到高的演化过程，对乡村系统的效应影响也存在着由弱至强、由有序—无序—有序的变化态势。受区域资源环境禀赋、地理区位、经济社会发展阶段的影响，人口要素非农化对乡村系统的影响表现出明显的空间差异。

（1）资源环境效应。在工业化、城镇化与农业现代化外部驱动下，京津冀乡村人口非农化并未直接导致耕地产出能力的下降，反而促使农民通过增加资本投入、应用新型农业技术，带动了耕地利用效率的提升。从总体上看，在乡村剩余劳动力普遍存在的前提下，适度的乡村人口要素非农化有利于耕地利用与资源配置效率的提升，这一规律适宜于处于快速城镇化阶段的大部分农区。

光热、土水资源、气候、地形等自然因素是耕地利用差异的根本因素，同时，由工业化、城镇化与农业现代化构成的经济社会环境，其外部驱动作用在空间上具有强弱之分，导致不同地域乡村人口非农化的规模、结构等就业特征存在较大的差别，进而使乡村人口非农化对耕地利用效率的影响具有显著的地域差异特征。若经济社会的外部驱动作用与农业技术进步有利于农业生产，则乡村人口非农化将促进耕地利用效率提升，反之，则不利于耕地利用效率提升。例如，优化开发区经济发展水平较高，随着城乡一体化进程不断加快，地区经济发展对农业生产的支持力度加大，耕地资源趋于合理有序与高效利用，乡村人口非农化对耕地利用效率提升具有较强的促进作用；重点开发区人口快速非农化激化了二三产业与农业生产之间的矛盾，单位耕地投入的劳动力要素减少导致农业生产趋于无序状态，从而降低了耕地利用效率；农产品主产区农业资源禀赋条件较好，农业劳动力外流能够促使农户调整农业生产要素投入结构，采用农用机械替代、增加化肥投入等省工省时的耕作方式，就业非农化缓解了耕地相对过剩的农业劳动力，促进了耕地利用效率的提升；生态保护区乡村人口非农化与耕地利用效率的关系不显著，需加强政策引导作用，促进农村人口转移朝向有利于生态安全与耕地可持续利用的方向发展。从农业技术层面来看，若化肥、农药、机械等农业技术进步能够有效替代劳动力资源，则乡村人口要素非农化对耕地利用效率提升的正向效应越明显，以京津冀地区的优化开发区、农产品主产区表现显著；反之，若农业技术进步不能够有效弥补农业劳动力要素流失带来的农业损失，则乡村人口要素非农化对耕地利用效率将产生负向效应，或两者之间关系不显著，以京津冀地区重点开发区与生态保护区表现显著。

（2）经济社会效应。非农就业收入与农业收入构成了农民家庭总收入，伴随着乡村人口要素非农化过程，农民收入结构不断分化，表现为非农收入对农民增收的作用越强，则农业经营收入对农民增收的作用越弱。从总体结果来看，京津冀地区乡村人口要素非农化带动了农民增收，从不同地域类型研究结果来看，人口要素非农化发挥正向的经济社会效应的前提是，农民非农就业与农民增收之间形成良性循环，即拥有稳定的非农就业渠道、获取相对较高的非农就业收入有利于促进农民增收。例如，在京津近郊农业区与坝上农业区，非农就业的增收效应显著，且远大于农业增收效应，因此，人口要素非农化有利于乡村经济社会子系统的正向演化。若农民非农就业不利于农民增收，则乡村非农就业对乡村经济社会的带动作用则较为有限，例如，冀东北农业区、冀中平原农业区与太行山农业区，非农就业活动相对较弱，或农业增收效应较强，均不利于人口要素非农化的正向经济社会效应的发挥。

4.3　乡村土地要素非农化效应

改革开放以来，中国经济社会快速发展推动着土地要素由乡村向城镇地区持续转移，土地要素非农化是我国工业化与城镇化发展的客观要求，土地作为乡村系统的基础性要素，其非农转移趋势与乡村发展息息相关。适度的土地要素非农化能够促进城乡系统的良性互动，有利于乡村转型发展，学者们分别探讨了土地要素非农化对乡村发展影响的时空差异性（方方等，2013），解析了土地要素非农化对农地利用方式及效率（Niroula et al，2005；Lichtenberg et al，2008；邓祥征等，2005）、人口城镇化（胡伟艳等，2008）、产业结构升级（顾湘等，2006）与乡村转型发展的影响机理，归纳了土地要素非农化导致微观行为主体社会福利的变化等（Tan et al，2011；Phuc et al，2014）。总体来看，宏观尺度土地要素非农化过程及其负面效应、单一影响因素与土地要素非农化之间的作用机制、典型区域的土地利用与乡村发展问题研究较为丰富，对本研究具有一定的借鉴意义。本节拟从要素、结构、功能视角与地理学综合视角开展乡村系统研究，探索特定乡村类型土地要素与乡村系统演化之间的作用机理，选取了处于不同经济社会发展阶段的典型平原农区山东省禹城市和桓台县作为研究区，分析县域土地要素非农化的基本特征，从经济、社会、生态角度定量评价乡村系统演化态势，探析土地要素非农化与乡村系统之间的作用规律。

4.3.1 研究区概况与数据来源

研究区山东省禹城市与桓台县均为平原农区型县域。以人均 GDP 划分县域经济发展阶段（李善同等，2001），2015 年禹城市与桓台县均处于工业化后期阶段。其中，禹城市地处山东省西北部，总面积 990km^2，耕地面积约 5.30 万 hm^2，总人口约 50 万人，以农业产业化为主导带动县域经济发展，是国家重要的商品粮、优质棉基地；桓台县地处山东省中部，总面积 498km^2，耕地面积约 3.01 万 hm^2，总人口约 50 万人，工业发展迅速，以造纸、建材与房地产为主导产业，农业生产条件优越，是全国百强县与粮食高产县。典型县域土地要素非农化时序分析来源于禹城市与桓台县土地利用年度变更调查数据，乡村社会经济数据来源于对应年份的禹城市统计年鉴和桓台县统计年鉴。

4.3.2 研究方法

（1）乡村系统演化发展评价。基于前述理论分析，乡村系统演化发展评价从资源环境、经济、社会三个维度开展，依据科学性、代表性与数据可获得性等原则，构建了乡村系统演化发展评价指标体系，如表 4-13 所示。在研究时段内，若指标数值越大，越有利于乡村系统正向演进，则为正向指标；若指标数值越小，越不利于乡村系统正向演进，则为负向指标。具体内容：①资源环境指数（*REE*）。乡村生态系统、景观多样性、土地利用效率变化是资源环境子系统对土地要素非农化的直接响应，选取了 $I_1 \sim I_4$ 四项指标（杜博洋等，2008）；从农村土地集约利用角度来看，人均农村宅基地面积越大，越不利于乡村系统正向演进，为负向指标，其他均为正向指标。②经济指数（*ECE*）。平原农区经济以农业产业为主，乡村工业尚不发达，选取指标 $I_5 \sim I_8$ 反映乡村系统的经济效益。③社会指数（*SCE*）。在当前农区劳动力总体过剩的情况下，适度乡村人口转移有利于乡村发展，选取了指标 $I_9 \sim I_{11}$，除农村居民人均纯收入外，其他均为负向指标。

表 4-13　乡村系统演化发展评价指标体系

目标层	指标层	指标说明	正/负向
资源环境指数（*REE*）	人均农村宅基地面积（I_1）	农村居民点用地面积/农村人口	-
	人均耕地面积（I_2）	耕地面积/区域总人数	+
	耕地生态服务价值总量（I_3）	单位耕地生态服务价值×耕地面积	+
	景观多样性指数（I_4）	计算公式为：$1-\Sigma f_i^2/(\Sigma f_i)^2$ f_i为第 i 类型土地面积	+
经济指数（*ECE*）	农业总产值（I_5）	来源于统计年鉴	+
	农林牧渔业总产值（I_6）	来源于统计年鉴	+
	复种指数（I_7）	农作物播种面积/耕地面积	+
	粮食播种面积比重（I_8）	粮食作物播种面积/农作物播种面积	+
社会指数（*SCE*）	农业人口比重（I_9）	来源于统计年鉴	-
	农业从业人员（I_{10}）	来源于统计年鉴	-
	农村居民人均纯收入（I_{11}）	来源于统计年鉴	+

（2）模型方法与计算过程。采取极差标准化方法对数据进行标准化处理；利用熵值法分别计算各指标权重值；利用式 4-11 分别计算资源环境指数、经济指数和社会指数，并最终计算乡村综合发展指数 E：

$$E_{ij} = REE + ECE + SCE = \sum_{i=1}^{4}\omega \cdot A_{ij} + \sum_{i=5}^{8}\omega \cdot B_{ij} + \sum_{i=9}^{11}\omega \cdot C_{ij} \quad \text{（式 4-11）}$$

式中，ω 为权重值；A_{ij} 为资源环境指标；B_{ij} 为经济指标；C_{ij} 为社会指标；i 为指标数，其值为 1，2，…，16；j 代表年份。各项指数数值越大，表示对应子系统演进程度越高，反之亦然。

（3）相关性分析。运用 Pearson 相关系数法，筛选出与各项指数较为相关的指标，通过构建回归分析模型，分析土地要素非农化比重（建设用地面积/行政区总面积）与各项指标之间的作用机制。

4.3.3　典型县域土地要素非农化与乡村系统演化特征

4.3.3.1　土地要素非农化的基本态势

由于经济发展阶段与主导产业不同，两县（市）土地要素非农化规模、比重与结构存在一定的差异。建设用地面积增长是土地要素非农化的直接表现。2000—2015 年，禹城市建设用地面积由 14 044hm^{2}增至 16 913hm^2，桓台县由 9 202hm^{2}增至 13 453hm^2，分别增长了 20.4%和 46.2%；禹城市土地要素非农化比重由 14.2%增至 17.1%，桓台县由 17.7%增至 26.0%，整体上看，桓台县土地要素非农化比重及增幅均高于禹城市（图 4-12）。从土地要素非农化供给来看，耕地数量下降与土地要素非农化规模变化具有一定的相关性。2000—2015 年，桓台县耕地数量共减少 4 190.8hm^2，下降了 11.2%，且与土地要素非农化比重变化之间呈负相关关系，禹城市耕地数量呈波动性上升趋势，增长了 5.1%。

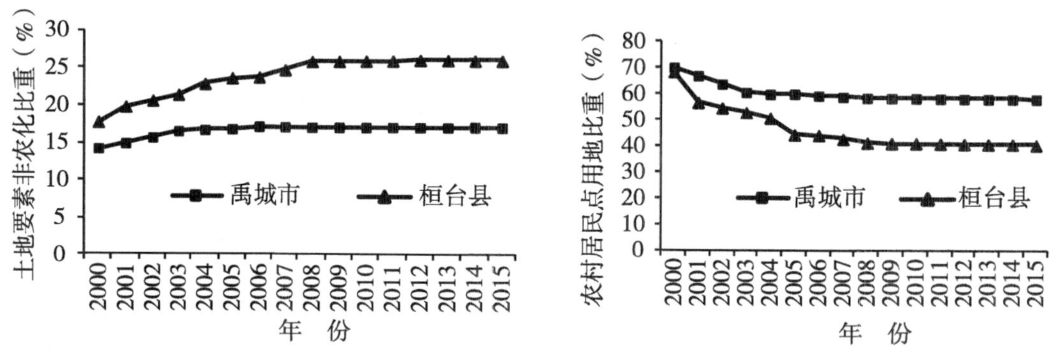

图 4-12　2000—2015 年典型县域土地要素非农化、农村居民点用地比重变化趋势

在土地要素非农化结构中，农村居民点用地是建设用地的重要组成部分。2000—2015 年，尽管禹城市和桓台县农村居民点用地占建设用地比重呈下降趋势，分别由 70.2%减至 58.1%，由 68.4%减至 40.5%（图 4-12），但是，禹城市农村居民点用地规模仍为上升趋势，桓台县则下降了 10.5%。禹城市人均农村宅基地面积由 231m^{2}增加至 279m^2，已超出国家《村镇规划标准》（GB 50188—93）规定的农村居民点用地 150 m^2/人的上限，桓台县略有下降，由 148 m^{2}减至 136m^2。在当前农村人口数量持续下降与建设用地供给日益紧缩的情况下，农村居民点用地的粗放利用不利于乡村系统演进，比较而言，桓台县农村居民点用地集约程度高于禹城市。

典型县域土地利用规划、城乡用地“增减挂”政策、农村宅基地管理条例对土地要素非农化趋势起到一定的约束作用。因“增减挂”政策与农村社区化的实施，补充了因建设占用的部分农地，遏制了耕地数量下降的态势，2005 年之后，因县域土地管理部门停止发放农村宅基地证，限制了农村过度建房行为，避免农村生活环境的无序发展，在一定程度上推动了乡村系统正向演变。

4.3.3.2　乡村系统演化特征

应用式 4-11，分别计算了禹城市和桓台县 2000—2015 年资源环境指数、经济指数、社会指数和综合效应指数（图 4-13），采用 Pearson 双侧检验方法，计算各项指标与其对应指数之间的相关性。结果如下。

（1）人均农村宅基地面积变化导致两县（市）*REE* 指数波动性较强，资源环境子系统演化规律不明显。受初期农户住房改善需求的驱动，以及后期农村宅基地审批制度的限制与城乡用地“增减挂”政策的实施，两县（市）人均农村宅基地面积（I_1）均呈现出先上升后下降的趋势，导致 *REE* 指数呈波动性变化。禹城市乡村资源环境子系统演化与人均耕地面积（I_2）变化较为密切（$P<0.01$，$r=0.8057$），2006

年耕地面积及比重急剧下降，人均耕地面积 1.53 亩，导致该年份 *REE* 指数达到最低值；桓台县乡村资源环境子系统演化与对应指标的相关性较弱，大致表现出随耕地生态服务价值的降低，乡村资源环境子系统功能略有下降的趋势。

（2）两县（市）*ECE* 指数呈波动性增长趋势，经济子系统呈现正向演化态势。禹城市 *ECE* 指数由 0.135 增至 0.407，经济子系统的演进与农业总产值（I_5）（$P<0.01$，$r=0.880$）、农林牧渔业总产值（I_6）（$P<0.01$，$r=0.871$）、复种指数（I_7）（$P<0.01$，$r=0.839$）的递增趋势密切相关，其中，农业总产值增长了 59.5%，农林牧渔业总产值增长了近 140 个百分点，复种指数由 1.7 增至 2.2；受农业结构调整的影响，粮食播种面积比重（I_8）由 2000 年的 96.%减至 2002 年 67.1%，是影响 *ECE* 指数波动的主要因素。桓台县 *ECE* 指数呈稳定递增态势，由 0.009 增至 0.420，与农业总产值（I_5）（$P<0.01$，$r=0.904$）、农林牧渔业总产值（I_6）（$P<0.01$，$r=0.897$）、复种指数（I_7）（$P<0.01$，$r=0.832$）、粮食播种面积（I_8）（$P<0.01$，$r=0.923$）的递增变化密切相关，其中，农业总产值与农林牧渔业总产值的增幅分别达到 34.5 个和 85.3 个百分点。

（3）两县（市）*SCE* 指数呈增长趋势，社会子系统均呈现正向演化态势。两县（市）农业人口比重（I_9）、农业从业人员（I_{10}）、农村人均纯收入（I_{11}）与 *SCE* 指数的相关性极强，r 均大于 0.9（$P<0.01$）。2000—2015 年，两县（市）农村居民人均纯收入逐年增长；两县（市）农业人口与农村劳动力数量近似于线性递减，禹城市农业人口比重与农业从业人员比重分别减少了 21.6%、43.9%，桓台县分别减少了 8.5%、30.6%，桓台县农业人口与劳动力转移比重略低于禹城市，未来社会子系统演化有待于人口城镇化的持续推进。

（4）两县（市）*E* 指数均呈现波动性递增趋势，乡村系统总体上呈正向演化态势。2000—2004 年，受资源环境子系统与经济子系统正向演变的影响，禹城市乡村系统演化发展水平高于桓台县，*E* 指数由 0.295 增至 0.418；2005—2007 年，受经济子系统快速正向演化的影响，桓台县 *E* 指数由 0.569 增至 0.700，自 2008 年开始，禹城乡村系统演化发展水平开始超出桓台县。总体而言，由于经济与社会效应指数的递增变化，桓台县乡村系统演变的稳定性高于禹城市，表现出乡村生态服务功能的提升、农业产业发展、农民收入增长以及乡村人口与劳动力的适度转移。乡村系统演化波动性与政策因素较为相关，例如，城乡用地“增减挂”制度、区域层面的产业结构调整等政策因素，使乡村系统要素在局部年份发生突变，极大地改变了乡村发展的原有轨迹。

4.3.3.3　土地要素非农化与乡村系统的相关性分析

筛选了与对应指数极为相关（$P<0.01$，$r>0.8$）的指标，两县市分别选取了 7 项指标，运用回归分析模型，分析与土地要素非农化之间的相关性。结果如下。

（1）禹城市土地要素非农化与乡村系统主导因素的相关性。经筛选，剔除了相

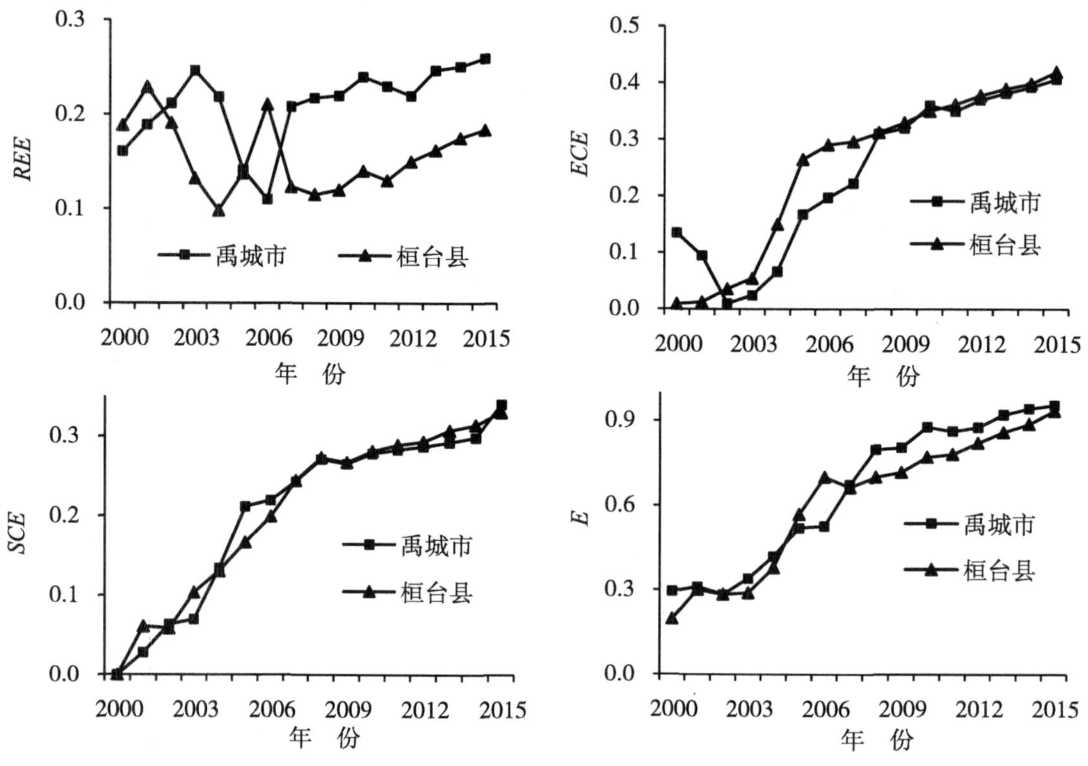

图 4-13　2000—2015 年典型县域乡村系统演化特征

关性不强的人均耕地面积（I_2）指标，分别进行相关性检验。检验结果表明，初期，土地要素非农化比重由 14. 2%增加至 16%，土地要素非农化对乡村系统的影响较弱，表现为农业生产与农业人口要素的平稳变化；当土地要素非农化比重超过 16%，到达 17. 1%时，对乡村系统的影响明显增强，表现为农业人口及其收入变化趋势明显。从总体来看，随着土地要素非农化的推进，农业总产值、农林牧渔业总产值、复种指数、农村居民人均纯收入均呈现先缓慢上升或略有下降、后急剧上升的趋势，而农业人口比重及其从业人员呈显著的下降趋势。值得注意的是，土地要素非农化造成耕地数量减少并未导致农业总产值下降，农林牧渔业总产值与复种指数表现均为增长趋势。

（2）桓台县土地要素非农化比重与乡村系统主导因素的相关性。经筛选，剔除了景观多样性指数（I_4），保留了 6 项指标，分别进行相关性检验。检验结果表明，随着土地要素非农化比重由 17. 7%上升至 25. 9%，农林牧渔业总产值、农业总产值、粮食播种面积比重与农村居民人均纯收入逐年增长，而农业人口比重与农业从业人员比重略有下降。尽管土地要素非农化导致耕地数量下降显著，人均耕地面积由 1. 04 亩减至 0. 89 亩，但并未造成农业生产水平降低。

（3）禹城市与桓台县土地要素非农化对乡村系统影响的对比分析。两县（市）

土地要素非农化对乡村经济子系统与社会子系统的影响更为密切。禹城市农业总产值和农林牧渔业总产值、复种指数和农村居民人均纯收入对土地要素非农化过程更为敏感，表现出快速增长趋势；桓台县农业总产值、农林牧渔业总产值、粮食播种面积比重对土地要素非农化过程的敏感性较弱，表现出平稳上升趋势；尽管禹城市土地要素非农化导致农业从业人员比重迅速降低，但整体比重仍略高于桓台县；土地要素非农化过程中，桓台县农村居民人均纯收入的增长数额与增幅均高于禹城市。总体来看，两县（市）发展阶段与土地要素非农化比重的差异，对乡村系统要素的影响各不相同，其中，禹城市农业生产、农村人口及其收入变化对土地要素非农化具有更强的敏感性，比较而言，桓台县乡村系统中，除了农村居民收入，其他经济与社会要素对土地要素非农化的敏感性较弱，变化幅度相对较小。

4.3.4　主要效应影响

土地要素非农化对乡村系统的影响过程，指在人类经济社会活动的驱动作用与相关土地利用管理及政策的约束作用下，土地利用变化表现出乡村土地要素向城镇地区流转、农用地（耕地）向非农建设用地转化的现象，以城乡系统的城镇用地与农村宅基地扩张为主要表现，进而对乡村资源环境、社会、经济子系统的要素及其功能造成的影响。具体如下。

（1）资源环境效应。土地要素非农化带来了耕地或农用地与建设用地之间的转换，不可避免引起乡村资源环境变化。农村宅基地面积扩张是土地要素非农化的重要表现，在经济发展水平相对较低的禹城市更为明显，人均农村宅基地面积过大，资源粗放利用严重。这一现象影响了土地资源对粮食安全、生态安全、农业生产与农户居住福利等功能的保障作用。

（2）经济效应。土地要素非农化对乡村经济的影响，体现为乡村土地要素投入的变化与土地的产出能力之间的关系。以农业为主导的乡村系统，农业生产是乡村经济发展的重要支撑。研究时段内，耕地数量下降并未带来乡村经济的衰退。在“以城带乡、以工促农”机制的支撑下，产业结构调整、农业技术进步与农业规模经营，有效弥补了因耕地数量减少导致的农业生产能力下降。但是，乡村土地要素进一步流失势必对以农业为主导的乡村系统产生重要影响。

（3）社会效应。土地要素非农化对乡村社会子系统的影响，以农业人口与劳动力数量不断减少、农民收入增加为主要表现。在工业化与城镇化过程中，城镇用地扩展有效支撑了非农产业发展，提供更多的就业机会吸纳乡村劳动力，导致乡村劳动力的季节性迁移与常住人口数量减少，在一定程度上缓解了农村人多地少的矛盾，减轻了乡村社会子系统的压力。但是，农区人口要素的转移往往与村庄空心化、村庄无序蔓延、村庄环境恶化等现象相伴而生（陈玉福等，2010），加大了农村公共服务配置的难度，降低了农户的社会福利水平。因此，在有序推进人口城镇化的同时，应注重由此带来的乡村负面效应。

由于地形因素的限制较小，近年来，平原农区已成为土地要素非农化最为显著的地域类型之一，城乡建设用地均存在不同程度的扩展。结合不同经济发展阶段的禹城市和桓台县对比分析，县域土地要素非农化与乡村系统之间的耦合作用存在着一个由弱变强的过程，在工业化时期，经济发展阶段越高，对土地要素非农化的需求越旺盛，土地要素非农化比重越大，增速越快。在经济发展阶段较低、土地要素非农化比重较小的初期阶段，对乡村系统的耦合作用较弱，尚不足以引起乡村系统要素的显著变化；随着土地要素非农化比重的增加，与乡村系统之间的耦合作用增强，导致一些乡村要素发生剧烈变化，在土地要素非农化达到一定规模后，一些乡村要素的变化趋缓，乡村系统演化发展相对趋于稳定。

4.4 小结

本章分别定量测算了典型案例地区人口与土地要素非农化对乡村系统的影响，归纳了乡村要素非农化的资源环境、经济和社会效应。具体如下。

（1）以京津冀地区及其不同地域类型作为案例区，分析测算了人口要素非农化对耕地利用效率、农业生产效率与农民增收的影响，归纳了乡村人口要素非农化的资源环境效应与经济社会效应。结果表明：①资源环境效应。京津冀乡村人口非农化并未直接导致耕地产出能力的下降，反而促使农民通过增加资本投入、应用新型农业技术，带动了耕地利用效率的提升。②经济社会效应。伴随着乡村人口要素非农化过程，京津冀地区农民收入结构不断分化，有效地带动了农民增收；拥有稳定的非农就业渠道、获取相对较高的非农就业收入的地域类型，人口要素非农化有利于促进农民增收，非农就业活动相对较弱、农业增收效应较强的地域类型，人口要素非农化对乡村经济社会的带动作用则较为有限。

（2）基于要素—结构—功能视角，以平原农区典型县域山东省禹城市和桓台县作为案例区，探析了县域土地要素非农化对乡村资源环境、经济、社会三个子系统的影响。结果表明，处于不同经济发展阶段的县域，土地要素非农化规模、比重与结构存在一定的差异；两县（市）乡村系统整体呈正向演化态势，禹城市和桓台县乡村综合发展指数分别由 0.295 增至 0.955，由 0.197 增至 0.934，局部年份存在波动性变化；土地要素非农化对乡村系统的影响存在一个由弱变强的过程，随着土地要素非农化比重的增加，使乡村要素产生剧烈变化，在土地要素非农化达到一定规模后，乡村系统趋于稳定发展；县域乡村经济子系统与社会子系统对土地要素非农化过程的敏感性较强。

（3）乡村人口与土地要素非农化效应。乡村人口与土地要素非农化对乡村系统的影响具有动态性、交互耦合的变化特征，经济社会发展的阶段性在一定程度上决定了要素非农化对乡村系统的影响强度。早期，要素非农化态势较不显著，与乡村系统之间呈现弱的耦合关系，效应强度也较弱；中期，要素非农化与乡村系统产生剧变，两者之间的交互耦合关系显著增强，在不同类型的农区，要素非农化对乡村系统的影响存在正向或负向效应之分；后期，随着乡村自我发展能力的提升，其他要素对乡村劳动力与土地要素的替代作用不断增强，要素非农化将逐渐趋缓，乡村要素非农化与乡村系统之间呈现出新的弱耦合关系，其效应又逐渐开始减弱。

第5章　典型村域乡村要素非农化研究

选取典型平原农区案例村域，从农户行为视角分析乡村人口与土地要素非农化特征、农户行为机理及其微观效应影响。

5.1　典型村域人口要素非农化：行为机理与微观效应

5.1.1　行为机理与理论解析

美国学者舒尔茨是理性小农理论的代表性人物，他认为，农户作为理性的经济人，其行为决策是一种理性投资，农户为实现自身最大利益，将会做出理性的分配资源的决策行为。在这一理论框架下，微观农户视角下的乡村劳动力要素转移这一现象，通常以农户为单位，反映为农户的兼业行为。基于农户理性经济人的前提假设，兼业是特定条件下农户家庭权衡长期与短期利益以及风险因素做出的劳动供给决策行为，以实现自身利益最大化。农户是否选择兼业取决于两个主要变量，即风险约定条件下经济活动的投入和收益，此外，家庭人力资本与资金状况、农地资源稀缺程度、非农就业机会、对生活方式期望也是影响农户兼业行为选择的关键因素（梁流涛等，2008）。

（1）农户兼业类型与发展趋势。农户兼业类型划分的常用方法包括以下三类：①单指标法。我国农业部农村固定观察点办公室最早提出以农业生产收入占家庭生产性收入比重为依据，将兼业农户划分为纯农户（高于80%）、Ⅰ兼农户（50%~80%）、Ⅱ兼农户（20%~50%）、纯非农户（低于20%）四类，这一方法被国内学者普遍采用，并对比重数额、类型名称进行了调整与改进（梁流涛等，2008）。②双指标法。例如，农户劳动时间和农户收入、农业生产（农林牧渔）收入占家庭生产性收入比重（农村固定观察点标准）和农户非农劳动时间（廖洪乐，2012）、非农收入占总收入的比重和农户非农劳动投入占总劳动投入的比重（周婧等，2010）等指标。③定性法。陈浩（2013）依据农户夫妻兼业情况将农户兼业划分为全兼业型（男女双方均参与）、半兼业型、名义兼业型三种类型。总体来看，不同划分方法各有优缺，其中，单指标法简单直观，但难以概括农户兼业的本质，双指标法细化了兼业类型，需针对研究目标分别制定划分标准。

我国农户兼业发展趋势，主流观点认为兼业是一种过渡形态，而非目标模式，一些学者认为兼业农户终将被专业农户取代（向国成等，2005），也有学者指出大规模农户兼业取代小规模农户兼业、农业兼业化与农业专业化长期共存是未来农户兼业发展趋势。

（2）农户兼业行为的内在机理。宏观层面的区域经济发展水平和微观层面的农户特征在一定程度上决定着乡村人口要素非农化的规模、速度及农户兼业的主导方式。农户作为理性经济人，通过生产要素在农业与非农业部门之间的优化配置，实现收入最大化的行为目标。

理论假设如下：①农业基本生产要素包括土地和劳动力，总量分别为 A_K 和 L_K，农业增产受机械化、化肥、农药等技术因素的影响；②农业部门存在绝对剩余劳动力；③农户以收入最大化为行为目标；④为了计算的简便，将农户的非农就业的工资定为常数 W，农业生产符合要素边际报酬递减规律。

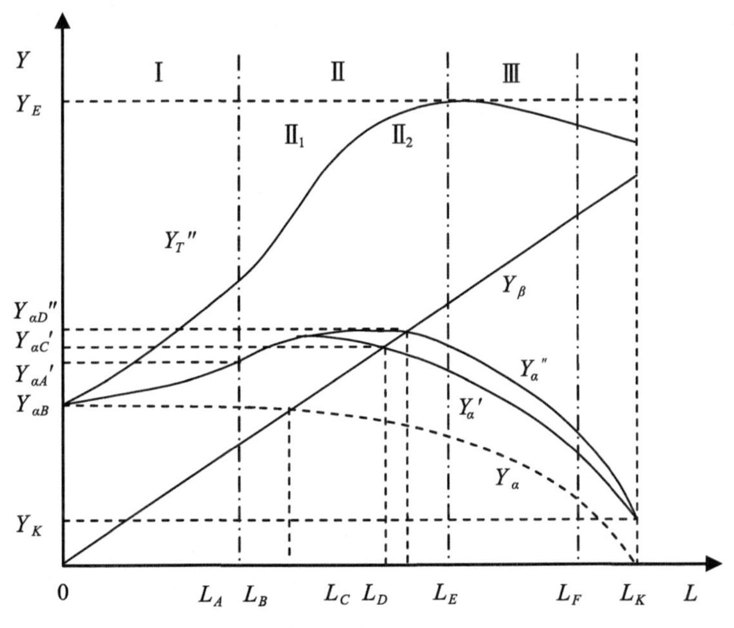

图 5-1　农户兼业行为内在机理与乡村发展阶段划分

如图 5-1 所示，Y_α、Y_β分别表示农业与非农业收入曲线，家庭总收入 $Y_T = Y_\alpha + Y_\beta$，自变量 L_i表示向非农业部门转移的农村劳动力数量。Y_α和 Y_α'分别表示无土地流转和存在土地流转时的农业收入曲线；非农业收入 $Y_{\beta i} = W \times L_i$，呈线性增长趋势。在无土地流转的情景下，由于存在剩余劳动力，在转移初期对农业生产无影响，当转移劳动力达到 L_B时，农业边际收益降低，至 L_K时降低为零；存在土地流转的情景下，农业收入曲线 Y_{α}'呈现出先缓慢上升后下降的趋势，$Y_{\alpha i}'-Y_{\alpha i}$为因土地经营规模扩大而增加的农业收入，$Y_{\alpha}'$和 Y_{β}曲线的交点（L_C，$Y_{\alpha C}'$）为一兼户与二兼户的分界点，当转移劳动力为 L_K时，租出土地数量为 A_K，农业收入 Y_K即土地租金。在考虑技术进步的情景下，农业收入由 Y_{α}'偏移至 Y_{α}''，一兼户与二兼户分界点偏移至（L_D，$Y_{\alpha D}''$），总收入 $Y_T''=Y_{\alpha}''+Y_{\beta}$曲线整体上呈现先增加后减少的趋势，农户根据收入最大化的原则，在总收入最大值点（L_E，Y_E）达到均衡。

上述曲线解释了农户兼业行为与农户家庭总收入之间的数量关系，农户通过合理调整非农业与农业的要素投入比例，达到总收入最大化的目标。依据不同时期农业与非农业收入曲线的变动趋势，将农户兼业演化历程划分为三个阶段：第Ⅰ阶段（$0\sim L_A$）为缓慢上升期，农户通过转移家庭剩余劳动力以及少量土地流转行为，有效增加了家庭总收入，尚未对耕地利用方式产生影响，整体上家庭总收入增长缓慢，当劳动力转移至 L_A时，总收入快速增长，并转入下一阶段；第Ⅱ阶段（$L_A\sim L_E$）为快速发展期，依据其主导兼业类型将其划分为$Ⅱ_1$（$L_A\sim L_D$）和$Ⅱ_2$（$L_D\sim L_E$）阶段，在$Ⅱ_1$阶段，农村劳动力加速转移，兼业户出现分化，非农业收入增长迅速，同时，技术因素投入替代了部分转移的劳动力，土地流转行为明显增多，在$Ⅱ_2$阶段时，农村劳动力转移规模趋缓，非农业收入持续增加，但由于技术与土地流转难以替代农业生产中必要的人力要素投入，农业产出呈缓慢下降趋势，在此过程中农户总收入取得最大值 Y_E；第Ⅲ阶段（$L_E\sim L_F$）为分化期，该阶段具有较强的不确定性，农村劳动力转移趋向于组织性，人口要素非农化向人口城镇化转变，同时一些农村劳动力回归农村，出现专门从事农业规模生产的纯农户等，土地流转行为趋于稳定，在新的外界因素影响下，农村开始新的循环过程。

5.1.2　研究方法与案例村域

5.1.2.1　研究方法

本文采用参与式农村评估法（PRA），是通过与研究区居民进行非正式访谈、了解地方实际情况的一种有效方法，目前已广泛应用于自然资源管理、农业生产、贫困问题、城市社区等领域，本文主要应用问卷调查、观察法、深入访谈等方法获取所需数据。例如：通过农户走访、与村干部等关键人员的深入访谈，获得对当地农村问题的感性认识；通过统计与汇总农户家庭成员信息，建立村庄农户台账。数据内容有：①农户基本情况，包括家庭人口、劳动力、兼业人员及其从事行业、兼业时间、家庭收入等；②耕地利用基本情况，包括种植结构与土地流转等。

5.1.2.2　研究区域与样本数据

2012 年河南省与山东省 GDP 总量分别为 2.98 万亿元与 5.00 万亿元，三大产业比重分别为 12.7：57.0：30.3 和 8.5：51.5：40.0；2012 年两省城市化率分别为 47.6%和 52.4%；农村居民人均纯收入分别为 7 525元和 9 447元。两省均为我国的农业大省，平原面积约占总面积的 55%以上。为深入分析平原农区农村发展的阶段差异以及农村人口要素非农化对耕地利用方式的影响，本文选取了不同经济发展水平的河南省社旗县与山东省禹城市两个县域，并分别抽取典型村庄开展对比研究。

社旗县位于东经 112°46′~113°11′、北纬 32°47′~33°09′，总面积 1 203km^2，耕地面积为 106.9 万亩，总人口约 66 万人，是全国重要的商品粮基地县。2012 年社旗县 GDP 约 102 亿元；工业企业约 30 家，形成了以食品加工、光电、再生能源、矿业、医药、纺织服装为主的产业体系；农业生产以棉花、林果、脱毒红薯、畜牧、烟叶、蔬菜、中药材、桑蚕为主。选取的案例村吴庄村距离县城 17.5km，距最近的乡镇 4.5km。吴庄村采用“冬小麦+夏玉米”一年两熟的种植模式，农户的种粮纯收入约 800 元/亩，兼种大豆、小辣椒、棉花等经济作物，或进行小规模畜牧养殖等。

禹城市位于东经 116°22′~ 116°45′、北纬 36°41′~37°12′，总面积 990km^2，耕地面积为 79.4 万亩，总人口约 50 万人，是国家重要的商品粮、优质棉基地。2012 年禹城市 GDP 约 206 亿元；工业发展迅速，以轻纺、机电、化工、电力、建材、食品、造纸、农副产品加工等为主导行业，有限额以上的工业企业 64 家；农业产业化水平较高，形成了玉米、大豆、畜禽、木材、蔬菜、棉花六大产业体系。案例村东店村距离禹城市 6km，距离最近的乡镇 3.5km。东店村农作物熟制基本为“冬小麦+夏玉米”一年两熟，农户的种粮纯收入约 1 200元/亩，兼种杨树和蔬菜等经济作物。

在实地调研中，分别获取了 2012 年吴庄村与东店村的农户台账信息，剔除了低保、五保等无劳动力的农户以及少数拥有城镇固定工作的农户，吴庄村获得 143 户、共 510 人的样本数据，东店村获得了 127 户、共 413 人的样本数据。此外，基于老村民和老村干部的回忆，搜集整理了两个村域在典型年份的兼业人数和村庄总人数。

5.1.3　人口要素非农化特征

从不同类型家庭户数统计、兼业时间与兼业距离等角度分析人口要素非农化特征。具体如下。

（1）兼业户数据统计。根据吴庄村与东店村部分年份的兼业人数与总人口数据，绘制出吴庄村与东店村人口要素非农化趋势图（图 5-2）。东店村早在 1978 年前后就有农户外出打工，而吴庄村则始于 1995 年前后。2012 年吴庄村兼业户 105 户，兼业人数 165 人，兼业人员占总人数的比重为 32.4%，兼业率（兼业户数/农户总数）为 73.4%；东店村共 108 户兼业户，兼业人数 194 人，兼业人员比重为 46.9%，兼业率为 85. 0%。2012 年吴庄村一兼户和二兼户占兼业户的比重分别为 36. 2%和 51. 4%，东店村一兼户和二兼户比重分别为 12. 0%和 74. 1%；吴庄村和东店村非农户分别为 13 户和 15 户，占总户数的 12. 4%和 13. 9%。

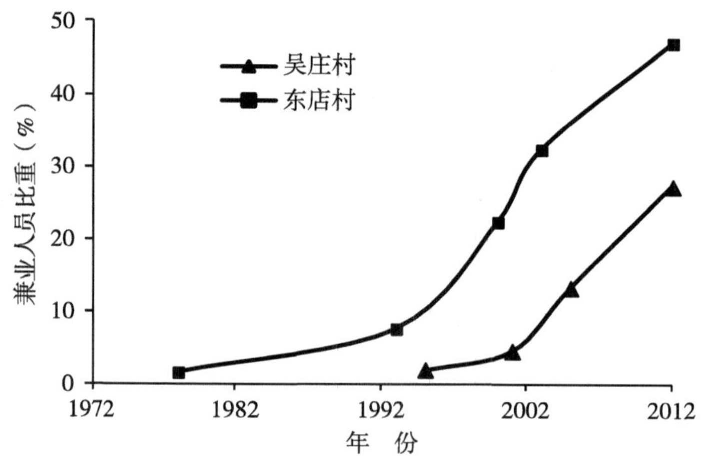

图 5-2　吴庄村与东店村人口要素非农化趋势

（2）兼业时间。累计兼业时间受返乡时间长短的影响，反映出非农职业的稳定程度。受耕作技术和机械化水平的限制，吴庄村和东店村兼业人员的返乡时间分别为 3 个月和 2 个月（表 5-1）。吴庄村 60%的兼业人员的务工时间小于 9 个月，以季节性务工为主；东店村 80%以上的兼业人员的务工时间集中在 11~12 个月，以常年性务工为主，兼业时间在 1~5 个月的兼业人员仅占 19%，主要在本地做建筑零工。与东店村相比，吴庄村多数兼业人员的兼业时间较短，制约了非农业收入的增长与非农职业的稳定性。

表 5-1　2012 年吴庄村和东店村不同兼业时间的人数统计

类 型	2012 年累计兼业时间（月）	11~12 个月	9~10 个月	6~8 个月	1~5 个月
一兼户	吴庄村	18	12	10	5
	东店村	2	0	0	13
二兼户	吴庄村	54	19	13	6
	东店村	145	0	0	26

（3）兼业距离。据两村的兼业地区对比结果，吴庄村农户倾向于选择如广州、深圳、新疆维吾尔自治区等经济快速发展、劳动力需求较大的省外地区，且兼业地点相对分散，49. 1%的一兼户和二兼户选择省外地区，本市所在地区的兼业人数比重为 43. 6%，吴庄村所在地区缺少就业机会，工资水平较低，造成当地农村劳动力

大量外流；东店村 82.5%的兼业人员选择在禹城市从事兼业活动，兼业地点相对集中（表 5-2）。

表 5-2 吴庄村和东店村不同兼业距离的兼业人数及比重

	吴庄村				东店村			
	一兼户		二兼户		一兼户		二兼户	
	人数	比重（%）	人数	比重（%）	人数	比重（%）	人数	比重（%）
本市所在地区	23	13.9	49	29.7	12	6.2	148	76.3
本省其他地区	6	3.6	6	3.6	1	0.5	22	11.3
省外地区	16	9.7	65	39.4	2	1.0	9	4.6

5.1.4 农户行为机理及其微观效应

5.1.4.1 农业生产行为及其资源环境效应

人口要素非农化过程在微观层面上表现为农户兼业行为，两者之间存在着有机的、统一的联系。农户兼业行为是通过家庭成员分工与合作，实现家庭成员在农业部门与非农业部门之间最优配置，以达成家庭收入最大化的目标。农户兼业行为特征在很大程度上决定了农业生产过程中投入的劳动力、资本等要素数量，从而使具有不同兼业行为特征的农户在从事农业生产过程中，将采取差异化的农业生产行为，进而对乡村资源配置与利用方式产生一定的影响。

人口要素非农化是农业生产与耕地利用方式转变的重要动力之一，同时农业生产与耕地利用方式的转变也对农户兼业行为分化产生一定的反作用。在微观层面上，农户兼业行为特征对农户的农业生产行为特征产生直接影响，具体体现在土地流转与种植结构两个方面。

（1）对土地流转的影响。兼业户的兼业特征决定其是否采取土地流转行为维持农业生产。吴庄村和东店村于 1990 年前后出现土地流转。由于农业税费过高，种粮纯收入偏低，一些农户将土地租给他人，外出寻找其他就业机会。2012 年吴庄村和东店村分别共 36 户和 23 户的兼业户存在土地流转行为，占兼业户总数的 34.3%和 21.3%，土地流转面积分别为 154.2 亩和 79.6 亩。

兼业时间、兼业距离和非农业收入的稳定性是兼业户土地流转的主要影响因素。农户累计兼业时间越长，非农业收入越稳定，越容易通过租出土地获取最大化收入，反之，租入概率越大；兼业距离越近，选择自种的概率越大。吴庄村兼业活动时间不稳定，对农业生产依赖性较强，一兼户与二兼户的土地流转行为表现出趋同性，全部选择租入土地，租入面积分别为 70.2 亩和 26.4 亩；非农户中有 12 户在省外从事兼业活动，将土地全部租出，租出面积为 57.6 亩。东店村兼业户多在本地从事兼业活动，务工或务农的选择相对灵活，土地流转规模较小，一兼户土地流转面积为6.4亩，92%的二兼户仍自种耕地，由于非农户获取了稳定的非农业收入，选择全部租出土地，面积为51.2亩。

机械的替代作用使得大宗粮食生产对劳动力性别、年龄的要求降低，农户有能力种植更大面积的耕地，而土地流转行为使农户兼业活动降低了对耕地种植的影响，同时使农户的收入结构相对优化。在农户访谈中，东店村村民普遍希望租入土地，期望种植面积在30~50亩，受耕地资源禀赋和农户对土地依赖心理的限制，大规模的土地流转难以实现。

（2）对种植结构的影响。农业机械化促进了种植结构的调整，降低了兼业活动对农业生产的负面效应。由于粮食和经济作物种植过程中的要素投入存在差异，兼业户逐渐倾向采用省工省时的种植结构，以吴庄村表现最为显著。

吴庄村自1985年开始采取小麦和小辣椒、小麦与棉花的间作套种方式种植，从作物的育苗、移栽等花费近4个月，且必须使用人力收获。随着劳动力的转移，吴庄村兼业户不断减少套种面积，种植结构逐渐趋向于小麦和玉米种植。2012年吴庄村共36户兼业户采用间作套种，套种面积缩减至耕地总面积的22.9%。东店村受种植传统的影响，兼业活动对种植结构基本无影响，仍以小麦、玉米和杨树等作物为主，因粮食作物的播种、收割全部机械化，农忙时间缩短为1个月，增加了农户兼业活动时间，进而推动人口要素非农化进程。

5.1.4.2　兼业行为及其经济社会效应

人口要素非农化对乡村经济社会的影响直接体现在农民收入变化上，微观上兼业行为的经济社会效应，主要表现在农户家庭总收入变化以及对其他农户从事非农就业行为的带动示范作用等方面。

农户兼业行为有效带动了农民增收，以兼业行为起始较早、非农收入稳定的东店村，其增收效应更为显著。一方面，工业发展水平决定对当地农村劳动力的吸纳能力，东店村所在县域工业相对发达，数量众多的工业企业能够吸引更多的农村剩余劳动力在本地就业，从而使吴庄村与东店村农户兼业特征产生差异。例如，2012年吴庄村和东店村的兼业户的年均总收入分别为27 740元和37 144元，吴庄村除一兼户的非农业收入与农业收入略高于东店村之外，二兼户与非农户的各项收入均低于东店村。吴庄村兼业户对农业生产的依赖性较强，多数非农户属于暂时脱离农业生产，而东店村的非农户多从事维修、运输等技术工作，非农收入较高且相对稳定。另一方面，兼业行为开始较早的东店村，部分农户的兼业行为对其他未参与非农就业活动的纯农户起到了更为显著的示范与带动作用，因而促进与带动了更多的农户向兼业户转变。

综上所述，依据吴庄村与东店村兼业人员比重、兼业类型与农户家庭总收入的差别，结合前述理论分析，判断吴庄村与东店村分别处于第Ⅱ阶段的（$L_A \sim L_D$）和

（$L_D \sim L_E$）阶段，吴庄村发展相对滞后于东店村，通过对比分析可弥补村域时序研究的不足。其中，东店村已完全进入二兼户为主导的阶段，兼业户的分化特征显著，吴庄村兼业率较低，一兼户比重过大，且一兼户和二兼户在兼业地区和时间选择上仍具有趋同性；人口要素非农化特征与非农业收入有直接相关性，东店村人口要素非农化起步早、兼业率高、兼业时间稳定、兼业地区集中是非农业收入相对较高的决定因素。

5.2　典型村域土地要素非农化：行为响应与微观效应

选取了平原农区的典型案例村域，通过构建土地要素非农化及其农户行为响应的研究框架，分析评价了土地要素非农化的微观效应。

5.2.1　研究框架与理论解析

本研究应用“压力—状态—响应”理论模式构建了微观视角下的土地要素非农化及其效应分析框架，如图 5-3 所示。一方面，土地要素非农化的“压力”来源于农村建房、城镇工业园区、城镇发展等各种人类活动，使土地要素非农化“状态”表现为农村宅基地空间结构变化、城镇扩展等不同形态，从而对微观农户层面的各类福利产生变化；另一方面，微观层面农户层面的行为决策会在一定程度上作用于土地要素非农化状态，从促进土地资源集约利用角度，减轻人类活动对土地资源非农转用的压力。本节通过研究土地要素非农化带来的农户生态福利、社会福利与经济福利的变化，刻画土地要素非农化的微观效应，进而为调控土地要素非农化提供科学依据。此外，土地要素非农化过程涉及政府部门与农户两个重要主体。从政府角度而言，理性的地方政府注重土地资源消耗的最小化，以提高土地利用效率与土地可持续利用为目的；农户作为理性的经济人，以实现个人福利或效用最大化为目的。

土地要素非农化效应在村域尺度上体现为资源环境变化、农业生产、非农就业等因素变化（图 5-4），分别对应于资源环境效应、社会效应与经济效应，这一过程也存在直接与间接效应之分。本节研究思路为，将微观村域尺度土地要素非农化效应看作区域经济社会发展和政策制度因素共同作用下带来农户生态福利、社会福利与经济福利变化的过程；从农户视角出发，通过对比不同村域农户、不同属性特征农户对土地要素非农化的行为响应差异，剖析村域视角下土地要素非农化对乡村系统的影响机理。由于政府与农户的出发点各不相同，而政府层面对土地要素非农化的管理又具有行政强制性的特征，因此，围绕农户对土地要素非农化的行为响应分

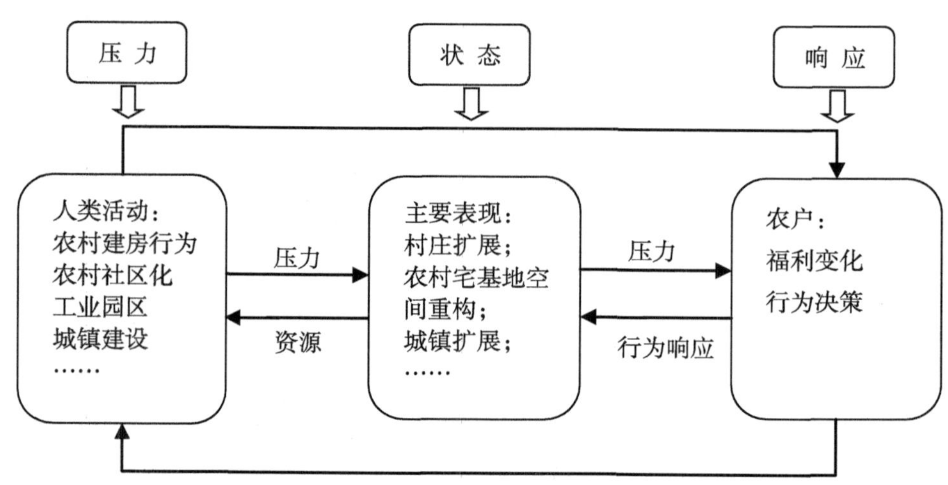

图 5-3　微观视角下土地要素非农化效应评价的理论框架

析，刻画与评价土地要素非农化效应，对于政府层面土地要素非农化管控等政策出台具有一定的政策指导价值。

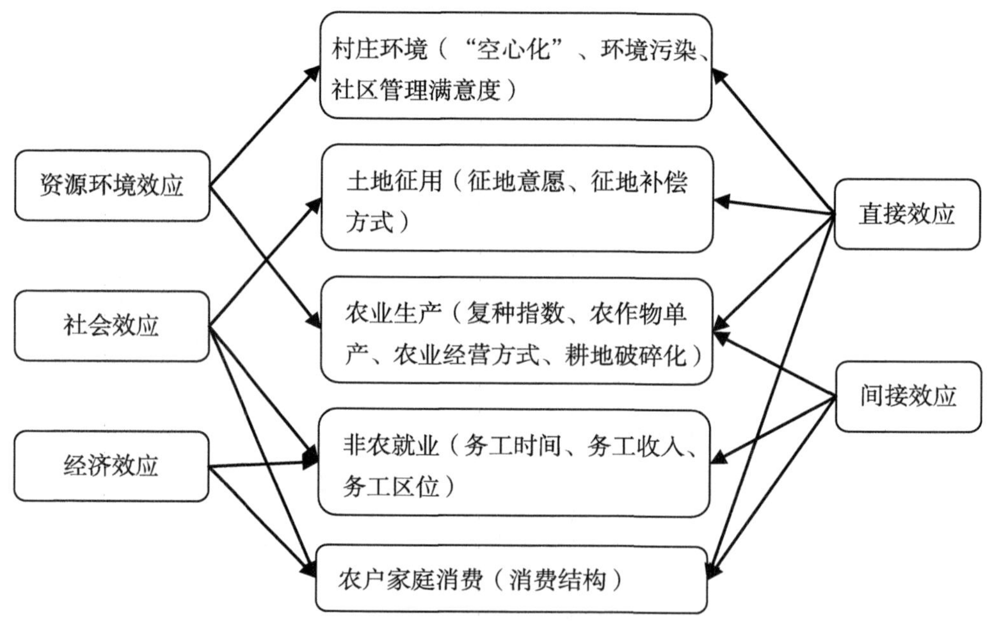

图 5-4　农户视角的土地要素非农化效应的基本内涵

土地要素非农化是城乡土地要素流动与空间重构的过程，乡村发展是乡村系统的正向演化过程，土地要素非农化通过城镇征地、城镇辐射效应、农村社区化、村庄扩展等多种城乡土地利用变化类型对乡村发展产生影响，从农户行为响应来看，不同类型村庄对各种土地要素非农化的敏感性不同，通过分析农户的行为响应可以归纳土地要素非农化对乡村发展的微观机理。具体内容包括三个层面：①从作用路径上看，包括土地征用与村庄用地扩展等过程对乡村发展的直接影响，以及因城镇土地要素非农化增加了二三产业用地，对乡村发展的间接辐射影响，不同城乡土地要素非农化类型具有不同的辐射作用强度；②从作用结果看，土地要素非农化过程既对乡村发展产生正效应，例如，农村社区化改善了农村居住环境，同时也产生了负效应，例如，因村庄扩展导致村庄空心化问题，应分别加以分析；③从响应类型来看，乡村系统可划分为乡村资源环境、经济、社会三个子系统，乡村微观主体对土地要素非农化的行为响应也可从这三方面的变化得出。

5.2.2　研究方法与数据来源

（1）可行能力方法。20 世纪 80 至 90 年代，福利经济学家阿马蒂亚·森提出了以功能、能力与自由等概念来考察居民福利的可行能力方法，已广泛应用于居民健康、教育、就业、居住等福利的研究（贾燕等，2009；方福前等，2009）。本文借鉴该理论与方法，构建了农户行为响应评价体系（表 5-3）。其中，农户家庭成员、家庭资产与收入是农户资源禀赋的主要影响因素，农户资源禀赋越丰富，农户家庭自我发展能力越强，其可行能力也越强，在土地要素非农化过程中越易获得各种福利最大化。基于土地要素非农化对农户行为影响的理论解析，拟从生态、社会与经济福利变化三方面考察农户对不同类型土地要素非农化的行为响应及其差异，并归纳土地要素非农化影响乡村发展的共性规律。在土地要素非农化过程中，若农户福利得到明显提升，表明土地要素非农化对乡村发展产生了正效应；反之，若农户福利下降，则表明土地要素非农化产生了负效应（方方等，2016）。

表 5-3　农户行为响应评价体系

目标层	准则层	内涵及评价重点
生态福利	居住环境	土地要素非农化前后农户对居住环境（空废房屋、环境污染、配套服务等）的满意度
社会福利	就业方式 社会保障	土地要素非农化前后引起农户就业方式（兼业类型、通勤距离、累计兼业时间等）的变化 土地要素非农化前后引起农户社会保障（医疗、养老、失业等保险）的变化 农户对城镇征地（征地意愿、征地补偿）的满意度
经济福利	家庭资产与收入 家庭消费	土地要素非农化前后农户对家庭资产与收入（房屋占地面积、房屋结构、建房年代、农业收入、种植结构、土地流转、非农业收入等）的满意度 土地要素非农化前后农户对家庭消费的满意度

（2）参与式评估方法。借鉴参与式评估的问卷调查与深入访谈方法，了解典型地区土地要素非农化的基本特征，开展典型农户对土地要素非农化的意愿调查。具体包括：①分别与县、乡级土地、住建等部门座谈，了解土地要素非农化趋势与存在的问题，以及城乡用地“增减挂”和“迁村并居”项目进展情况；②各县筛选不

同类型典型村庄（社区）进行实地调研，通过与村干部深入访谈，了解土地要素非农化对村域发展的影响；③随机抽样选取典型农户，以“一对一”的方式开展问卷调查，建立典型农户基本情况数据库，包括反映农户资源禀赋差异的家庭人口、非农就业、家庭收入、农业生产、住房条件、居住面积等属性信息，以及土地要素非农化前后农户生态、社会、经济福利的满意度等信息。

（3）数据来源。选取经济梯度显著、农户就业方式存在明显差异的村庄作为案例村域，包括城郊型回迁社区（禹城市群贤居社区）、新型农村社区（禹城市夏季社区、桓台县北营社区与黄佳社区）与传统型村庄（禹城市东店村和牌子村、桓台县李贾村）三种类型共7个村庄或社区，其乡村性依次增强。作者分别于2010年12月、2012年11月对禹城市和桓台县案例村庄展开了为期两周的实地调研，获得了村庄一手资料；共获得7份村干部问卷，建立东店村、夏季社区与李贾村三个村庄的农户台账数据库，数据样本数量分别为127户、75户和20户；典型农户调研共获取75份农户问卷，其中有效问卷73份，问卷有效率97.3%，符合中小样本数据要求，其中，社区型农户17份，传统型村庄农户56份。

5.2.3 案例村域概况及其土地要素非农化特征

山东省禹城市和桓台县为典型的平原农区县域，以人均GDP划分县域经济发展阶段，2012年禹城市与桓台县分别处于工业化中期和后期阶段。其中，禹城市地处鲁西北传统农区，主要以农业产业化带动县域经济发展；桓台县以造纸、化工、建材与房地产为主导产业带动县域经济发展。近年来，禹城市和桓台县土地要素非农化显著，2000—2011年，禹城市和桓台县建设用地面积年均增量分别为359hm^2和531hm^2，分别累计增长了20.4%和46.2%，在此期间，随着禹城市农业人口由42.6万人减至35.3万人，农村居民点用地面积则由9 852.1hm^2扩展至9 900.0hm^2，农村宅基地粗放利用严重。禹城市和桓台县案例村庄或社区的基本情况、发展历程与土地要素非农化特征如表5-4所示。

表5-4　禹城市与桓台县案例村庄概况

名称	基本情况	村庄发展阶段	乡村系统土地要素非农化特征
群贤居社区	属回迁安置社区。调研农户原属于庄村，耕地350亩，人口275人，村域经济来源为农业生产与非农务工，人均纯收入约1 000元/年。因2009年禹城市工业园区（禹王集团）建设村庄土地全部被征用	①传统农区时期：2005年之前，村庄以务农为主、务工为辅；②转型过渡期：2006—2010年，村庄耕地不断被城镇征用，农户就业被迫向非农部门转移，生计方式开始向以务工为主转变；③转型后期：由于村庄土地被征用完毕，传统村庄已完全转变为城镇社区	以耕地与宅基地被征用为主要特征

（续表）

名称	基本情况	村庄发展阶段	乡村系统土地要素非农化特征
夏季社区	属农村新型社区。村域经济依赖于特色种植业，该村拥有40年的种菜传统，主要种植冬瓜、番茄、芹菜等大棚蔬菜。2012 年，全村 460 人，670 亩耕地，人均纯收入约9 000元。2009 年兴建夏季社区，涉及 12 个村庄，规划新社区占地 300 亩，入住 3 000人，截至 2012 年年底，夏季村已基本完成搬迁，旧村已复垦	①缓慢发展时期：改革开放至 20 世纪 90 年代初，村域以传统种植业为支柱产业；②转型发展期：20 世纪 90 年代末至今，逐渐确立了特色种植业为村域主导产业；③新型社区化时期：随着社区化的推进，夏季村向新型社区转型	乡村系统的土地要素非农化表现为农村宅基地的空间重构
东店村	属传统型村庄类型。隶属于梁家镇，村域经济依赖于传统农作物种植与外出务工。2010年，全村人口 415 人，110户，685 亩耕地，农业种植为“冬小麦+夏玉米”一年两熟，种粮纯收入约 1 200元/亩，兼种杨树和蔬菜等经济作物	①缓慢发展期：自 1978 年前后出现人口非农化，非农就业单一化，规模较小，以建筑与运输业为主；②快速发展期：自 2005 年以来，非农就业多样化，自主就业与外出务工人员增多，年收入达到 3 万元，农业生产由传统作物种植向经济作物、种养殖结合等方式转变	由于村庄农村宅基地管理较为严格，村庄扩展与村庄空心化均不显著
牌子村	属传统型村庄类型。隶属于伦镇，村域经济依赖于传统农作物种植与外出务工。村庄交通便利，与 G308 相邻。2012年，全村 670 人，劳动力 250人，非农业从业人员约 130人，人均耕地 2.5 亩。农业种植为“冬小麦+夏玉米”一年两熟，兼种蔬菜等经济作物	①缓慢上升期：1978 年至 20 世纪 90 年代初，出现人口非农化，规模较小；②快速发展期：20 世纪 90 年代末至今，人口要素非农化增多，农户以传统农作物种植与外出务工获得家庭收入，村域经济增长缓慢，村域转型发展较为缓慢	20 世纪 80 年代末至 90 年代初为农村大规模建房时期，村庄外扩明显，自 20 世纪 90 年代至今，村庄扩张不明显，内部空心化显著。2005—2006 年期间，村庄集体用地被租用 160 亩建设化工厂与啤酒厂
北营社区	属农村新型社区，隶属于马桥镇。新社区 1 301户，总人口4 435人，占地面积 91.2hm^2。农业生产条件优良，地形平整，农业生产以种植速生林为主，人均耕地 2.3 亩。农户就业渠道是乡镇企业和第三产业，如博汇集团和金诚石化集团，人均纯收入达到 9 657元	①缓慢发展期：20 世纪 90 年代初，农户开始外出务工，村域经济发展缓慢；②快速发展期：受马桥镇辐射的影响，村域经济发展较快，农户就业非农化比重提高；③转型发展期：自 2005 年，有村民开始自发性搬迁，至 2010 年，村庄全部搬入北营社区，开始转型发展	农村土地要素非农化表现为农村宅基地的空间重构

（续表）

名称	基本情况	村庄发展阶段	乡村系统土地要素非农化特征
黄佳社区	属农村新型社区。村庄原隶属于邢家镇，后划归唐山镇。新社区住户 315 户，人口 1 178 人，占地面积 15.9hm^2，人均占地 156.1m^2，旧村占地 400 亩。农民人均纯收入 8 251元，人均耕地面积 1.7 亩。农业种植以传统粮食作物为主，农户主要收入来源是乡镇企业和第三产业务工收入	①缓慢发展期：20 世纪 70 年代初期，农户开始外出务工，村域经济发展缓慢；②快速发展期：受唐山镇辐射带动作用，吸纳大量本地劳动力，村域经济增长迅速；③转型发展期：至 2010 年，村庄全部搬入黄佳社区，开始转型发展	农村土地要素非农化表现为农村宅基地的空间重构
李贾村	属传统型村庄类型，隶属于索镇。2012 年，全村总人口 1 442人，常住人口约 800 人，农户 412 户，耕地 1 600 亩。采取小麦+玉米+花生种植模式，部分耕地流转至种粮或种菜大户，部分村民在附近区域务工	①缓慢上升期：20 世纪 90 年代初，出现人口要素非农化，规模较小；②快速发展期：20 世纪 90 年代末至今，人口要素非农化增多，村域经济增长缓慢，村域转型发展较为缓慢	农村土地要素非农化表现为村庄内部的空心化，近年来，村庄外扩不显著

5.2.4 农户对土地要素非农化的行为响应

案例区域城镇系统土地要素非农化和乡村系统土地要素非农化，分别对农户福利产生不同的影响，其中，乡村系统土地要素非农化特征主要体现为村庄用地扩展或空间重构，城镇土地要素非农化体现为城镇用地对农地的征用，而土地要素非农化对案例村庄影响的表现为城镇辐射作用对农户的间接效应、因农地征用或农村宅基地空间重构对农户的直接效应等，下文将分别阐述农户对土地要素非农化不同类型的行为响应。

5.2.4.1 农户对城镇征地的行为响应

城镇扩展征用农地是土地要素非农化最直接的表现形式。因空间邻近性，城郊型村庄受城镇的直接与间接效应最为强烈，城镇征地前后农户福利变化显著。城镇征地对村庄是一个持续影响的过程，早期，群贤居社区（原名于庄村）以传统农作物种植为经济来源，部分农户通过贩卖农畜产品、从事城镇建筑行业在城镇寻求其他谋生手段，获取了必备的城镇生活技能。2006—2009 年，群贤居社区土地被陆续征用完毕。通过实地调研，了解农户征地前后面临的主要问题，归纳主要问题如表 5-5 所示。征地前后农户福利变化体现为：①城镇新社区人居环境良好、基础设施配套齐全，大幅提升了农户居住效用，生态福利明显提高，而入住前农户对“楼房居住不方便”的担忧已不存在。②后续保障制度不健全导致社会福利下降。征地后，地方政府未提供再就业指导、非农就业培训或小额信贷等服务，以及与城镇居民同等的社会保障，仍沿用农村原有社保标准，农户对征地补偿与征地程序普遍不满意。③就业方式非农化导致经济福利明显上升。经测算，征地后，农户通过多样化就业途径获得更高的家庭收入，家庭年存款数额普遍增加，最高增加了近 8 万元；同时，家庭对食品、子女教育、水电气等消费平均增加了 1 300元/月。从城镇间接辐射效应来看，群贤居社区被征用土地用于山东省禹王集团建设，吸纳了社区 60 名左右青年人就业，由于集团对文化素质与技能要求较高，对社区发展的直接带动作用极为有限。

表 5–5　群贤居社区农户问卷调查　　（单位：户）

主要问题		问卷结果
征地意愿	是否愿意土地被征用	愿意（6）；不愿意（2）
生态福利	征地前后居住环境效用	提升（8）；降低（0）
社会福利	对就业安置的满意度	非常满意（0）；基本满意（0）；不满意（6）；很不满意（2）
	对征地补偿的满意度	非常满意（0）；基本满意（1）；不满意（4）；很不满意（3）
	对社会保障的满意度	非常满意（0）；基本满意（0）；不满意（8）；很不满意（0）
经济福利	对就业方式的满意度	非常满意（0）；基本满意（1）；不满意（6）；很不满意（1）
	对生活消费的满意度	非常满意（0）；基本满意（1）；不满意（6）；很不满意（1）
	增加的家庭消费项目（多选）	食物（8）；子女教育（4）；居住费用（8）；交通与通讯（1）

城镇征地过程有利于农户可行能力的提高，以生态福利与经济福利的显著提升为主要表现，但仍有待于从后续社会保障、完善征地程序等方面为农户提供更多的政策性支持。从农户家庭禀赋特征来看，农户征地意愿与征地前后福利变化密切相关。征地前从事大棚种植的“种菜大户”，或通过租入大面积耕地的“种粮大户”，由于缺少从事非农产业的技术与经验，征地后经济福利明显降低，均表示不愿意土地被征用。

5.2.4.2　农户对城镇辐射效应的行为响应

土地要素非农化不仅通过土地征用等城镇扩展方式直接作用于乡村系统，也通过城镇发展的传导机制间接作用于乡村系统演化，表现为城镇用地扩展增加了城镇二三产业用地供给，支撑了城镇发展，通过城乡之间要素流动的传导机制间接作用于乡村发展，在县域与镇域层面对案例村域产生不同程度的辐射效应，这种间接效用影响范围更广。具体特征：①城镇辐射效应对自我发展能力较弱的传统型村庄的影响较强，改变了微观农户兼业行为特征。传统型村庄牌子村、东店村与李贾村以种植传统农作物“冬小麦+夏玉米”带动村域经济，自我发展能力较弱，较依赖于城镇辐射效应，农户普遍采取外出务工的方式取得工资性收入。东店村 82.5%的兼业人员选择在禹城市内从事兼业活动，兼业地点相对集中，以常年性务工为主，兼业户家庭总收入年均 3.7 万元，同时，平原农区农业机械的替代作用降低了兼业活动对耕地种植的影响，通过租出的土地流转行为，避免了耕地撂荒现象。②在镇域层面上，黄佳社区和北营社区所在镇域经济发达，依托金诚和博汇两大企业，实现了农户居住与就业空间耦合，改善了农户居住环境，提升了农户经济与社会福利。北营社区的青年劳动力多在马桥镇的工业企业实现非农就业，工作相对稳定，收入较高，同时，家庭承包地出租给农业产业化公司以获取租金，户均家庭年收入高达 10 万元；社区内幼儿园、养老院、小学等公共服务配备较为完善，使不同年龄阶层村民社会福利得到较大提升。

此外，夏季社区以发展现代高效农业与特色种植业带动村域发展，自我发展能力较强，专业农户年收入达 7 万~8 万元，较依赖于城镇消费市场，受城镇辐射效应强度低于其他类型村庄，农户经济福利提升更多受到农产品市场波动的影响。

表 5-6　案例村域经济对城镇辐射响应的诊断分析

名称	农户收入来源	人均纯收入（元）	与县城的距离（km）	对县域经济的依赖程度	对镇域经济的依赖程度
群贤居社区	经营性收入与务工收入	9 100	5	☆☆☆☆	—
夏季社区	高效农业生产与务工收入	9 200	7	☆☆	☆☆
东店村	传统农业生产与务工收入	6 780	10	☆☆☆	☆
牌子村	传统农业生产与务工收入	6 225	16	☆☆☆	☆
黄佳社区	工资性收入与农业生产	9 657	27	☆☆	☆☆☆☆
李贾村	传统农业生产与务工收入	8 251	7	☆☆☆	☆
北营社区	工资性收入与农业生产	7 258	14	☆☆	☆☆☆☆

以农村居民人均纯收入为标准，案例村庄处于不同发展阶段，村庄自身发展能力存在差异，对城镇辐射效应的响应各不相同，表 5-6 中，以☆表示案例村域对城镇系统的依赖性，其中，☆表示依赖性最低，☆☆☆☆表示依赖性最高。以非农就业为主的城郊型回迁社区完全依赖于县域经济发展；县域辐射效应从非农就业角度有效提升了传统型村庄农户的经济福利；发达的镇域承担了县域的部分经济与社会职能，使新型农村社区农户获得了相对较高的生态、经济与社会福利；以现代高效农业生产与非农务工为主的新型农村社区由于自我发展能力较强，对城镇辐射效应的依赖性相对较弱。

5.2.4.3　*农户对农村宅基地变化的行为响应*

村庄扩展与农村社区化是乡村土地要素非农化的主要表现形式，使对应的村庄及其农户产生了不同的福利变化。

（1）农户对村庄扩展的行为响应。案例村庄相继于 20 世纪 80—90 年代进入建房高峰期，村庄扩展显著，在一定程度上改善了农户居住条件；自 20 世纪 90 年代至今，随着村庄常住人口数量趋于稳定，村庄外围扩展趋缓。在乡村人口要素非农化与农户家庭代际更替过程中，农村宅基地管理缺失的村庄，“一户多宅”、违法违规占用耕地建房的现象严重，往往与村庄空心化相伴而生。

近年来，三个传统型案例村庄扩展趋势较弱，东店村和李贾村采取“一户一宅”的宅基地管理政策，严控宅基地面积，村庄整体布局较为紧凑，空心化现象较不显著，农户对居住状况较为满意；牌子村宅基地管理较为松散，现状宅基地穿插分布着农用地、养殖用地、废弃宅基地，村庄内部用地功能混合导致村庄环境恶化（图 5-5）。调研数据显示，村庄基础设施配套滞后和环境污染是农户环境满意度下降的主因，分别有 58.6%、37.9%、47.2%、3.5%的被访农户认为，急需改善村庄给排水配套设施、垃圾处理、工厂与养殖污染、空废房屋等问题。

图 5-5　禹城市牌子村村庄内部的养殖用地与空废房屋

（2）农户对农村社区化的行为响应。在政府主导的城乡建设用地增减挂钩工程推进下，夏季社区、北营社区和黄佳社区实现了由传统型村庄向新型农村社区的改造，是新形势下土地要素非农化的一种特殊形式。对比分析传统型村庄农户集中居住的意愿与新型农村社区农户对迁居社区的满意度，分析农户搬迁社区前后的福利变化，研究发现：①由于新型农村社区居住效用高于农户自建房屋，有利于农户生态福利提升，农户家庭普遍具有向经济条件好、福利待遇高的高“势能”地区迁居的倾向，分别有 85.7%、85.7%、71.4%的农户认为社区生活不便、难以支付买房费用、生活成本高，以致不愿意搬迁。②农户家庭资本与收入直接决定农户搬迁能力。原村庄房屋结构、占地面积、建房年代、村庄区位等属性决定了拆迁补偿金额。偏远型的夏季社区旧房拆迁补偿标准为，砖混结构房屋平均 4 万～5 万元/户；小城镇经济发达的北营社区和黄佳社区，补偿金额相对较高，为 5 万～6 万元/户。在社区房屋价格一定的情况下，旧房补偿金额与农户家庭收入越高，越易于推进农村社区化。

由于级差地租的影响，不同区位的村庄房屋拆迁补偿金额、入住社区自付费用各不相同。如表 5-7 所示，与偏远型农村社区夏季社区相比，城郊型农村回迁社区群贤居社区的农户房屋拆迁补偿最高，而小城镇相对发达农村社区的北营社区和黄佳社区，补偿金额相对较高。在社区房屋价格一定的情况下，房屋属性特征决定了农户购买社区房屋中自付部分的金额，若农户能够负担这部分自付金额，则会选择入住社区。

表 5-7　不同农村社区房屋购买费用

	群贤居社区	夏季社区	北营社区	黄佳社区
连续三年的平均单价（元/m^2）	800	900	1 100	950
旧房拆迁补偿（万元/户）	砖混：7～8	砖混：5～6	土坯房：3.5 砖混：5～6	土坯房：2.5 砖混：4～5
以 120m^2为例，自付费用（万元/套）	砖混：2～3	砖混：5	土坯房：10 砖混：6～8	土坯房：8 砖混：6～7

对比来看，村庄扩展与农村社区化对农户福利产生了不同的影响。不同时期村庄扩展特征导致农户生态福利的阶段性变化，农村宅基地管理缺失的村庄，早期村庄扩展改善其居住生态福利，后期因村庄空心化导致生态福利下降。新型农村社区良好的人居环境、相对完善的公共服务设施，构成了传统型村庄农户迁居新型农村社区的外部推力，理论上有利于提升农户生态福利。受农户资源禀赋的制约，若农户旧房补偿相对较高，且家庭收入达到入住社区的标准，能够承担搬迁后生活消费支出增长，此过程中易获得生态福利提升；反之，若农户不具备搬迁社区居住的经济能力，强制性的农村社区化过程将带来农户经济福利下降。

5.2.5　土地要素非农化的微观效应

土地要素非农化过程导致乡村系统资源环境、社会、经济等子系统的变化，进而影响微观层面上农户生态福利、社会福利与经济福利。通过上文分析与评价，揭示了微观层面土地要素非农化对乡村系统的影响机理。

土地要素非农化强度与乡村系统的演变强度之间成正比。土地要素非农化与乡村系统的演变体现为两个动态变化过程，随着土地要素非农化规模的不断增大，乡村系统演变呈现一种渐变过程，当土地要素非农化达到一定比例时，乡村系统产生剧变。如表 5-8 所示，不同类型土地要素非农化对乡村系统的影响程度各不相同，按影响强度排序为：城镇征地>城镇系统间接效应>农村社区化>村庄建设用地占用耕地=村庄扩展。按对乡村系统影响范围排序为：城镇系统间接效应>城镇征地>农村社区化>村庄扩展>村庄建设用地占用耕地。当土地要素非农化强度较小时，不足以引起乡村系统的变化，或使乡村系统产生了微弱的变化，例如，前述分析中少量土地面积被征用，用于工厂或道路修建，对农户的影响微弱；当土地要素非农化强度增大时，对乡村系统产生不同程度的影响，例如，农村社区化改变了传统村庄的历史演变轨迹；城镇系统辐射改变了传统农户以农业生产为主的生计方式，使农户经营方式多样化；当村庄用地完全转换为建设用地的比例达到 100%时，村域转换为城镇地区。从影响范围来分析，城镇系统辐射带来的间接效应，对应于整个乡村系统区域，城镇征地的效应主要针对被征地村域，而农村宅基地变化、村庄其他建设用地占用耕地，一般只对村域自身产生影响。本文揭示不同类型土地要素非农化对农户福利的影响机理，如表 5-9 所示。

表 5-8　不同类型土地要素非农化对农户福利影响

		效应强度	生态福利	社会福利	经济福利
城镇征地		☆☆☆☆	√	√	√
城镇系统辐射		☆☆☆	√	√	√
农村宅基地变化	村庄扩展	☆	√		
	农村社区化	☆☆☆	√		√
村庄建设用地占用耕地		☆	√		

表 5-9　微观村域尺度土地要素非农化对乡村系统的影响机理

效应类型		影响机理
城镇系统土地要素非农化效应	直接效应：征用农地	征地后农户生态福利与经济福利明显提升。具体表现：①城镇征地前后农户居住环境改善；②因征地过程中政府补偿、就业与后续社会保障的制度尚不完备，社会福利普遍降低；③由于家庭经营方式由农业或兼业转变为非农经营，征地前后农户经济福利明显提升；④对征地前以农业生产为主的种粮大户和种菜大户，对其社会福利与经济福利造成一定的负面效应
	间接效应：城镇辐射作用	城镇辐射作用带来农户经济福利的提升。具体表现为：区域经济社会发展水平决定了农户综合发展能力，村域通过市场、劳动力输出等方式与城镇系统相联系，镇域经济发达的村域能够获得较高的福利

（续表）

效应类型		影响机理
乡村系统土地要素非农化效应	直接效应：村庄扩展	村庄扩展带来的农户福利提升具有短期性特点，具体体现为：村庄扩展短期内在一定程度上提升了个别农户居住的生态福利，但伴随着村庄空心化现象的出现，村庄扩展在较长时段内造成的空废化，使村庄环境恶化，降低了农户生态福利
	直接效应：农村社区化	农村社区化是农村宅基地变化的一种特殊形式，对农户的影响体现在：有效提升了农户居住的生态福利，对农户资源禀赋较好的农户经济与社会福利提升较显著
	直接效应：村庄建设用地占用耕地	村庄建设用地扩展由于规模强度较弱，对农户福利变化影响较小

5.3 小结

本章通过选取典型案例村域，从农户视角分析了乡村人口与土地要素非农化特征及其微观效应。具体内容如下。

（1）以传统平原村庄吴庄村和东店村为例，对比分析了处于不同发展阶段村域人口要素非农化特征及其微观效应。研究结论如下：①农户劳动力非农就业与家庭总收入之间存在一定的数量关系，农户通过调整非农业与农业的要素投入结构，以实现家庭收入最大化的目标，依据这一数量变化趋势，将乡村发展演变过程划分为：缓慢上升期、快速增长期与分化期，各个时期对应不同的人口要素非农化与乡村发展特征。②通过吴庄村和东店村两个典型村庄的对比分析，发现微观层面上农户的兼业时间与距离等特征与非农业收入、农业收入呈现出一定的相关性，宏观层面县域经济发展能力是农户兼业时间与兼业地区等特征形成的重要制约因素。③农户兼业行为特征决定了农业生产过程中投入的劳动力、资本等要素数量，进而对乡村资源环境与经济社会产生一定的效应影响，例如，农户兼业行为的资源环境效应突出表现在种植结构、土地流转等变化，随着农村劳动力向非农部门的不断转移，农户减少了农业生产中的劳动力投入，但通过改变种植结构、土地流转、机械等省工性投入，农户能够获取相对合理的农业与非农业收入结构；农户兼业行为的经济社会效应主要表现为促进农民增收，且对其他纯农户发挥了显著的示范带动作用。④随着乡村剩余劳动力的继续转移，该类型区乡村未来发展路径需深入探析，结合吴庄村和东店村人口要素非农化及其效应影响归纳了农区发展制约因素，探索了乡村未来发展路径，如表5-10所示。

表 5-10　吴庄村与东店村发展阶段及其特征对比

	发展阶段	人口要素非农化特征	人口要素非农化的效应影响	制约因素	发展路径
吴庄村	第 Ⅱ$_1$ 阶段（L_A～L_D）	一兼户和二兼户是主导兼业类型；以季节性与异地就业为主，非农业收入相对较低	农户通过减少耕地的要素投入，增加兼业活动的要素投入使家庭收入结构的较优化。农户通过土地流转、种植结构调整降低对农业生产的影响，种植结构由套种转变为省工性的单一粮食作物种植，兼业户对农业的依赖使土地流转中租入行为较为普遍	工业化与城镇化水平对农村发展的带动作用有限，较低的农业机械利用率使耕地种植需花费更多的时间和人力成本	随着兼业户的分化与其他替代因素的出现，农村劳动力进一步转移对耕地利用的负面影响减弱；通过发展劳动密集型工业，促进农村劳动力就业分化与就地非农化，成立专业合作组织，促进土地规模流转等
东店村	第 Ⅱ$_2$ 阶段（L_D～L_E）	二兼户是主导兼业类型；以常年性与本地就业为主，非农业收入相对较高且收入稳定	农户通过调整农业与非农业生产的要素投入结构，向家庭收入最大化的目标推进。农户较能兼顾农业与非农业生产，人口要素非农化对耕地利用的影响较弱，土地流转以非农户的租出行为为主，农业机械的替代作用使兼业活动对种植结构基本无影响	人口城镇化进程滞后于人口要素非农化；缺少新的外界因素介入，传统农区向现代农区的演变仍需经历较长的时期	以工业化与城镇化带动农业现代化；健全专业合作组织，构建农村人口就业转移与农地规模经营之间的协调机制，发展特色农业、高效农业等多样化农业类型等

（2）以山东省禹城市和桓台县的城郊型回迁社区、新型农村社区与传统型村庄三种类型、7 个村庄或社区作为案例，分析了不同类型村庄农户对土地要素非农化的行为响应，并以此归纳土地要素非农化的效应影响。典型农区土地要素非农化效应从四个层面理解（图 5-6）：①从作用路径上看，城乡土地要素非农化通过征地与村庄用地变化直接作用于乡村地区，改变了农村环境，城镇土地要素非农化增加了二三产业用地，间接辐射影响乡村地区的就业方式与家庭收入；②从作用效果来看，土地要素非农化既对乡村产生了正效应，例如，改善农村居住环境，提升农户经济与生态福利，也产生了一定的负效应，例如，因村庄扩展导致村庄空心化现象等；③从作用强度来看，不同土地要素非农化类型具有不同的辐射强度，强弱依次为城镇征地>城镇辐射效应>农村社区化>村庄扩展，随着村庄乡村性不断增强，受土地要素非农化直接效应减弱，由城镇土地要素非农化直接效应向乡村土地要素非农化直接效应与城镇土地要素非农化间接效应过渡；④从行为响应来看，不同村庄类型对各种土地要素非农化的敏感性不同，例如，城郊型回迁社区受城镇土地要素非农

化直接效应显著，新型农村社区与传统型村庄代表了农户集中居住前后乡村类型，受乡村土地要素非农化的直接效应较为明显。

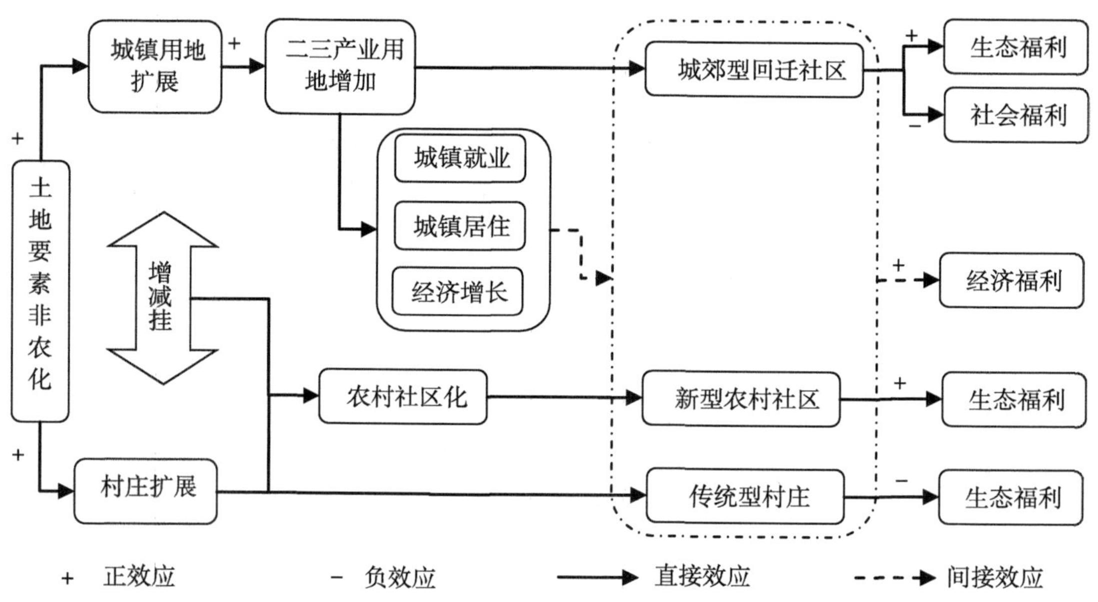

图 5-6　典型农区土地要素非农化效应的微观机理

第 6 章　乡村要素非农化调控与乡村振兴

结合第 3 章至第 5 章的乡村要素非农化格局、机理与效应分析结果，提出本书乡村要素非农化调控的总体框架、调控目标、调控路径与保障机制。

6.1　乡村要素非农化调控的总体框架

6.1.1　调控思路与目标

乡村要素非农化是工业化与城镇化过程中不可避免的现象，对我国经济社会发展产生了深刻的积极影响，一方面乡村要素非农化促使乡村人口与土地要素向城镇地区加速集聚，支撑了城镇地区经济社会快速发展；另一方面，乡村要素非农化也有利于缓解农村地区相对过剩的资源，减轻耕地资源的人口压力，但同时，乡村青壮年劳动力大量外流，导致乡村建设主体缺失，由于缺少相应的监管措施，乡村土地无序非农化现象突出，导致部分农区耕地资源低效利用、村庄“空心化”日益严重，进而造成乡村主体福利下降。新时期，从乡村振兴视角开展乡村要素非农化调控研究，主要思路为，伴随着城市辐射能力不断增强，改变以往的以乡村要素向城市流动为主的、单向的流动格局，构建城乡要素双向流动机制，促进要素向乡村地区流动，为乡村发展注入新活力。在具体操作过程中，需从三个层面加以理解：一是推进有序的乡村要素非农化，依据不同经济社会发展需求，科学调控适应于不同发展阶段的乡村要素非农化规模与比重；二是以产业融合为重点，培育乡村发展的内在动力，引导要素向乡村地区的回流，构建乡村产业融合体系；三是构建保障城乡要素双向流动的长效机制，厘清要素由城至乡的流动过程中存在的各种制度、体制机制等障碍性因素（图 6-1）。

乡村要素非农化调控目标包括两个层面，一是“数量”目标，二是“质量”目标。

（1）乡村要素非农化的“数量”目标。探索不同经济社会发展阶段的适度乡村要素非农化规模，通过农业人才下乡、乡村劳动力回流、耕地资源管理等措施，促

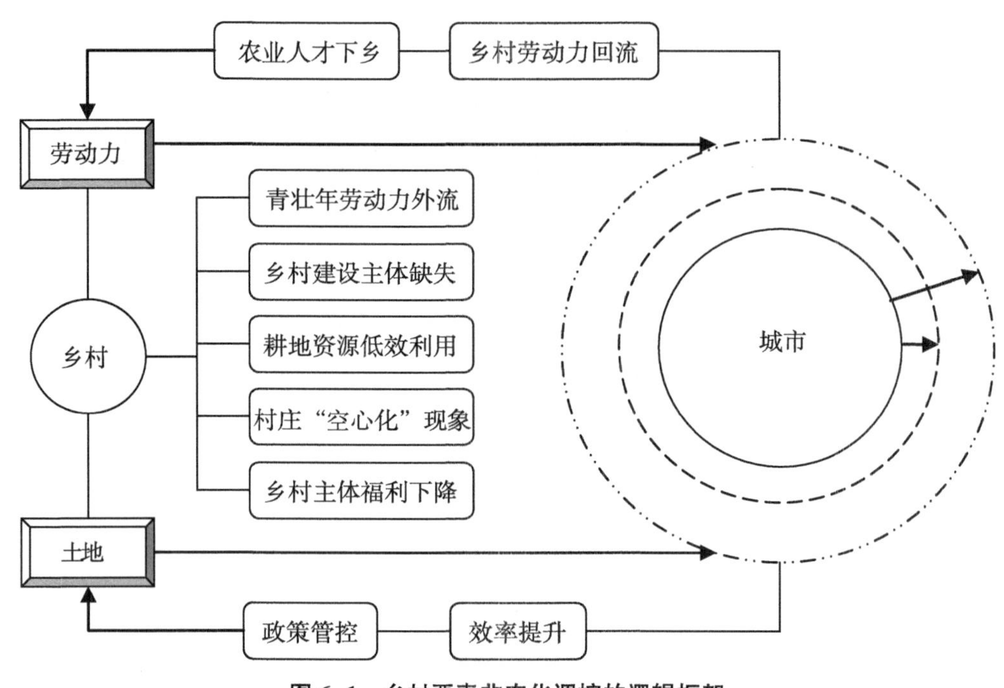

图 6-1　乡村要素非农化调控的逻辑框架

进乡村人口有序非农化与土地适度非农化。具体内容包括：①依据区域经济社会发展需求，提出不同县域乡村人口适度非农化规模，构建与区域经济社会发展相适应的乡村人口流动格局。通过健全乡村非农就业与人才培育保障机制，促进劳动力外流与乡村人才引进、新型经营主体培育之间形成稳定的动态平衡，实现城乡人力资源的双向流动，促进农业经营主体的多元化、提升乡村劳动力素质、缩小区域及城乡人力资本差距。②科学调控不同经济社会发展阶段的土地要素非农化规模。例如，参考第 3 章不同发展阶段县域土地要素非农化规模的理想状态值，判断县域土地要素非农化的适度性，对于不同土地要素非农化状态的县域采取差异化的调控策略，以建设用地节约与集约利用为核心，详细制定适合的宽松或紧缩的年度建设用地计划，提高建设用地利用效率。

（2）乡村要素非农化的“质量”目标。构建适宜于乡村发展的城乡要素双向流动格局，增强乡村要素非农化过程对乡村系统演化发展的正向效应，形成城乡要素流动与乡村系统之间协调互动的新局面。具体内容包括：①健全乡村要素自由流动的保障机制，促进乡村劳动力资源与其他资源优化配置。在新形势下以乡村产业融合为核心，以实现农业现代化为目的，重构我国乡村生产关系，提升资源利用效率，构建乡村劳动力持续外流背景下不同类型农区发展新模式。②针对土地要素非农化效应评价结果，协调土地要素非农化与乡村系统演化之间的关系。典型县域土地要素非农化过程对乡村系统的负面影响，集中体现于县域层面上导致乡村社会子系统的衰退、资源环境系统的波动性变化，以及村域层面上农户经济、社会与生态福利不同程度的下降等方面，因此，需通过提升县域自身发展能力，吸纳更多的本地乡村劳动力从事非农产业，提升工业园区建设对被征用农地农户的就业保障功能，因土地非农转用产生的土地增值价值，应对农户进行合理分配与补偿等。

6.1.2 “三重关系”与“三种机制”

6.1.2.1 “三重关系”

乡村要素非农化调控涉及城乡关系、区域关系与代际关系“三重关系”。具体来看：

（1）城乡关系。乡村要素非农化过程涉及城镇系统与乡村系统的变化，其调控需处理城乡之间要素过度流动产生的利益冲突。在乡村人口要素非农化方面，在一些市辖区的农区，乡村人口外流带来了耕地资源粗放利用与无序开发，导致耕地利用效率不断下降，对乡村发展产生了不利的影响，激化了二三产业与农业生产之间的矛盾，有待进一步完善相应的土地利用政策；冀中平原农区拥有相对优越的农业生产条件，农民易于从农业生产中获利，乡村人口大量外流不利于农民增收，引发了二三产业与农业生产对农民增收的矛盾，需加以调控。在乡村土地要素非农化方面，由于农用地或耕地与建设用地之间存在较大的边际收益差距，地方政府期望通过更多的土地非农转用取得经济收益最大化，带动城镇经济发展，与此同时，对乡村系统发展带来一定的负面影响，从统筹城乡发展角度出发，应正确处理因土地要素非农化而造成的城镇系统与乡村系统之间的利益冲突，其调控重点为，在城镇系统获得由乡村系统土地非农转用而提供建设用地发展空间的同时，应通过必要的资金、农业生产技术等要素投入，回馈于乡村系统，促进“人—地—业”之间的协同发展。

（2）区域关系。乡村要素非农化涉及的区域，既包括不同行政级别的区域，也包括同一行政级别的不同区域。一般而言，行政级别越高，吸纳外部资源能力越强，要素空间集聚能力也越强，而同一行政级别的区域，要素空间集聚能力也存在差异，因此，乡村要素非农化调控需处理好不同行政级别的区域与同一行政级别的不同区域关系。乡村人口要素非农化过程涉及不同行政级别区域对外来劳动力的竞争，建设用地指标的空间配置也存在着不同级别政府、同一级别政府对资源与投资机会的竞争。例如，镇域发展获取建设用地指标的难度远大于县域，而缺少必要的建设用地要素支撑的镇域，其竞争力始终处于劣势。从缩小区域发展差距的视角，在乡村要素非农化过程中，需通过必要的政策支持来处理不同区域的关系。

（3）代际关系。乡村人口与土地要素非农化均为一个动态变化的过程，需针对区域发展实际，科学制订不同发展阶段乡村剩余劳动力转移规划与建设用地供给规划，从区域可持续发展视角，需处理好同一区域在不同发展时期的代际关系。随着乡村人口要素的进一步流动与重组，新型农业经营主体不断涌现，需开展不同发展阶段、不同地域新型农业经营主体适宜性研究，科学预测不同类型经营主体主导下乡村发展格局，探寻适宜于农业经营主体演化阶段的乡村空间优化模式。土地要素非农化过程具有一定的不可逆性，耕地资源禀赋、区域经济社会发展阶段、年度建设用地指标，决定了土地要素非农化必定是一个循序渐进的过程，若前期产生土地过度非农化，未与经济社会发展需求相协调，且尚不具备土地集约节约利用的技术条件，必然造成后期建设用地指标的约束作用强烈，难以获得足够的发展空间。从区域可持续发展角度出发，对土地资源的时序配置，制定长远的建设用地供给计划尤为重要。

6.1.2.2 “三种机制”

（1）市场机制。市场机制应在乡村生产要素资源配置过程中发挥基础性作用，因市场机制以追求效率、收益最大化为目的，通过城乡之间、区域之间对生产要素资源的价格机制、供求机制和竞争机制的发挥，形成最具效率与最优收益的要素非农化格局。但是，因土地资源，尤其是农用地的公共物品属性，表现出一定的公益性与社会性特征，在追求区域公平发展与农民福利提升的指引下，需政府部门采取必要的配套措施予以补充。

（2）政府调控。政府部门应充分发挥其对公共物品的配置功能，调节因市场机制在资源配置过程的固有缺陷。例如，制订科学合理的区域发展规划，为构建“人口—土地—就业”协同机制提供更优的发展空间与政策环境；加大城镇系统对农业科技创新、资金等辐射效应，促进城乡统筹发展；在新型农业主体培育、农业创新人才回乡等方面出台相应的鼓励性政策，严格贯彻土地用途管制制度、耕地占补平衡制度、征地制度与城乡用地增减挂制度，制定科学合理的建设用地计划。

（3）公众参与。公众主要指乡村要素非农化过程所涉及的各类行为主体，如何构建地方政府、企业、村集体、农户等多主体共同参与模式。例如，“失地农民”的资金补偿机制、就业保障与其他社会保障，工业园区企业与农户就业之间协调机制，农村社区化改造中农户意愿与话语权保障等。

6.2 乡村要素非农化调控路径

6.2.1 增强县域经济的辐射带动能力，促进乡村要素非农化有序推进

平原农区普遍存在工业化与城镇化外援驱动力较弱、农村的自我发展能力不强、

经济社会转型相对较慢、乡村系统发展相对滞后等制约性因素。

县域经济社会环境由县域、镇域与村域等不同行政级别的经济发展能力构成，理想的区域经济社会环境应具备充足的经济社会辐射能力，拥有可依托的工业产业或现代农业产业。典型县域都处于快速工业化阶段，禹城市以农业产业化企业为主导，桓台县以造纸、建材与房地产等工业为主导产业。总体而言，两县（市）辐射影响能力相对较弱，县域经济对乡村系统的影响的空间差异规律较不显著，尚未形成明显的城乡之间要素互动；比较而言，禹城市辐射能力相对较弱，镇域经济较不发达，乡村经济依赖于远距离外出务工和农业生产；桓台县依托小城镇发展，镇域经济在一定程度上带动了周边农区经济发展与农民非农就业。但是，桓台县以重工业为主导的产业发展过程中，带来了一系列环境污染问题，从长远来看，不利于区域可持续发展。未来以桓台县为代表的工业型县域将面临产业转型的问题，即如何推动其主导产业由重化工业向其他替代型产业的转变。

土地要素非农化对乡村系统产生的间接辐射影响较弱，调控重点应在于增强县域经济实力。依托于县域区位、资源优势，优化产业结构，促进县域经济新格局的形成；健全以工促农、以城带乡的长效机制，促进城乡系统之间生产要素流动、公共资源配置、公共服务均等化、“人—地—业”耦合机制等。充分发挥农区劳动力资源优势，发展劳动密集型与资金密集型产业，推进“人—地”之间耦合协调机制；提升县域工业园区集约利用程度，强化工业园区对于当地劳动力就业吸纳能力，推进“地—业”之间耦合协调机制；促进人口城镇化、人口要素非农化与土地要素非农化之间的协调机制，提升土地要素非农化质量。

6.2.2　强化镇域经济带动乡村发展的作用

长期以来，城乡关系被简单地解读为“城”与“村”的关系，而忽视了“乡”的真正内涵，导致统筹城乡发展存在较大的难度。随着新型城镇化的提出，城市化“重心”的下移，小城镇发展对我国经济的拉动作用更为显著，县域、镇、村重新成为社会关注的焦点。完整的城乡关系，应包括不同级别的城市与县、镇、村三个层级之间的关系。目前，乡村发展已成为城乡关系的“短板”，严重制约了“以城带乡”机制的实施效果。对乡村发展的重新定位，应权衡城镇的外部驱动作用与乡村自身发展能力培养之间的关系。镇域是我国最基础的行政管理层面，直接面向农业发展，以及农村社会的管理与公共服务，是城乡关系的重要纽带，又是与广大农村联系最密切的层级。镇域经济是地区经济发展的基本单元，通过培育镇域经济，增强对我国乡村发展的辐射作用，对于统筹城乡一体化发展具有重要作用。

（1）培育镇域经济，促进乡村要素资源在镇域空间内优化配置。在行政体系中，与其他层级相比，镇域层面的人口、土地、产业要素及其耦合机制具有一定的优势。

例如，镇域能够为农村劳动力提供就业与居住空间，由于相对较低的准入门槛，能够承载大中小城市难以彻底转移的农村劳动力，避免农村剩余劳动力向大中城市盲目流动，推进农区城镇化进程。在操作中，需对镇域产业发展重点进行重新定位，围绕农业生产这一核心，着力于发展现代农业与农业产业化，培育镇域特色产业，创建“一村一品”“一镇一业”的镇域产业体系，形成与都市产业、县域经济错位发展的镇域产业格局，提升其集聚和带动周边腹地发展的功能。此外，以镇域经济带动农村资源要素的空间集聚，促进土地资源优化配置，以土地适度规模经营推进现代农业生产，建设农村新型社区，减少农民通勤距离，满足就地城镇化的居住需求，促进城乡公共服务均等化。

（2）以乡镇作为乡村人口要素转移的重要空间载体，发挥镇域经济的规模效应。我国小城镇具有分布广、数量多的基本特征，现有 200 多万个村庄和 3 万多个乡镇，广泛分布于全国各地。由于地缘优势，乡镇与广大农村地区联系最为紧密。目前，我国镇域经济发展水平不等，一些拥有较好产业基础的镇域，已经初步具备辐射带动乡村发展的能力。若选择在镇域层级推进城镇化，能够对乡村发展产生明显的规模效应。2017 年，我国城镇化率达到 58. 52%，在快速工业化与城市化带动下，大量农村人口向大中城市转移，导致其资源环境压力不断增大。据预测，2020 年我国城镇化率达到 60%，这表明，我国每年有 1 000多万的农村人口向城镇地区转移。数量庞大的乡镇能够成为农村人口转移的重要载体，若未来将部分城镇化人口分散至一些小城镇，能够在很大程度上缓解大中城市的资源环境压力，镇域将成为农村人口转移的重要潜力区。

6. 2. 3　科学诊断土地要素非农化对乡村发展的影响，探索不同类型村域城乡一体化优化模式

村域是乡村系统的基本单元，村域类型决定了乡村系统发展转型路径的多样性。在乡村要素非农化背景下，应通过培育村域自我发展能力，探索不同类型村域城乡一体化优化模式。科学诊断土地要素非农化对乡村发展的影响，是我国节约集约用地的战略需求，也是典型农区城乡土地利用优化配置与城乡一体化的必要前提。平原农区型县域普遍存在工业化与城镇化外援驱动力较弱、农村自我发展能力不强、经济社会转型较为滞后等制约性因素，针对土地要素非农化对乡村发展造成的负面影响，在县域层面上应从以下方面进行调控：增强县域辐射能力，促进非农产业发展，吸纳本地乡村劳动力非农就业；构建农村人口就业转移与农地规模经营的协调机制，促进土地规模流转，发展特色农业，提高农产品品质；科学制定县域建设用地计划，严格贯彻土地用途管制制度、耕地占补平衡制度与城乡用地“增减挂”制度，协调城乡用地矛盾，促进城乡系统要素合理流动等。从第五章的案例村域实证

研究结果来看，在发展水平相对滞后的典型传统农区，不同类型村庄面临着不同的制约性问题，应因地制宜、分类指导，合理调控城乡土地要素流动，既要满足城镇发展的用地需求，也应在城乡用地增减挂的政策指引下适时推进乡村空间重构，为城乡一体化建设与乡村转型发展搭建新平台。结合前述典型案例剖析，分析不同类型村庄或社区的制约性因素，提炼村庄发展模式与调控路径，如表 6-1 所示。

表 6-1　不同类型村庄或社区的城乡一体化优化模式

	制约性因素	优化模式
城郊型回迁社区	社区发展依赖于县域辐射效应，农户自我发展能力较弱，征地过程导致社会福利下降	调控重点：提高城镇用地扩展对就业的拉动作用，建立健全失地农民的保障机制。具体措施：①依托于县域优势资源，调整优化产业结构，增强城镇辐射能力，提升工业园区集约利用水平，提高企业对当地劳动力的就业吸纳能力；②创新土地征用补偿机制，构建农地增值收益分配的长效机制，从土地出让金中划定一定比例对农户补偿，提高失地农民的补偿标准；③健全失地农民社会保障体系，逐步建立与城镇居民同等的医疗、养老、失业等保险体系，构建失地农民法律保障体系，使其公平地享有与城镇居民同等的福利；④加强对农民再就业的教育培训，提供专项资金为农户提供创业机会，提升农户自我发展能力
新型农村社区	农户自我发展能力较弱，搬入社区后，农户福利提升有限	调控重点：完善社区产业配套，加强社区服务管理。 具体措施：①建立健全农业专业合作组织，推进土地规模流转，发展高效农业，增强抵御市场风险的能力，提升农户经济福利；②将部分整理后土地用于支撑社区产业发展，强化镇域经济对农村新型社区发展的带动作用，提升产业对社区发展的带动作用；③健全社区公共服务长效机制，提升社区生活质量
传统型村庄	由于经济来源单一，受城镇辐射效应较弱，村域经济较不发达，因农村宅基地粗放利用，导致环境恶化	调控重点：规范农村宅基地管理，循序推进社区化进程，提升村域自我发展能力。具体措施：①增强县域经济对村庄的辐射能力，以工业化、城镇化与农业现代化带动乡村发展；②建立健全专业合作组织，构建劳动力就业转移与农地规模经营之间的协调机制，适当发展特色农业与高品质农业，提升农户经济福利水平；③规范农村宅基地管理，严格落实“一户一宅”政策，对拟开展社区建设的村庄，严禁审批新增宅基地，加强对违法乱建乱占耕地行为的管控；④制定村庄社区化的长远规划，充分考虑农民意愿，选择经济基础好、村民整治需求强烈、农户搬迁能力强的村庄，循序推进农村社区化进程，并拓宽社区建设资金筹措渠道

6.2.4　以产业振兴为核心，探索快速城镇化地区乡村就业转移与乡村振兴的地域模式与实施路径

21 世纪以来，工业化与城镇化带来了乡村就业非农化，优化了劳动力资源在不同产业部门之间的配置，技术进步与农业组织模式创新促使农业劳动力采取更为高效的农业生产方式，进而提升了耕地利用效率，但是，京津冀部分地区非农产业的

发展在一定程度上弱化了地区对传统农业生产的支持力度，对农业生产产生了一定的制约作用。依据中央对乡村振兴的总体战略设计，协调区域不同产业之间的矛盾以及农区人地矛盾，需结合区域农村发展实际，对农村经济发展进行统筹规划，进一步推进农业供给侧改革，积极发展农村新产业新业态，构建不同类型农区发展的新模式，引导乡村外流人口的合理回归，实现乡村全面振兴。

（1）总体思路。农民实现持续稳定增收的根源在于如何平衡农业收入与非农业收入的关系，乡村振兴战略的提出，为缓解农业经营与非农就业、城镇化与乡村发展之间的矛盾，促使资源要素配置向农村地区倾斜，缩小区域及城乡发展差异，推进乡村发展转型与城乡融合发展提供了有利的政策保障。本研究基于京津冀地区乡村非农就业与农民增收之间的空间机理，重点从经济发展视角提炼乡村振兴地域模式，总体思路为，服务于京津冀协同发展总体战略目标，以农村优先发展与农业振兴为核心，以乡村人口流动与有序城镇化为主线，以促进农民增收为目标，科学辨析乡村非农就业与农业增收效应之间的矛盾，针对非农就业不充分及收入不稳定、农业经营主体弱化、农业经营模式落后、农业增收效应较弱等突出问题，以要素有序流动、新型经营主体培育、一二三产业融合为根本路径，以农村土地整治、乡村人才培育、精准扶贫等体系为支撑，以创新机制体制作为保障，结合内外源因素的空间差异特征，遵循分区指导、有序推进、统筹规划的基本原则，梳理乡村就业转移与乡村振兴的地域模式与实施路径，实现未来乡村经济发展、产业兴旺与生活富裕的目标（图6-2）。

（2）乡村振兴地域模式及其内涵。京津冀地区乡村振兴地域模式既是基于乡村非农就业与农民收入之间互动规律进行的理论提炼与科学总结，更是乡村振兴战略指引下对京津冀乡村未来转型发展的一种预判。针对不同地域类型乡村非农就业与农民增收的特征、机理与未来发展趋势，以“非农就业模式”+“农民增收途径”的命名方式构建京津冀乡村振兴地域模式。未来京津冀乡村人口非农转移趋势仍将持续，兼业仍是农民从业的主要形式，其中，京津近郊区转移规模将趋缓，其他区非农就业将继续转移。各地域模式的内涵、要点与实施路径见表6-2。

（3）依据乡村劳动力未来转移态势，探索差异化的耕地可持续利用路径。农村劳动力是影响耕地利用投入产出的重要生产要素，通过归纳与总结特定研究区域非农就业与耕地利用效率之间宏观规律，聚焦于非农就业、农业资源禀赋及要素替代作用的区域差异性，研究成果可为推动形成相对均衡的耕地利用格局和农业与非农就业协同发展格局提供决策参考。以京津冀地区四类主体功能区为例，针对不同地域各自农业生产与耕地资源优化配置的需求，实施差异化的耕地可持续利用路径。具体包括：①优化开发区应积极推进农村城镇化进程，培育新型农民，引进农业人才，探索资源入股、股份合作等多种农业资源资本化途径，实现现代都市农业跨越式发展；②重点开发区是未来培育集约高效耕地利用格局的重要潜力区，亟待从农

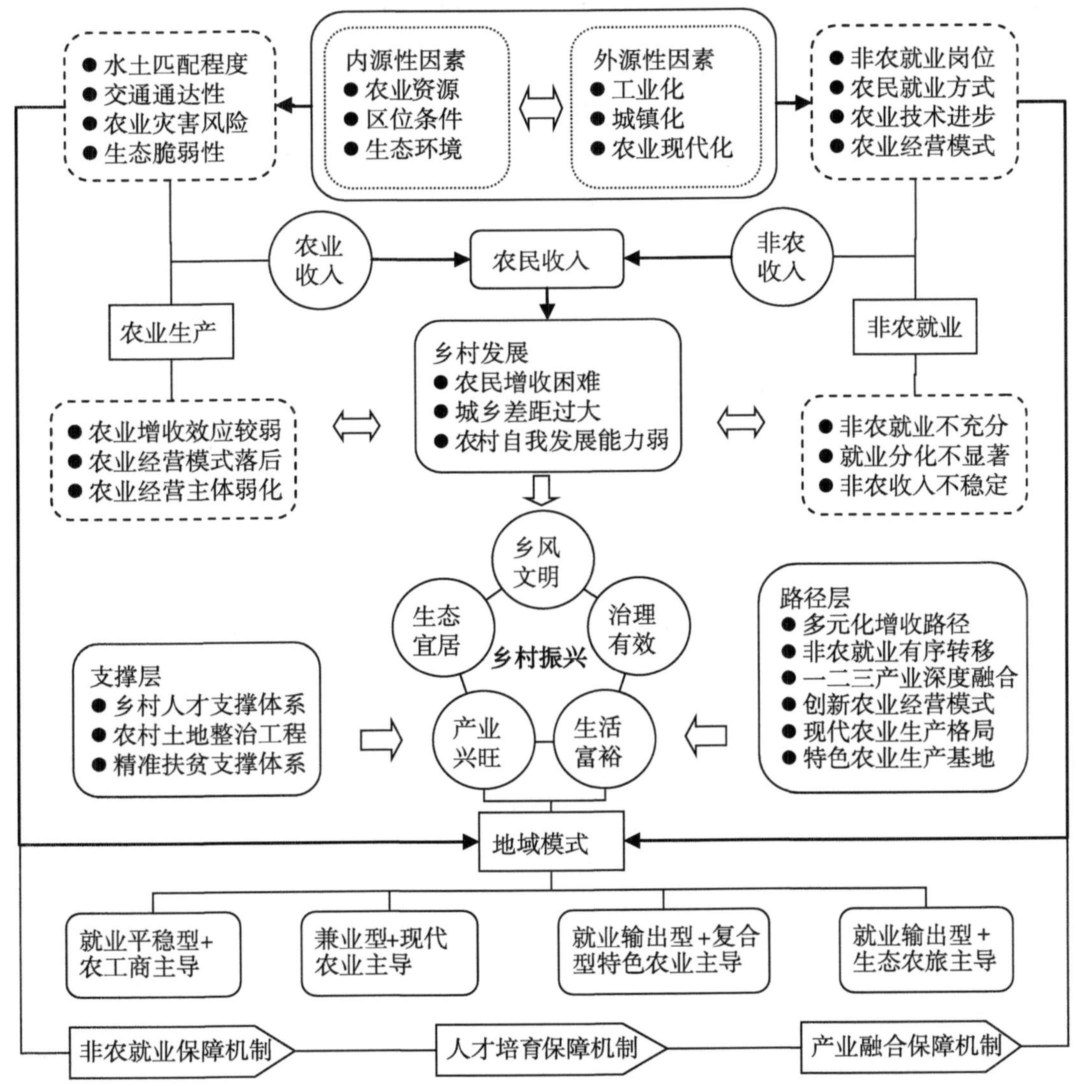

图 6-2 乡村非农就业、农民增收与乡村振兴地域模式的逻辑关系

业产业结构调整、培育现代农业、农业经营模式等角度科学引导，重塑现代农业生产关系，缓解人地矛盾；③农产品主产区作为国家保障粮食安全与农产品质量安全的重要功能区，应培育专业型农户，引导农村人口适度转移，推进农产品供给侧改革，提升农地产出能力与农产品品质，探索适度的耕地规模经营模式；④生态保护区资源环境承载能力较弱，不适宜于大规模农业开发，需加大地方政府对农业农村的扶持力度与生态补偿力度，与农村人口的异地搬迁扶贫相结合，适度开发绿色农业、特色产业、生态旅游等项目，促进农民增收与农业增效。在农村劳动力相对过剩的背景下，非农就业区位选择的便利度、农业生产对劳动力要素的需求、其他要素对劳动力的替代作用较大程度地影响着非农就业对耕地利用效率的效用，此外，耕地利用还受到国家农业政策、科技进步等外部因素以及微观农户主体非农就业特征的影响，以上问题在未来研究中有待进一步拓展与完善。

表 6–2　京津冀地区乡村振兴地域模式

类型	适宜区域	现状特征	问题剖析	模式内涵	实施路径
就业平稳型+农工商主导	适于城乡融合发展程度较高、非农就业相对稳定的京津近郊农区（Ⅰ）	2016 年，经济发展水平较高，人均 GDP 55 019 元，二三产业比重为 95.3%，就业非农化率为 68.5%，农民人均纯收入较高，达到 18 395 元，非农就业转移对农民增收的带动作用较强	职业农民与现代农业经营管理人才缺失、农业组织化与管理水平有待提高、农业增收效应有限	通过培育农业产业化龙头企业、专业合作社等新型主体，推进非农就业有序转移与就业类型进一步分化，采取市场化配置农村资源要素，构建农业资本化带动农民增收的长效机制	①充分发挥大都市区对乡村振兴的辐射带动作用，培育农业产业化龙头企业、专业合作社等新型主体，吸纳农业技术人才与农业产业化经营管理人才，在推进农民非农平稳就业的同时，吸引部分高素质非农就业劳动力回流；②明确服务京津都市区农产品供给的功能定位，优化现代农业生产格局；③构建农业资本化带动农民增收的长效机制，推进农产品生产的标准化与品牌化，推进农村一二三产业融合发展
兼业型+现代农业主导	适于农业资源条件较好、以农业为主导的冀东北地区（Ⅱ）和冀中平原地区（Ⅲ）	2016 年，人均 GDP 达到 36 891 元，就业非农化率较高，为 58.8%，农民人均纯收入为 11 960 元，乡村非农就业不利于农民收入增长	受非农就业机会成本的影响，以异地、远距离、兼业等方式实现非农就业，农业资源禀赋潜力有待挖掘	通过就近城镇化推进乡村劳动力有序转移，创新农业产业化经营模式，培育传统农区农村转型的新动能，构建集约高效、规模经营的现代农业生产格局	①通过扶持中小城市、中心城镇，发挥其辐射带动作用，培育村镇经济，提升农民兼业化水平与就地非农化；②开展农村高标准农田整治，创新农业产业化经营模式，推进农地适度规模经营，培育专业户、新型职业农民，以及公司+农户、合作社+专业户等经营模式；③创新传统农产品加工业、农业规模化经营与市场化运营，尝试推广“互联网+现代农业”等农业新业态，促进城乡融合发展

（续表）

类 型	适宜区域	现状特征	问题剖析	模式内涵	实施路径
就业输出型+复合型特色农业主导	适于农村自我发展能力相对较弱、生态环境相对脆弱的冀西太行山农区（Ⅳ）	2016 年，经济发展处于中等水平，人均 GDP 为 31 732元，就业非农化率与农民人均纯收入相对较低，分别为 44.3% 和 9 039 元，非农就业对农民增收的带动作用不显著	水源保护与生态治理的功能定位限制了农业生产，农民非农就业比重较低，农民收入结构单一，农民生活相对贫困	进一步推进乡村非农就业转移，培育专业农户、农民合作社等新型农业经营主体，以土地整治带动特色产业发展实现农民增收	①持续推进乡村非农就业转移，通过农业与二三产业融合发展，拓宽非农就业渠道，构建非农务工带动农民持续稳定增收的长效机制，鼓励农民在城镇就近就业、就近居住；②开展农田整治工程，整合山区特色资源，提高机械化经营与农地流转规模，推进特色农业生产、技术、加工、销售一体化；③鼓励农民自主创业，探索农业与旅游、教育、文化产业融合路径
就业输出型+生态农旅主导	适于农业资源禀赋较差、生态环境脆弱的坝上地区（Ⅴ）	2016 年，经济发展水平相对较低，人均 GDP 为 22 558元，就业非农化率与农民人均纯收入均较低，分别为 33.0% 和 7 659 元，农民生活相对贫困，非农就业对农民增收作用较强	生态修复任务艰巨，在一定程度上限制了农业生产；发展旱作节水农业带动了农业增产，但对农民增收的贡献有限	持续推进乡村非农就业转移，通过政府扶持，生态保护与农业生产的融合，促进农业生态化发展	①加强政府财政转移支付与扶持力度，探索生态脆弱区生态扶贫模式与农户生计多样化模式，持续推进乡村非农就业转移，在禁止开发活动的农区，通过异地搬迁实现脱贫；②挖掘农业对生态保护的多功能属性，加强生态保护与农业生产的融合，适度开发坝上生态旅游与休闲农业一体化模式

6.3 保障机制

目前，我国城乡要素流动仍存在一定的制约因素，例如，公共资源分配具有明显的城市倾向，导致城乡公共服务差距过大；乡村发展内生动力不足，农业自身弱质性导致资本投入过低，农业产业融合程度不高；乡村缺少吸引乡村振兴人才的环境，导致青壮年劳动力持续外流等。为营造城乡要素有序流动的外部环境，促进非农就业与农民增收、乡村产业融合之间形成良性互动，共同推进乡村全面振兴，需政府从“人—地—钱—业”四个方面予以保障。

6.3.1 乡村非农就业与人才培育保障机制

通过健全乡村非农就业与人才培育保障机制，实现城乡人力资源的双向流动，提升乡村劳动力素质，逐步推进与完善农民进城落户制度。

（1）在乡村非农就业保障方面，通过劳动培训基地与用工信息网络、与中介机构合作等途径，拓宽劳务输出信息渠道，地方政府应提供更多的就业培训，增强农民自主选择职业能力，加强招商引资力度，发展非农产业，以提供能够满足就地城镇化对非农职业的需求。

（2）构建人口城镇化与土地要素非农化之间的协同机制，逐步放宽对农民进城入户的限制，使有条件的农民能够进城居住生活；健全离农劳动力的社会保障配套政策，解决农民进城的后顾之忧，促进城乡医疗、养老等社会保障均等化，加强对农村地区的公共服务配套，使城镇发展成果更多惠及农民。

（3）在乡村振兴人才保障方面，培养热爱乡村、愿意扎根乡村的本土乡村人才，鼓励城市人才返乡下乡创业，增强乡村振兴的内生动能；树立“参与式”乡村建设与乡村振兴理念，营造乡村人才创新的环境，构建“农村基层党组织—农民合作社—农业大户—小农户”等各级乡村建设主体创新保障机制，激发新型职业农民、新型经营主体与农业科技人才的创新活力。

从京津冀协同发展全局出发，建立乡村劳动力跨区域（省域、市域、县域）流动、乡村非农就业有序推进、乡村人才协同培养的体制机制。

6.3.2 农村土地保障机制

为促进乡村人口与土地要素非农化背景下土地资源的优化配置与高效利用，需从以下方面进行探索与创新。

（1）农地增值收益返还机制。构建农地增值收益分配的长效机制，是促进城乡一体化建设，保障失地农民权益的必要途径。例如，完善征地补偿制度与区片综合地价标准，对公益性征地与经营性征地类型，分别采取执行不同的补偿标准；从土地出让金中划定一定比例，对农户进行增值收益补偿；突出农户行为主体的地位，健全失地农民的社会保障制度，确保农民失地土地后福利不降低。

（2）离农劳动力的农村宅基地退出机制。建立规范的农村宅基地市场，是城乡用地增减挂项目实施与农村社区化改造有序进行的重要保障，也是统一的城乡土地市场的重要内容。例如，探索农村宅基地有偿转让制度，构建合理的宅基地经济补偿机制；多渠道筹集建设资金，满足宅基地经济补偿的资金需求；建立以农户为主体的激励机制和约束机制，对农户而言，农村宅基地是农户家庭的社会保障，宅基地退出的同时，需配套农户的居住安置、各种福利保障等；宅基地退出应与区域土地利用规划、村镇规划相协调，完善区域户籍改革等。

（3）耕地保护补偿机制。耕地保护具有显著的外部性特征，表现为气体调节、气候调节、水源涵养等区域生态服务功能，以及对国家粮食安全的贡献等。平原农区是我国粮食重要产区，也是耕地保护重点区域，其功能定位较大程度上限制了非农经济建设活动，对带动区域经济发展的作用有限。下一步可探索粮食主产区与主销区之间的财政转移支付机制；依据不同核算方法，制定可操作的耕地保护补偿标准；明确耕地保护补偿资金来源、补偿主体、运行机制等；构建完善的监管机制，促进补偿机制有效运转。

（4）土地流转机制。建立健全土地流转机制，促进农业劳动力资源与耕地资源优化配置。在快速城镇化背景下，小农经济的农业生产组织方式已不能适应时代潮流，急需重新整合包括耕地资源在内的乡村生产要素。规模经营是未来我国农业生产的重要趋向，也是农村劳动力持续外流背景下实现农业现代化、提升耕地利用效率与农业综合生产能力的根本途径。因地制宜地构建土地流转机制，重构农业生产关系，是推进农村土地的适度规模经营与农业现代化，实现乡村资源优化配置的重要举措。京津冀地区作为我国经济发展先行区，可积极探索对新时期中国农地制度改革的顶层设计，创新农业规模经营与土地规模流转的多元化模式，实现耕地集约利用与标准化种植，提升现代农业水平。同时，健全与完善农村人口就业转移的户籍、农村养老、留守人员生活保障等配套政策与保障机制。

6.3.3　农村产业融合与资金保障机制

建立以农业为基础的产业融合保障机制，培育新产业新业态新模式，需从以下方面予以保障：整合支农惠农资金，为现代农业、复合型特色农业项目及贫困农区产业扶贫等农业农村重点项目提供资金保障；培育农民合作社、家庭农场、龙头企业等新型农业经营主体参与农业经营，提供相应的财政、金融、税收、信贷、保险等政策支持；通过对农民发放集体经济股权、奖励专项能力强的职业农民和表彰参与农村扶贫开发的企业等方式，激发乡村建设参与者的创业热情；建立财政、金融、税收、信贷、保险等部门协调机制，健全投融资与工商资本准入制度、农村新型商业模式创新、产业融合风险防范机制等保障；加大对贫困农区的财政转移支付力度，完善农业基础设施，改善农村生活环境。在操作中需结合区域农业资源禀赋差异，以市场需求为导向，以创新为核心，发挥不同地域类型农业比较优势，促进农业产业链不断延伸，实现乡村一二三产业有机融合。

第7章 结论与展望

7.1 主要结论

7.1.1 典型区域乡村人口要素非农化时空特征及其耦合格局

以京津冀地区为例，分析了快速城镇化地区乡村人口要素非农化格局及其要素耦合特征。研究结果如下：①乡村人口要素非农化格局。2000—2016年，乡村人口要素非农化率由38.5%增至56.4%，就业转移规模由1 043.756万人增至1 754.131万人；京津冀地区乡村人口要素非农化空间分异显著，低值区集中于冀西太行山区和坝上地区，全区大致以“太行山—燕山”为界，西北和东南地区乡村非农就业差异显著，西北地区乡村人口要素非农化水平相对较低，东南地区相对较高。②人口—土地—产业耦合格局。京津地区部分县域产业发展水平较高，人口集聚能力较强，土地利用产出效益较高，人口—土地—产业要素耦合协调程度也较高；冀中南地区具备一定的要素空间集聚能力，土地要素投入产出能力相对较高，人口—土地—产业要素耦合协调程度相对较高，这些城市周围地区非农产业发展较为滞后，人口—土地—产业要素耦合协调程度居中，冀北坝上高原与太行山地区人口—土地—产业要素耦合协调程度较低；在时序上，随着人口要素的流动、产业的空间集聚与经济发展水平的提升，京津发达地区辐射扩散效应不断增强，环京津的部分县域得以迅速发展，冀中南地区也逐步进入快速工业化时期，从而使京津冀县域人口—土地—产业要素耦合协调程度表现出一定的交替演化特征。

7.1.2 典型区域土地要素非农化格局及其耦合特征

以环渤海地区为例，分析了县域土地要素非农化的时空格局特征及其与经济社会发展的耦合特征。研究结果如下：①环渤海地区土地要素非农化以耕地与建设用地的剧烈变化为主要表现，以城市辖区与经济发达区最为显著，其中，城乡建设用地结构变动随经济发展阶段呈现规律性变化，农村建设用地粗放利用现象普遍存在，以传统农区最为显著。②不同发展阶段的县域，建设用地扩张对经济增长的贡献度不同，环渤海县域经济增长仍较依赖于劳动力要素投入的，而建设用地与资金投入对经济增长的贡献率与县域经济发展阶段密切相关。③土地要素非农化与区域经济社会发展具有各自的动态演化规律，在经济社会发展需求不断变化与有限土地资源的约束下，土地要素非农化在各时间节点表现出不同的规律与特征；在既有经济社会发展趋势下，受建设用地供给指标等政策性因素的影响，多数县域往往在平衡点上下波动，仅有部分县域在特定时刻能够达到土地要素非农化供需相对平衡；随着经济发展由初级向高级阶段演化，县域土地要素非农化承载类型从相对盈余为主逐渐向相对超载过渡；工业化初期至后期的土地适度非农化阈值为 10.0%~17.5%。

7.1.3　乡村要素非农化的内在机理

以刘易斯为代表的城乡二元结构理论模型，从宏观视角解析乡村剩余劳动力向非农部门转移的机理及其不同变化阶段，这一规律较为符合当前我国农村剩余劳动力就业转移的趋势，因此，乡村人口要素非农化的内在机理表现为：在农业剩余劳动力供给充足的阶段，工业与农业部门工资收入的差距导致农业剩余劳动力非农就业持续转移，宏观经济发展格局为乡村人口就业转移提供了重要的支撑作用，政策因素为乡村非农就业转移提供了重要的制度保障，农户家庭分工是实现乡村非农就业转移的前提与基础。

土地要素非农化过程既体现为不同地类面积、比重与结构的变化，更体现为深层意义上土地用途与功能变化的过程，这一过程具体体现为城镇用地与农村宅基地变化，分别具有不同的驱动机制。内在机理表现为：①经济社会发展需求是城镇用地扩展的内在动力，不同时期的土地利用政策与制度通过负反馈机制作用于城镇用地扩展。②从微观行为视角来看，农户对新建房屋的需求、农户家庭收支能力、村域文化与政策环境共同构成传统型村庄农村宅基地扩展的内在动因，而区域政策、经济社会环境与微观村庄环境等因素为农户迁居新型农村社区提供了前提，农户自身发展能力是农户迁居社区的基础，决定了农户家庭搬迁能力。③土地要素非农化与经济社会发展需求之间存在着一定的耦合规律，即两者之间耦合程度存在着由弱至强、再至弱的变化趋势，土地要素非农化到达供需平衡点前后即是两者耦合作用最强烈的时期。

7.1.4　要素非农化影响乡村系统的理论解析

基于要素—结构—功能视角，将乡村系统划分为资源环境、经济、社会三个子系统。其中，资源环境子系统由土地、水、植物等自然资源与生态环境要素构成，承载生活居住与生产等功能；乡村经济子系统涉及乡村地域范围内的所有产业，以第一产业（农业）为主，第二、三产业为辅，承载乡村的经济生产功能；乡村社会子系统承载农民就业、收入、消费、科教文卫、福利保障等社会功能。从系统论角度看，乡村系统演化是城镇系统的外源性驱动与乡村要素自身产生的内源性驱动共同作用的结果，存在着正向与负向两种相反的演化趋势，两者共存共生、交替进行。正向与负向演化共同推动着乡村系统呈循环螺旋式演变发展，并使其呈现出周期性特征。

乡村人口与土地要素非农化对乡村系统的影响具有动态性、交互耦合的变化特征，经济社会发展的阶段性在一定程度上决定了要素非农化对乡村系统的影响强度。早期，要素非农化态势较不显著，与乡村系统之间呈现弱的耦合关系，效应作用强度也较弱；中期，随着城乡系统之间劳动力、技术、资金等要素流动加剧，乡村系统趋于开放，城乡系统之间的依赖程度不断加深，要素非农化与乡村系统之间的交互耦合关系也显著增强；后期，随着乡村自我发展能力的提升，其他要素对乡村劳动力与土地要素的替代作用不断增强，要素非农化将逐渐趋缓，乡村要素非农化与乡村系统之间呈现出新的弱耦合关系，其效应又逐渐开始减弱。在要素非农化过程中，如何提升改善人地关系、增强乡村自我发展能力、壮大产业基础、降低要素流失产生的负面效应，是推进乡村系统正向演化的重要任务。

7.1.5 乡村人口要素非农化过程对乡村系统的效应影响

以京津冀地区 147 个典型区县为案例区，分析测算了乡村人口要素非农化对乡村系统的效应影响。主要结论如下：①资源环境效应。从总体上看，京津冀乡村人口要素非农化并未直接导致耕地产出能力的下降，反而促使农民通过增加资本投入、应用新型农业技术，带动了耕地利用效率的提升，其中，在优化开发区，机械等资本要素发挥了较强的替代作用，乡村就业非农化促使农业经营者加大了耕地的资本和科技投入力度，引导耕地利用向规模化与集约化经营方向转变，提升了耕地利用效率；重点开发区农户非农务工机会成本较低、经济发展水平相对较高，经济发展较依赖于产业非农化，农户易于获取较高的非农收入，而要素替代作用不能有效弥补劳动力要素流失带来的农业损失，因此，乡村就业非农化抑制了耕地利用效率提升；耕地资源禀赋较好、农户非农务工机会成本较高的农产品主产区，机械与化肥等要素替代功能明显，驱使着耕地要素投入向省工省时、集约高效的方向演化，促进了耕地利用效率的提升；耕地资源禀赋相对较差的生态保护区，耕地产出对劳动力的依赖程度高于机械、化肥等要素，特色农业的培育和产业化尚处于起步阶段，因此，劳动力要素非农转移对耕地利用效率影响不显著。②经济社会效应。伴随着乡村人口要素非农化过程，京津冀地区农民收入结构不断分化，表现为非农收入对农民增收的作用越强，则农业经营收入对农民增收的作用越弱，由于自然资源禀赋差异较大，在乡村非农就业的驱动下，京津冀地区五类地域农民收入呈现出各自不同的空间变化态势，其中，京津近郊区非农就业转移比例最高，对农民增收的带动作用也最强，冀东北地区和冀中平原区乡村非农就业不利于农民增收，冀西太行山区尚未形成非农就业带动农民持续增长的长效机制，坝上地区农业增产对农民增收的带动作用有限，非农就业对农民增收具有明显的促进作用。

7.1.6　平原典型县域土地要素非农化对乡村系统的效应影响

在快速工业化与城镇化阶段，土地要素非农化作为一种不可逆转的趋势，推动着乡村系统发展演变。探索平原农区型县域土地要素非农化对乡村系统的影响机理，对于因地制宜、合理规划不同时期土地利用结构具有重要的指导意义。从乡村可持续发展角度看，应科学调控不利于乡村系统演进的土地要素非农化过程，协调城乡用地矛盾，推进乡村转型发展与城乡一体化建设。土地要素非农化对乡村系统的影响是指在人类经济社会活动的驱动作用与相关土地利用管理及政策的约束作用下，土地利用变化表现出乡村土地要素向城镇地区流转、农用地（耕地）向非农建设用地转化的现象，以城乡系统的城镇用地与农村宅基地扩张为主要表现，进而对乡村资源环境、社会、经济子系统的要素及其功能产生的影响。

通过选取平原农区典型县域山东省禹城市和桓台县作为研究区，基于要素—结构—功能视角，分析不同发展阶段县域土地要素非农化与乡村系统演化特征，剖析了县域土地要素非农化对乡村系统的影响。研究结果表明：处于不同经济发展阶段的县域，土地要素非农化规模、比重与结构均存在一定的差异；土地要素非农化对乡村系统的影响存在一个由弱变强的过程，随着土地要素非农化比重的增加，乡村要素将产生剧烈变化，其中，县域乡村经济子系统与社会子系统对土地要素非农化过程的敏感性较强；当土地要素非农化达到一定规模后，乡村系统趋于稳定。

7.1.7　农户行为视角下典型村域乡村要素非农化特征及其微观效应

以河南省与山东省8个典型平原农区型村域作为案例区，从微观农户视角分析乡村人口与土地要素非农化的主要特征及其微观效应。研究结果表明：①基于农户理性经济人的前提假设，农户通过兼业促进生产要素在农业与非农业部门之间的优化配置，实现家庭收入最大化，依据不同阶段农户农业与非农业收入曲线的变动趋势，可将农户兼业演化历程划分为三个阶段；吴庄村与东店村的案例研究表明，微观层面上农户的兼业时间与距离等特征与非农业收入、农业收入呈现出一定的相关性，宏观层面县域经济发展能力是农户兼业时间与兼业地区等特征形成的重要制约因素；农户兼业行为特征决定了农业生产过程中劳动力、资本等要素投入，随着农村劳动力向非农部门的不断转移，农户减少了农业生产中的劳动力投入，但通过改变种植结构、土地流转、机械等省工性投入，农户获取了相对合理的农业与非农业收入结构，同时农户兼业行为有效促进了农民增收，并对其他纯农户发挥了显著的示范带动作用。②通过构建“压力—状态—响应”研究框架，以城郊型回迁社区、新型农村社区与传统型村庄三类村庄为案例，分析了微观农户视角下土地要素非农化及其效应，其中，土地要素非农化对乡村发展的影响包含由城镇征地、村庄扩展与农村社区化产生的直接效应以及城镇辐射的间接效应，其效应由强至弱依次为城镇征地、城镇辐射、农村社区化、村庄扩展；不同类型村庄对土地要素非农化直接效应的敏感性不同，城镇征地对城郊型社区的影响最为剧烈，导致农户经济、生态福利的提升与社会福利的下降，传统型村庄受村庄扩展影响深刻，使农户生态福利降低，新型农村社区较高的居用效用，有效提升了农户生态福利，成为传统型村庄推进社区化改造的外部推力；因农户资源禀赋不同，导致农户对土地要素非农化的行为响应存在差异。

7.1.8 乡村要素非农化与乡村振兴调控路径

针对乡村要素非农化过程中产生的乡村青壮年劳动力大量外流、乡村建设主体缺失、耕地资源低效利用、村庄“空心化”等问题，构建了以城乡要素双向流动为主的乡村要素非农化调控框架，有序推进乡村要素非农化，注重以产业融合为重点的乡村发展内在动力培育，构建城乡要素双向流动的保障机制。具体从以下四个方面进行调控：①由于平原农区普遍存在工业化与城镇化外援驱动力较弱、农村的自我发展能力不强、经济社会转型相对较慢、乡村系统发展相对滞后等问题，导致土地要素非农化对乡村系统的间接辐射效应较弱，其调控重点在于通过增强县域经济的辐射带动能力，有序推进乡村要素非农化。例如，依据县域区位、资源优势，通过优化产业结构，确定县域产业发展重点，形成县域经济新格局，提升对乡村发展的辐射带动作用；发挥劳动力资源优势，发展劳动密集型与资金密集型产业，推进“人—地”之间耦合协调机制；健全以工促农、以城带乡的长效机制，构建人口城镇化、人口要素非农化与土地要素非农化之间的协调机制，促进城乡系统之间生产要素流动、公共资源配置、公共服务均等化。②镇域作为地区经济发展的基本单元，是城乡关系的重要纽带，也是与广大农村联系最密切的层级，通过培育镇域经济，应强化镇域经济带动乡村发展的作用。例如，充分发挥镇域在乡村要素空间集聚的优势，将其打造成为农村剩余劳动力与乡村产业发展的重要空间载体，有序推进农区城镇化进程；以农业生产为核心，着力于发展现代农业与农业产业化，培育镇域特色产业，创建“一村一品”“一镇一业”的镇域产业体系，形成与都市产业、县域经济错位发展的镇域产业格局；以镇域经济带动农村资源要素的空间集聚，促进乡村资源要素优化配置。③在乡村要素快速非农化背景下，应科学诊断土地要素非农化对乡村发展的影响，通过培育村域自我发展能力，探索不同类型村域城乡一体化优化模式。例如，城郊型回迁社区应重点提高城镇用地扩展对就业的拉动作用，通过创新土地征用补偿机制，构建农地增值收益分配的长效机制，健全失地农民社会保障体系，加强对农民再就业的教育培训，提供专项资金为农户提供创业机会，提升农户自我发展能力；新型农村社区应重点完善社区产业配套，包括通过建立健全农业专业合作组织，推进土地规模流转，强化镇域经济对农村新型社区发展的带动作用，健全社区公共服务长效机制，提升社区生活质量等；传统型村庄应规范农村宅基地管理，循序推进社区化进程，以工业化、城镇化与农业现代化带动乡村发展，建立健全专业合作组织，构建劳动力就业转移与农地规模经营之间的协调机制，适当发展特色农业与高品质农业，提升村域自我发展能力，同时，规范农村宅基地管理与长远期规划，加强对违法乱建乱占耕地行为的管控，循序推进农村社区化进程。④以要素有序流动、新型经营主体培育、一二三产业融合为根本路径，以农村土地整治、乡村人才培育、精准扶贫等体系为支撑，以创新机制体制作为保障，探索快速城镇化地区乡村就业转移与乡村振兴的地域模式与实施路径。结合案例区域京津冀地区乡村人口非农转移与农民增收的空间效应评价，提出乡村振兴的四种地域模式，即就业平稳型+农工商主导、兼业型+现代农业主导、就业输出型+复合型特色农业主导、就业输出型+生态农旅主导，各模式具有不同的内涵与实施路径；结合乡村劳动力未来转移态势，以京津冀地区四类主体功能区为例，针对不同地域各自农业生产与耕地资源优化配置的需求，实施差异化的耕地可持续利用路径。

7.2 研究展望

7.2.1 加强对乡村劳动力未来转移趋势与乡村建设主体培育的研究

乡村振兴是城镇化进入高级阶段的必然要求，乡村振兴离不开城镇化的辐射带动与乡村产业的支撑作用。本研究从劳动力要素流动与农民增收之间互动机理角度探讨乡村振兴地域模式，为不同地域类型区乡村转型发展提供了一种思路。京津冀地域发展不平衡问题突出，区域、城乡及乡村之间差距巨大，且彼此之间问题相互交织，急需制定京津冀地区乡村振兴协同发展规划，将实施乡村振兴战略融入京津冀协同发展战略，发挥不同地域类型乡村比较优势，实现京津冀乡村振兴的差异化与协同化发展。在农村劳动力相对过剩的背景下，非农就业区位选择的便利度、农业生产对劳动力要素的需求、其他要素对劳动力的替代作用较大程度地影响着乡村非农就业对耕地利用与农业生产的效用，这一问题在未来研究中有待进一步拓展与完善；在未来发展过程中，我国农村劳动力转移任务依然任重道远，如何处理非农就业转移与乡村建设主体培育的矛盾，促进乡村振兴与城乡融合发展，值得学界深入探讨。

7.2.2 进一步深化微观农户行为视角下乡村空间演化研究

在不同经济社会发展阶段，微观农户行为与乡村空间演化之间存在着不同的相互作用关系，未来应通过创新农户参与式的乡村规划理念，通过探讨微观农户行为视角下乡村三生空间演化格局，探索乡村三生空间优化调控路径。具体内容如下：①农业生产空间优化研究。结合经济发展阶段，探索适宜于不同农业经营主体演化阶段的农业生产空间优化模式。②乡村社会体系与社会空间治理。强化政府主导与社会帮扶的作用，创新农村养老模式，合理配置社区公共活动空间，强化农村传统民俗活动、宗教在协调乡村社会关系、整合乡村社会资源与修复乡村社会空间的作用，推进农村居民的自主自治，重建现代农村社会体系；探索现代新乡贤文化对乡村基层治理的创新路径与对策。③乡村居住空间重构。科学推进农村土地整治，解析农户对搬迁社区居住的行为机理与响应机制，制定符合农户实际需求的整治措施，推进乡村聚落空间重构；将移民搬迁与乡村社区重建结合，进一步推进生态移民、工程移民、灾害移民、易地扶贫搬迁移民等安置工作。④乡村生态格局优化。通过引导农户参与面源污染治理，提高农业适度经营规模，完善技术推广、环保法津法规等保障机制，尤其在生态脆弱地区，加强对农户的生态补偿，推动农地可持续利用与农业面源污染治理；根据农村发展实际，因地制宜地优化农户能源消费结构，在农村发展电能、太阳能、沼气等替代性、可再生能源，减少农户对自然资源环境的依赖。⑤农户消费行为与空间重构。随着国家对农户消费的金融支持力度不断加大，我国农户建房或购房、购车、子女教育、养老健康等消费行为产生了实质性变化，农户消费行为对社区空间重构的影响日益显著，应进一步加强农户消费行为与居住空间、通勤空间、社会交往空间的影响研究，探索农村金融支持下的农户消费行为与农村社区空间重构的影响机制等。

7.2.3 探索不同地域类型村域要素非农化及其效应

我国乡村地域辽阔，不同类型地域乡村要素流动态势与强度不同，制约农业农村发展与农民增收的因素复杂多样，在乡村振兴与城乡融合发展战略背景下，亟待开展不同地域乡村要素非农化与乡村振兴模式研究。本研究重点探讨了传统平原农区型村域要素非农化过程及其对乡村系统的影响。地形等自然环境因素与区位条件、主导产业等经济社会因素在一定程度上决定了要素非农化特征的空间差异，进而对乡村系统演化发展产生不同的影响。为了更综合全面地理解乡村要素非农化过程，应选择不同地域类型村域进行典型剖析；不同经济发展阶段、不同地域环境的农区面临的乡村非农就业、产业融合问题各异，不同类型农区乡村振兴的具体模式也有待进一步深化研究。

参考文献

阿瑟·刘易斯.1989. 二元经济论［M］. 施炜，等译. 北京：北京经济学院出版社.

艾大宾，马晓玲.2004. 中国乡村社会空间的形成与演化［J］. 人文地理，19（5）：55-59.

安祥生，陈园园，凌日平.2014. 基于结构方程模型的城镇化农民可持续非农生计分析：以晋西北朔州市为例［J］. 地理研究，33（11）：2 021-2 033.

包小忠.2005. 刘易斯模型与"民工荒"［J］. 经济学家，4（4）：55-60.

蔡昉，王美艳.2010. 当中国制造业遇到刘易斯拐点［J］. 管理（11）：52-55.

蔡建平.2011. 农民建房该怎么管：以江西省上饶市为例［J］. 中国土地（3）：19-21.

蔡运龙.2000. 中国经济高速发展中的耕地问题［J］. 资源科学，22（3）：24-28.

曹广忠，马嘉文.2016. 中国城镇化与非农化的空间分异、相互关系和形成机制［J］. 地理研究，35（12）：2 249-2 260.

常亮，贾金荣.2011. 乡村运动：城市功能的外溢：新农村建设与城市化进程的内在逻辑［J］. 城市问题，189（4）：97-100.

陈百明，周小萍.2002. 全国及区域性人均耕地阈值的探讨［J］. 自然资源学报，17（5）：622-628.

陈广汉.1988. 费—拉尼斯二元结构模式述评［J］. 世界经济研究（5）：76-81.

陈浩.2013. 非农职业因素对农户兼业结构及其离农意愿的影响［J］. 南京农业大学学报（社会科学版），13（1）：11-21.

陈江龙，曲福田，陈雯.2004. 农地非农化效率的空间差异及其对土地利用政策调整的启示［J］. 管理世界（8）：37-42.

陈雯，吴楚材.1995. 中国城市化在城乡关系中的作用及其发展［J］. 经济地理（3）：25-29.

陈晓华，张小林.2008. "苏南模式"变迁下的乡村转型［J］. 农业经济问题（8）：21-25.

陈晓燕.2006. 拉尼斯—费模型（Ranis-Fei model）的介绍［J］. 科技资讯（3）：178-181.

陈秧分，刘彦随，杨忍.2012. 基于生计转型的中国农村居民点用地整治适宜区域［J］. 地理学报，67（3）：420-427.

陈秧分，刘彦随，翟荣新.2009. 基于农户调查的东部沿海地区农地规模经营意愿及其影响因素分析［J］. 资源科学，31（7）：1 102－1 108.
陈逸敏，黎夏 . 2010. 基于 MCE－CA 的东莞市紧凑城市形态模拟［J］. 中山大学学报（自然科学版），49（6）：110－113.
陈佑启 . 2000. 我国耕地利用变化及其对粮食生产的影响［J］. 农业工程学报，16（6）：29－32.
陈玉福，孙虎，刘彦随 . 2010. 中国典型农区空心村综合整治模式［J］. 地理学报，65（6）：727－735.
陈悦，陈超美，刘则渊，等 . 2015. CiteSpace 知识图谱的方法论功能［J］. 科学学研究，33（2）：242－253.
程名望，阮青松 . 2010. 资本投入、耕地保护、技术进步与农村剩余劳动力转移［J］. 中国人口·资源与环境，20（8）：27－32.
崔力丹 . 2015. 苍溪县乡村聚落空间结构演化特征研究［D］. 成都：成都理工大学.
崔长彬，姜石良，张正河 . 2012. 河北县域经济影响因素的空间差异分析：基于贝叶斯地理加权回归方法［J］. 经济地理，32（2）：39－45.
戴卫东 . 2007. 中国农村社会养老保险制度研究述评［J］. 中国农村观察（1）：71－79.
邓静中 . 1963. 全国农业现状区划的初步探讨［J］. 地理学报，29（4）：265－280.
邓祥征，黄季焜，S. Rozelle. 2005. 中国耕地变化及其对生物生产力的影响：兼谈中国的粮食安全［J］. 中国软科学（5）：65－70.
杜姣 . 2015. 乡村社会空间福利的再造：基于鄂中 H 村老年人协会的考察［J］. 社会工作（3）：75－84.
樊丽明，骆永民 . 2009. 农民对农村基础设施满意度的影响因素分析：基于 670 份调查问卷的结构方程模型分析［J］. 农业经济问题，30（9）：51－59.
樊明太 . 1990. 刘易斯二元发展模式及其对我们的启示［J］. 中国社会科学院研究生院学报（6）：28－32.
方方，何仁伟，何砚 . 2019a. 京津冀地区乡村就业非农化对耕地利用效率的影响［J］. 农业现代化研究，40（2）：234－242.
方方，何仁伟，李立娜 . 2019b. 京津冀地区乡村振兴地域模式研究：基于乡村非农就业与农民增收的空间效应［J］. 地理研究，38（3）：699－712.
方方，何仁伟 . 2018. 农户行为视角下乡村三生空间演化特征与机理研究［J］. 学习与实践（1）：101－ 110.
方方，梁昊光，刘彦随 . 2016. 典型平原农区土地非农化对乡村发展影响的微观机理［J］. 中国农业资源与区划，37（1）：57－64.
方方，刘彦随 . 2013a. 传统平原农区人口非农化对耕地利用方式的影响［J］. 人文地理，28（1）：100－104.
方方，刘彦随，李裕瑞，等 . 2013b. 中国环渤海地区县域土地适度非农化研究［J］. 自然资源学报，28（6）：889－897.
方方，刘彦随，李裕瑞，等 . 2014. 平原农区典型县域土地非农化对乡村系统的影响

［J］. 地理科学进展，33（10）：1 405-1 413.

方方 . 2018. 京津冀县域人口—土地— 产业要素耦合测度及空间分异［J］. 世界地理研究，27（1）：51-59.

方福前，吕文慧 . 2009. 中国城镇居民福利水平影响因素分析：基于阿马蒂亚·森的能力方法和结构方程模型［J］. 管理世界（4）：17-26.

封志明，李香莲 . 2000. 耕地与粮食安全战略：藏粮于土，提高中国土地资源的综合生产能力［J］. 地理学与国土研究，16（3）：1-5.

封志明，杨玲，杨艳昭，等 . 2013. 京津冀都市圈人口集疏过程与空间格局分析［J］. 地球信息科学学报，15（1）：11-18.

傅晓霞，吴利学 . 2006. 技术效率、资本深化与地区差异：基于随机前沿模型的中国地区收敛分析［J］. 经济研究（10）：52-61.

高更和，罗庆，樊新生，等 . 2015. 中国农村人口省际流动研究：基于第六次人口普查数据［J］. 地理科学，35（12）：1 511-1 517.

高巍 . 2007. 农地城市流转供给与需求研究［D］. 武汉：华中农业大学.

龚胜生，陈丹阳，张涛 . 2015. 1982—2010 年湖北省人口分布格局变迁及其影响因素［J］. 长江流域资源与环境，24（5）：728-734.

谷晓坤，陈百明，代兵 . 2007. 经济发达区农村居民点整理驱动力与模式：以浙江省嵊州市为例［J］. 自然资源学报，22（5）：701-708.

谷玉良，江立华 . 2015. 空间视角下农村社会关系变迁研究：以山东省枣庄市 L 村“村改居”为例［J］. 人文地理，8（4）：45-51.

管婧婧，谷晓坤，徐保根 . 2013. 农村居民点整治农户意愿及影响因素比较：以嘉兴市近郊区和远郊区为例［J］. 中国土地科学，27（12）：59-65.

郭庆海 . 2013. 新型农业经营主体功能定位及成长的制度供给［J］. 中国农村经济（4）：4-11.

郭亚军，张晓红 . 2011. 基于数据包络分析（DEA）的河北省农业生产效率综合评价［J］. 农业现代化研究，32（6）：735-739.

何芳 . 2003. 城市土地集约利用及其潜力评价［M］. 上海：同济大学出版社.

何剑锋，庄大方 . 2006. 长江三角洲地区城镇时空动态格局及其环境效应［J］. 地理研究，25（3）：388-396.

何威风，阎建忠，花晓波 . 2014. 不同类型农户家庭能源消费差异及其影响因素：以重庆市“两翼”地区为例［J］. 地理研究，33（11）：2 043-2 055.

何晓斐，殷豪 . 2010. 金融危机后地方政府返乡农民工就业政策探析：以河南省信阳市为例［J］. 社会保障研究（5）：55-59.

何祖慰，杨忠，罗辑 . 2007. 西藏昌都地区土地利用结构熵值时序分析［J］. 长江流域资源与环境，16（2）：192-195.

贺振华 . 2005. 外部机会、土地制度与长期投资［J］. 经济科学（3）：5-14.

侯东民，王德文，白南生，等 . 2009. 从“民工荒”到“返乡潮”：中国的刘易斯拐点到来了吗？[J]. 人口研究（2）：32-47.

侯俊东，吕军，刘杨 . 2011. “两型社会”建设中农户对农村生态环境的认知差异及启示［J］. 生态经济（中文版）（6）：27-30.

胡初枝，黄贤金，方鹏，等 . 2008. 农户资源禀赋对劳动力转移行为的影响分析：基于常熟市、如东县和铜山县农户调查的分析［J］. 江南大学学报（人文社会科学版），7（4）：72-76.

胡潇 . 2016. 社会行为不确定性的认识论解析［J］. 中国社会科学（11）：70-86.

黄季焜，王晓兵，智华勇，等 . 2011. 粮食直补和农资综合补贴对农业生产的影响［J］. 农业技术经济（1）：4-12.

黄金川，林浩曦，漆潇潇 . 2017. 面向国土空间优化的三生空间研究进展［J］. 地理科学进展，36（3）：378-391.

黄贤金，陈志刚，钟太洋，等 . 2009. 土地经济学［M］. 北京：科学出版社.

纪志耿 . 2013. 中国粮食安全问题反思：农村劳动力老龄化与粮食持续增产的悖论［J］. 厦门大学学报（哲学社会科学版）（2）：38-46.

贾生华，张宏斌 . 2002. 中国土地非农化过程与机制实证研究［M］. 上海：上海交通大学出版社.

贾燕，李钢，朱新华，等 . 2009. 农民集中居住前后福利状况变化研究：基于森的“可行能力”视角［J］. 农业经济问题（2）：30-36.

姜海，曲福田 . 2009. 不同发展阶段建设用地扩张对经济增长的贡献与响应［J］. 中国人口·资源与环境，19（1）：70-75.

蒋芳，刘盛和，袁弘 . 2007. 北京城市蔓延的测度与分析［J］. 地理学报，62（6）：649-658.

孔祥斌，张凤荣 . 2008. 中国农户土地利用阶段差异及其对粮食生产和生态的影响［J］. 地理科学进展，27（2）：112-120.

寇荣，李鹏，谭向勇 . 2007. 粮食主产区农村转移劳动力就业地域的选择分析［J］. 中国流通经济，21（5）：49-52.

蓝庆新，陈超凡 . 2013. 新型城镇化推动产业结构升级了吗?：基于中国省级面板数据的空间计量研究［J］. 财经研究，39（12）：57-71.

李伯华，曾菊新 . 2008. 农户居住空间行为演变的微观机制研究：以武汉市新洲区为例［J］. 地域研究与开发，27（5）：30-35.

李伯华，刘沛林，张博野，等 . 2011. 欠发达地区农户消费行为空间结构演变特征：以湖北省黄冈市为例［J］. 地理科学进展，30（4）：452-462.

李翠珍，孔祥斌，梁颖，等 . 2011. 京冀平原区不同类型农户耕地利用决策影响因素分析［J］. 农业工程学报（9）：316-322.

李二玲，李小建，闫家厂 . 2010. 欠发达农区农户的外部响应能力及其环境影响：基于河南省 1 251 家农户的调查［J］. 地理科学进展，29（5）：523-529.

李飞，钟涨宝 . 2013. 农民集中居住背景下村落熟人社会的转型研究［J］. 中州学刊

(5)：74-78.
李国平，罗心然 . 2017. 京津冀地区人口与经济协调发展关系研究［J］. 地理科学进展，36（1）：25-33.
李海霞 . 2009. 基于农地可持续利用视角下的农户化肥使用行为研究［D］. 成都：四川农业大学：17-25.
李海燕，蔡银莺 . 2012. 征地前后农民感知变化与征地意愿的结构方程模型研究：以武汉市江夏区被征农户为例［J］. 自然资源学报，27（11）：1 833-1 844.
李娟文，王启仿 . 2000. 区域经济发展阶段理论与我国区域经济发展阶段现状分析［J］. 经济地理（4）：6-9.
李君，陈长瑶 . 2012. 农户居住区位选择的环境和驱动因素［J］. 农业现代化研究，33（5）：107-111.
李君，李小建 . 2008a. 不同地理环境条件下农户居住特征的比较分析：基于河南省 3 村 346 户农户的实证调查［J］. 中国农村观察（5）：59-69.
李君，李小建 . 2008b. 农村居民迁居意愿影响因素分析［J］. 经济地理，28（3）：454-459.
李君 . 2012. 农户居住空间演变及区位选择研究［M］. 北京：科学出版社.
李明艳，陈利根，石晓平 . 2010. 非农就业与农户土地利用行为实证分析：配置效应、兼业效应与投资效应：基于 2005 年江西省农户调研数据［J］. 农业技术经济（3）：41-51.
李庆，林光华，何军 . 2013. 农民兼业化与农业生产要素投入的相关性研究——基于农村固定观察点农户数据的分析［J］. 南京农业大学学报（社会科学版），13（3）：27-32.
李庆海，孙瑞博，李锐 . 2014. 农村劳动力外出务工模式与留守儿童学习成绩：基于广义倾向得分匹配法的分析［J］. 中国农村经济（10）：4-20.
李善同，侯永志 . 2001. 我国经济发展阶段特征与“十五”时期产业发展的主要任务［J］. 管理世界（2）：95-101.
李升发，李秀彬 . 2016. 耕地撂荒研究进展与展望［J］. 地理学报，71（3）：370-389.
李同升 . 1998. 乡村地域共同体及其结构与功能研究［J］. 西北大学学报（自然科学版），28（5）：454-460.
李相宏 . 2003. 农业规模经营模式分析［J］. 农业经济问题（8）：48-51.
李小建，高更和，乔家君 . 2008. 农户收入的农区发展环境影响分析：基于河南省 1 251 家农户的调查［J］. 地理研究，27（5）：1 037-1 047.
李小建，高更和 . 2008. 中国中部平原村庄农业生产区位研究：以河南南阳黄庄为例［J］. 地理科学，28（5）：616-623.
李小建 . 1999. 经济地理学［M］. 北京：高等教育出版社.
李小建 . 2002. 欠发达农区经济发展中的农户行为：以豫西山地丘陵区为例［J］. 地理学报，57（4）：459-468.

李新建 . 1992. 城镇功能与中国小城镇的发展［J］. 中国人口科学，28（1）：24-29.

李秀彬，朱会义，谈明洪，等 . 2008. 土地利用集约度的测度方法［J］. 地理科学进展，27（6）：12-17.

李扬，刘慧，汤青 . 2015. 1985—2010 年中国省际人口迁移时空格局特征［J］. 地理研究，34（6）：1 135-1 148.

李裕瑞，刘彦随，龙花楼 . 2012. 黄淮海典型地区村域转型发展的特征与机理［J］. 地理学报，67（6）：771-782.

李志刚，吴缚龙 . 2006. 转型期上海社会空间分异研究［J］. 地理学报，61（2）：199-211.

连玉君，黎文素，黄必红 . 2015. 子女外出务工对父母健康和生活满意度影响研究［J］. 经济学：季刊（1）：185-201.

梁流涛，曲福田，诸培新，等 . 2008. 不同兼业类型农户的土地利用行为和效率分析：基于经济发达地区的实证研究［J］. 资源科学，30（10）：1 525-1 532.

梁小英，杨明楠，陈海 . 2010. 农户类型与农业景观变化类型间相互作用研究：以陕西省米脂县高西沟村为例［J］. 水土保持通报，30（1）：219-221.

廖洪乐 . 2012. 农户兼业及其对农地承包经营权流转的影响［J］. 管理世界（5）：62-70.

刘纪远，布和敖斯尔 . 2000. 中国土地利用变化现代过程时空特征的研究：基于卫星遥感数据［J］. 第四纪研究，20（3）：229-239.

刘明 . 2012. 基于宏观视角的中国农业劳动力转移影响因素分析［J］. 中国农村经济（12）：4-16.

刘钦普，林振山，冯年华 . 2005. 土地资源人口承载力动力学模拟和应用［J］. 南京师大学报（自然科学版），28（4）：114-118.

刘睿文，封志明，杨艳昭，等 . 2010. 基于人口集聚度的中国人口集疏格局［J］. 地理科学进展，29（10）：1 171-1 177.

刘润秋，宋艳艳 . 2006. 农地抛荒的深层次原因探析［J］. 农村经济（1）：31-34.

刘盛和，邓羽，胡章 . 2010. 中国流动人口地域类型的划分方法及空间分布特征［J］. 地理学报，65（10）：1 187-1 197.

刘涛，齐元静，曹广忠 . 2015. 中国流动人口空间格局演变机制及城镇化效应：基于 2000 和 2010 年人口普查分县数据的分析［J］. 地理学报，70（4）：567-581.

刘彦随，刘玉，翟荣新 . 2009. 中国农村空心化的地理学研究与整治实践［J］. 地理学报，64（10）：1 193-1 202.

刘彦随，龙花楼 . 2011. 中国农业地理与乡村发展研究进展及展望：建所 70 周年农业与乡村地理研究回顾与前瞻［J］. 地理科学进展，30（4）：409-416.

刘彦随，卢艳霞 . 2007. 中国沿海地区城乡发展态势与土地利用优化研究［J］. 重庆建筑大学学报，29（3）：4-7.

刘彦随，张紫雯，王介勇 . 2018. 中国农业地域分异与现代农业区划方案［J］. 地理学报，73（2）：203-218.

刘彦随，周扬．2015. 中国美丽乡村建设的挑战与对策［J］. 农业资源与环境学报，32（2）：97-105.

刘彦随．2007. 中国东部沿海地区乡村转型发展与新农村建设［J］. 地理学报，62（6）：563-570.

刘彦随．2018. 中国新时代城乡融合与乡村振兴［J］. 地理学报，73（4）：637-650.

刘玉，潘瑜春，唐林楠．2017. 京津冀地区县域农业发展与农民收入的时空耦合特征［J］. 经济地理，37（2）：141-147.

刘玉．2011. 环渤海地区乡村地域多功能性及其土地优化配置研究［D］. 北京：中国科学院地理科学与资源研究所.

柳建平，张永丽．2009. 劳动力流动对贫困地区农村经济的影响：基于甘肃 10 个贫困村调查资料的分析［J］. 中国农村观察（3）：63-74.

龙方．2007. 论农村家庭养老模式的完善［J］. 农村经济（5）：3-6.

龙花楼，刘彦随，邹健．2009. 中国东部沿海地区乡村发展类型及其乡村性评价［J］. 地理学报，64（4）：427-434.

龙花楼，屠爽爽．2017. 论乡村重构［J］. 地理学报，72（4）：563-576.

龙花楼，张杏娜．2012. 新世纪以来乡村地理学国际研究进展及启示［J］. 经济地理，32（8）：1-8.

龙花楼．2006. 中国农村宅基地转型的理论与证实［J］. 地理学报，61（10）：1 093-1 100.

龙花楼．2012a. 论土地利用转型与乡村转型发展［J］. 地理科学进展，31（2）：131-138.

龙花楼．2012b. 中国乡村转型发展与土地利用［M］. 北京：科学出版社.

龙花楼．2013. 论土地整治与乡村空间重构［J］. 地理学报，68（8）：1 019-1 028.

卢晖临．2006. 集体化与农民平均主义心态的形成：关于房屋的故事［J］. 社会学研究（6）：147-164.

卢新海，匡兵，李菁．2018. 碳排放约束下耕地利用效率的区域差异及其影响因素［J］. 自然资源学报，33（4）：657-668.

罗吉斯·M·埃弗里特，拉伯尔·J·伯德格．1988. 乡村的社会变迁［M］. 杭州：浙江人民出版社.

罗思高，黄季焜，大塚启二郎．2006. 中国农业的发展动力：生物技术进步、市场化和土地租赁［J］. 华中师范大学学报（人文社会科学版），45（1）：16-29.

马静，柴彦威，刘志林．2011. 基于居民出行行为的北京市交通碳排放影响机理［J］. 地理学报，66（8）：1 023-1 032.

马贤磊，孙晓中．2012. 不同经济发展水平下农民集中居住后的福利变化研究：基于江苏省高淳县和盱眙县的比较分析［J］. 南京农业大学学报（社会科学版），12（2）：8-15.

马颖忆，陆玉麒，张莉．2012. 江苏省人口空间格局演化特征［J］. 地理科学进展，31

(2)：167-175.

马忠东，张为民，梁在，等. 2004. 劳动力流动：中国农村收入增长的新因素［J］. 人口研究，28（3）：2-10.

毛汉英，余丹林. 2001. 区域承载力定量研究方法探讨［J］. 地球科学进展，16（4）：549-555.

毛隽. 2011. 中国农村劳动力转移研究：基于制度变迁视角［D］. 上海：复旦大学.

毛振强，左玉强. 2007. 土地投入对中国二三产业发展贡献的定量研究［J］. 中国土地科学，21（3）：59-63.

孟晓晨. 1992. 城乡劳动力的转移与城市化［J］. 地理学报，47（5）：441-450.

孟昕，白南生. 1998. 结构变动：中国农业的劳动力转移［M］. 杭州：浙江人民出版社.

苗建青，谢世友，袁道先，等. 2012. 基于农户—生态经济模型的耕地石漠化人文成因研究：以重庆市南川区为例［J］. 地理研究，31（6）：967-979.

欧阳金琼，王雅鹏. 2014. 农户兼业会影响粮食生产吗?：基于江汉平原粮食主产区360户粮农的调查［J］. 中南财经政法大学学报（4）：20-26.

蒲艳萍，李霞. 2011. 劳动力流动对农村经济的影响效应：基于对四川省调查数据的分析［J］. 人口与经济（1）：39-45.

漆世兰. 2010. 西南地区农村劳动力转移对农业生产发展的效应分析［D］. 成都：四川农业大学.

钱丽，陈忠卫，肖仁桥. 2012. 中国区域工业化、城镇化与农业现代化耦合协调度及其影响因素研究［J］. 经济问题探索（11）：10-17.

钱纳里. 1991. 工业化和经济增长的比较研究［M］. 上海：上海三联书店.

乔家君. 2011a. 人文地理学的微观视角方法：以乡村地理学微观空间为例［J］. 创新，5（6）：105-109.

乔家君. 2011b. 中国乡村社区空间论［M］. 北京：科学出版社.

丘雯文，杨子生. 2016. 云南省耕地生产效率的时空差异及影响因素［J］. 长江流域资源与环境，25（5）：786-793.

曲福田，吴丽梅. 2004. 经济增长与耕地非农化的库兹涅茨曲线假说及验证［J］. 资源科学，26（5）：61-67.

邵景安，张仕超，李秀彬. 2015. 山区土地流转对缓解耕地撂荒的作用［J］. 地理学报，70（4）：636-649.

申栋. 2008. 农村劳动力转移对农业的影响研究：以陕西省为例［D］. 西安：西北大学.

沈坤荣，马俊. 2002. 中国经济增长的“俱乐部收敛”特征及其成因研究［J］. 经济研究（1）：33-39.

沈孝强，吴次芳，方明. 2014. 浙江省产业、人口与土地非农化的协调性分析［J］. 中国人口·资源与环境，24（9）：129-134.

石淑芹，陈佑启，姚艳敏，等. 2008. 东北地区耕地变化对粮食生产能力的影响评价［J］. 地理学报，63（6）：574-586.

史常亮，李赟，朱俊峰，等 . 2016. 劳动力转移、化肥过度使用与面源污染 [J]. 中国农业大学学报，21（5）：169-180.

史清华，贾生华 . 2002. 农户家庭农地要素流动趋势及其根源比较 [J]. 管理世界（1）：71-77，92.

孙平军，丁四保，修春亮 . 2012. 北京市人口—经济—空间城市化耦合协调性分析 [J]. 城市规划，36（5）：38-45.

孙庆刚，郭菊娥，师博 . 2013. 中国省域间能源强度空间溢出效应分析 [J]. 中国人口·资源与环境，23（11）：137-143.

孙文华 . 2008. 农户分化：微观机理与实证分析：基于苏中三个样本村 705 个农户的调查 [J]. 江海学刊（4）：114-119.

谭洁，朱红梅，金卫华 . 2010. 长沙市土地利用结构熵值时序分析 [J]. 经济地理，30（1）：118-121.

谭永忠，吴次芳 . 2003. 区域土地利用结构的信息熵分异规律研究 [J]. 自然资源学报，18（1）：112-117.

唐萍萍 . 2012. 劳动力转移对农村发展的影响研究：基于样本村的实证分析 [D]. 杨凌：西北农林科技大学.

汪厚安，叶慧，王雅鹏 . 2009. 农业面源污染与农户经营行为研究：对湖北农户的实证调查与分析 [J]. 生态经济（中文版）（9）：87-91.

王成超 . 2010. 农户生计行为变迁的生态效应：基于社区增权理论的案例研究 [J]. 中国农学通报，26（18）：315-319.

王国刚，刘彦随，方方 . 2013. 环渤海地区土地利用效益综合测度及空间分异 [J]. 地理科学进展，32（4）：649-656.

王介勇，刘彦随，陈玉福 . 2010. 黄淮海平原农区典型村庄用地扩展及其动力机制 [J]. 地理研究，29（10）：1 833-1 840.

王介勇，刘彦随，陈玉福 . 2012. 黄淮海平原农区农户空心村整治意愿及影响因素实证研究 [J]. 地理科学，32（12）：1 452-1 458.

王介勇 . 2008. 我国东部地区农村发展的水土资源基础及其优化调控 [D]. 北京：中国科学院地理科学与资源研究所.

王良健，李辉 . 2014. 中国耕地利用效率及其影响因素的区域差异：基于 281 个市的面板数据与随机前沿生产函数方法 [J]. 地理研究，33（11）：1 995-2 004.

王欧，杨进 . 2014. 农业补贴对中国农户粮食生产的影响 [J]. 中国农村经济（5）：20-28.

王鹏，黄贤金，张兆干，等 . 2003. 生态脆弱地区农业产业结构调整与农户土地利用变化研究：以江西省上饶县为例 [J]. 南京大学学报（自然科学），39（6）：814-821.

王强 . 2009. 基于农户土地利用决策行为分析的鄱阳湖区耕地利用变化研究 [D]. 南昌：江西师范大学.

王涛 . 2009. 基于农户视角的土地利用变化决策机制及模拟研究：以陕西省米脂县孟岔

村为例［D］. 西安：西北大学.
王新利，陈敏 . 2011. 农村剩余劳动力转移的影响分析：基于拉尼斯—费模型［J］. 农业技术经济（2）：50–55.
王亚辉，李秀彬，辛良杰，等 . 2017. 中国农地经营规模对农业劳动生产率的影响及其区域差异［J］. 自然资源学报，32（4）：539–552.
王跃梅，姚先国，周明海 . 2013. 农村劳动力外流、区域差异与粮食生产［J］. 管理世界（11）：67–76.
王子成 . 2012. 外出务工、汇款对农户家庭收入的影响：来自中国综合社会调查的证据［J］. 中国农村经济（4）：4–14.
魏秀梅 . 2015. 民勤绿洲农村社区人口老龄化空间分异研究［D］. 兰州：兰州大学.
邬晓霞，祝尔娟 . 2011. 人均 GDP 10 000 美元后经济社会发展特征的国际经验借鉴及对北京的启示［J］. 开发研究，152（1）：19–22.
吴传钧 . 1981. 因地制宜发挥优势逐步发展我国农业生产的地域专业化［J］. 地理学报（4）：349–357.
吴传钧 . 1991. 论地理学的研究核心：人地关系地域系统［J］. 经济地理，11（3）：1–6.
吴传钧 . 1998. 人地关系与经济布局：吴传钧文集［M］. 北京：学苑出版社 .
吴康明 . 2011. 转户进城农民土地退出的影响因素和路径研究［D］. 重庆：西南大学.
吴先华 . 2006. 耕地非农化研究综述［J］. 地理与地理信息科学，22（1）：51–56.
吴要武 . 2007. “刘易斯转折点”来临：我国劳动力市场调整的机遇［J］. 开放导报（3）：50–56.
伍山林 . 2008. 刘易斯模型适用性考察［J］. 财经研究，34（8）：4–16.
席建超，王新歌，孔钦钦，等 . 2014. 过去 25 年旅游村落社会空间的微尺度重构：河北野三坡苟各庄村案例实证［J］. 地理研究，33（10）：1 928–1 941.
向国成，韩绍凤 . 2005. 农户兼业化：基于分工视角的分析［J］. 中国农村经济（8）：4–9.
向坚持，陈晓红 . 2009. 基于结构方程模型的客户满意度建模及参数估计方法［J］. 湖南师范大学（自然科学学报），32（2）：31–36.
谢培秀 . 2008. 城乡要素流动和中国二元经济结构转换［M］. 北京：中国经济出版社.
邢谷锐 . 2009. 快速城市化地区乡村空间重构体系初探［A］//中国城市规划年会论文集［C］：2 140–2 151.
徐慧清 . 2005. 社会转型期农村邻里冲突的解构分析［J］. 安徽农业大学学报（社会科学版）（5）：77–79.
徐勇 . 2000. 挣脱土地束缚之后的乡村困境及应对：农村人口流动与乡村治理的一项相关性分析［J］. 华中师范大学学报（人文社会科学版），39（2）：5–11.
许和连，邓玉萍 . 2012. 外商直接投资导致了中国的环境污染吗？——基于中国省际面板数据的空间计量研究［J］. 管理世界（2）：30–43.
许恒周，郭玉燕，吴冠岑 . 2012. 农民分化对耕地利用效率的影响——基于农户调查数据的实证分析［J］. 中国农村经济（6）：31-39.

许恒周 . 2011. 耕地非农化与区域经济增长的因果关系协调性分析［J］. 公共管理学报，8（3）：64-72.

亚瑟·赛斯尔·庇古 . 2009. 福利经济学［M］. 上海：上海财经大学出版社.

阎建忠，卓仁贵，谢德体，等 . 2010. 不同生计类型农户的土地利用：三峡库区典型村的实证研究［J］. 地理学报，65（11）：1 401-1 410.

杨传开，宁越敏 . 2015. 中国省际人口迁移格局演变及其对城镇化发展的影响［J］. 地理研究，34（8）：1 492-1 506.

杨春悦 . 2008. 农村劳动力转移对农村发展的影响［D］. 北京：中国科学院.

杨怀德，李勇进，冯起，等 . 2016. 石羊河流域不同区域农户生计多样性分析 . 干旱区地理（汉文版），39（1）：199-206.

杨恢武 . 2012. 农村居住空间分异与社会生态［J］. 安徽农业科学，5（5）：2 841-2 843.

杨克，陈百明，宋伟 . 2009. 河北省耕地占用与 GDP 增长的脱钩分析［J］. 资源科学，31（11）：1 940-1 946.

杨武，童小华，刘妙龙 . 2007. 土地利用结构熵变化分析［J］. 同济大学学报（自然科学版），35（3）：422-426.

杨晓军 . 2012. 农民工对经济增长贡献与成果分享［J］. 中国人口科学（6）：66-74.

杨永侠，孙婷，张丽红，等 . 2017. 京津冀地区耕地质量空间分布分形机制研究［J］. 农业机械学报，48（2）：165-171.

杨勇，邓祥征，李志慧，等 . 2017. 2000—2015 年华北平原土地利用变化对粮食生产效率的影响［J］. 地理研究，36（11）：1-13.

杨志海，王雅鹏，麦尔旦·吐尔孙 . 2015. 农户耕地质量保护性投入行为及其影响因素分析：基于兼业分化视角［J］. 中国人口·资源与环境，25（12）：105-112.

杨治 . 1985. 产业经济学导论［M］. 北京：中国人民大学出版社.

叶浩，濮励杰 . 2011. 我国耕地利用效率的区域差异及其收敛性研究［J］. 自然资源学报，26（9）：1 467-1 474.

易小燕，陈印军 . 2010. 农户转入耕地及其“非粮化”种植行为与规模的影响因素分析：基于浙江、河北两省的农户调查数据［J］. 中国农村观察（6）：2-10.

殷江滨，李郇 . 2012. 外出务工经历对回流后劳动力非农就业的影响：基于广东省云浮市的实证研究［J］. 中国人口·资源与环境，22（9）：108-115.

尹朝静，李谷成，葛静芳 . 2016. 粮食安全：气候变化与粮食生产率增长：基于 HP 滤波和序列 DEA 方法的实证分析［J］. 资源科学，38（4）：665-675.

于涛方 . 2012. 中国城市人口流动增长的空间类型及影响因素［J］. 中国人口科学（4）：47-58.

余斌，卢燕，曾菊新，等 . 2017. 乡村生活空间研究进展及展望［J］. 地理科学，37（3）：375-385.

余瑞林，刘承良，杨振 . 2012. 武汉城市圈人口分布的时空格局［J］. 长江流域资源与环境，21（9）：1 087-1 092.

张佰林，张凤荣，曲宝德，等 . 2015. 山东省沂水县农村非农化程度差异及驱动力［J］. 地理学报，70（6）：1 008-1 021.

张芳芳，赵雪雁 . 2015. 我国农户生计转型的生态效应研究综述［J］. 生态学报，35（10）：3 157-3 164.

张富刚，刘彦随，王介勇 . 2007. 沿海快速发展地区区域系统耦合状态分析：以海南省为例［J］. 资源科学，29（1）：16-20.

张富刚，刘彦随 . 2008. 中国区域农村发展动力机制及其发展模式［J］. 地理学报，63（2）：115-122.

张立新，朱道林，谢保鹏，等 . 2017. 中国粮食主产区耕地利用效率时空格局演变及影响因素：基于 180 个地级市的实证研究［J］. 资源科学，39（4）：608-619.

张荣天，焦华富 . 2015. 中国省际耕地利用效率时空格局分异与机制分析［J］. 农业工程学报，31（2）：277-287.

张伟，吴文元 . 2011. 基于环境绩效的长三角都市圈全要素能源效率研究［J］. 经济研究（10）：95-109.

张小林，盛明 . 2002. 中国乡村地理学研究的重新定向［J］. 人文地理，17（1）：81-84.

张小林 . 1998. 乡村概念辨析［J］. 地理学报，53（4）：365-371.

张小林 . 1999. 乡村空间系统及其演变研究：以苏南为例［M］. 南京：南京师范大学出版社.

张英，李秀彬，宋伟，等 . 2014. 重庆市武隆县农地流转下农业劳动力对耕地撂荒的不同尺度影响［J］. 地理科学进展，33（4）：552-560.

张玉英 . 2013. 共生框架下村域农村居民点空间重构研究：农户视角［D］. 重庆：西南大学.

赵涛，庄大方，冯仁国 . 2004. 1990 年代我国新增非农建设用地的空间分异特征［J］. 经济地理，24（5）：648-652.

赵雪雁 . 2012. 不同生计方式农户的环境感知：以甘南高原为例［J］. 生态学报，32（21）：6 776-6 787.

赵雪雁 . 2015. 生计方式对农户生活能源消费模式的影响：以甘南高原为例［J］. 生态学报，35（5）：1 610-1 619.

郑有贵 . 2010. 构建新型工农、城乡关系的目标与政策［J］. 教学与研究（4）：5-14.

周婧，杨庆媛，信桂新，等 . 2010. 贫困山区农户兼业行为及其居民点用地形态：基于重庆市云阳县 568 户农户调查［J］. 地理研究，29（10）：1 767-1 779.

周清明 . 2009. 农户种粮意愿的影响因素分析［J］. 农业技术经济（5）：25-30.

周叔莲，郭克莎 . 2000. 中国工业增长与结构变动研究［M］. 北京：经济管理出版社.

周曙东，王艳，朱思柱 . 2013. 中国花生种植户生产技术效率及影响因素分析：基于全国 19 个省份的农户微观数据［J］. 中国农村经济（3）：27-36.

周永健 . 2015. 贵州安顺跳神戏与乡村社会空间：以二湾河跳神戏堂班正月跳神为中心的考察［J］. 宗教学研究（4）：171-177.

周智，黄英，张贵军，等 . 2015. 河北保定农户居住空间行为选择的动力机制研究［J］. 中国农业资源与区划，36（5）：60-66.

朱凤凯，张凤荣，李灿，等 . 2014. 1993—2008 年中国土地与人口城市化协调度及区域差异［J］. 地理科学进展，33（5）：647-656.

左大康 . 1990. 现代地理学辞典［M］. 北京：商务印书馆.

Amuedo D C，Pozo S. 2010. Accounting for Remittance and Migration Effects on Children's Schooling［J］. World Development，38（12）：1 747-1 759.

Andersen P，Petersen N C. 1993. A Procedure for Ranking Efficient Units in Data Envelopment Analysis［J］. Management Science（39）：1 261-1 264.

Anselin L. 1990. Spatial Econometric：Methods and Models［J］. Journal of the American Statistical Association，85（411）：160.

Atkinson A B. 1970. On the measurement of inequality［J］. Journal of economic theory（4）：244-261.

Barro R J，Sala-i-Martin X. 1992. Public finance in models of economic growth［J］. Review of economic Studies，59（4）：645-661.

Battese G E，Coelli T J. 1992. Frontier production functions，technical efficiency and panel data：With application to paddy farmers in India［J］. Journal of Productivity Analysis（3）：153-169.

Brauw A D，Rozelle S. 2008. Migration and household investment in rural China［J］. China Economic Review，19（2）：320-335.

Bruce A B，Ronald B. Davies，Glen R. Waddell，et al. 2007. FDI in space：Spatial autoregressive relationships in foreign direct investment［J］. European Economic Review，51（5）：1 303-1 325.

Busch G. 2006. Future European agricultural landscapes：what can we learn from existing quantitative land use scenario studies?［J］. Agriculture，Ecosystems and Environment，114（1）：121-140.

Carlsson F，Martinsson P，Qin P，et al. 2013. The influence of spouses on household decision making under risk：an experiment in rural china［J］. Experimental Economics，16（3）：383-401.

Chambers R. 1994. The origins and practice of participatory rural appraisal［J］. World Development，22（7）：953-969.

Chen R，Ye C，Cai Y，et al. 2014. The impact of rural out-migration on land use transition in China：Past，present and trend［J］. Land Use Policy，40（1）：101-110.

Cong Z，Silverstein M. 2011. Intergenerational exchange between parents and migrant and non-migrant sons in rural china［J］. Journal of Marriage & Family，73（1）：93-104.

Davidson R, Mackinnon J G. 1983. Testing the specification of multivariate models in the presence of alternative hypotheses [J]. Journal of Econometrics, 23 (3): 301-313.

Davies A. 2011. On constructing ageing rural populations: ‘capturing’ the grey nomad [J]. Journal of Rural Studies (27): 191- 199.

Driscoll J C, Kraay A C. 1998. Consistent covariance matrix estimation with spatially dependent panel data [J]. Review of Economics and Statistics, 80 (4): 549-560.

Fare R, Grosskopf S, Lovell C A K. 1992. Productivity change in swedish pharmacies 1980-1989: A nonparametric malmquist approach [J]. Journal of Productivity Analysis (3): 85-101.

Fei J C H, Rains G. 1964. Development of the labor surplus economy: theory and policy [M]. Homewood: IL: Richard A. Irwin, Inc.

Greene R P, Stager J. 2001. Rangeland to cropland conversions as replacement land for prime farmland lost tourban development [J]. The Social Science Journal, 38 (4): 543-555.

Harris J, Todardo M. 1970. Migration, unemployment, and development: a two sector analysis [J]. American Economy Review (40): 126-142.

Harsanyi J C. 1988. A general theory of equilibrium selection in games [M]. Massachusetts: MIT Press Books.

Jordan K, Krivokapic-Skoko B, Collins J. 2009. The ethnic landscape of rural Australia: Non-Anglo-Celtic immigrant communities and the built environment [J]. Journal of Rural Studies (25): 376-385.

King R, Strachan A. 1984. Return migration and tertiary development: A calabrian case study [J]. Anthropological Quarterly, 57 (3): 112-124.

Knox P L. 1987. Urban social geography: An introduction [M]. London: Longman Group.

Lawton R, Knox P L. 1988. Review of Urban social geography: an introduction [J]. Population Studies: A Journal of Demography, 42 (2): 321-335.

Lewis W A. 1954. Economy development with unlimited supplies of labour [J]. The Manchester school of Economic and social studies (22): 139-191.

Li L, Wang C, Segarra E, et al. 2013. Migration, remittances, and agricultural productivity in small farming systems in Northwest China [J]. China Agricultural Economic Review, 5 (1): 5-23.

Lichtenberg E, Ding C R. 2008. Assessing farmland protection policy in China [J]. Land Use Policy, 25 (1): 59-68.

Lin G C S, Ho S P S. 2003. China's land resources and land use change: Insights from the 1996 land survey [J]. Land Use Policy, 20 (2): 87-107.

Liu Y S, Long H, Chen Y, et al. 2016. Progress of research on urban-rural transformation and rural development in China in the past decade and future prospects [J]. Journal of Geographical Sciences, 26 (8): 1 117-1 132.

Lucas R E B. 1987. Emigration to South Africa's Mines [J]. American Economic Review, 77 (3): 313-30.

Matthews H, Taylor M, Sherwood K, et al. 2000. Growing - up in the countryside: children and the rural idyll [J]. Journal of Rural Studies (16): 141-153.

Mckenzie D, Rapoport H. 2006. Can migration reduce educational attainment? Evidence from Mexico [J]. Journal of Population Economics, 24 (4): 1 331-1 358.

Meyer W B, Turner B L. 1994. Changes in land use and land cover: A global perspective [M]. New York and London: Cambridge University Press.

Murphy R. 1999. Return migration entrepreneurs and economic diversification in two counties in South Jiangxi, China [J]. Journal of international Development (11): 661-672.

Niroula G S, Thapa G B. 2005. Impacts and causes of land fragmentation, and lessons learned from land consolidation in South Asia [J]. Land Use Policy, 22 (4): 358-372.

Robles V F, Oropesa R S. 2011. International migration and the education of children: evidence from Lima, Peru [J]. Population Research & Policy Review, 30 (4): 591-618.

Robson B T. 1975. Urban social areas [M]. London: Oxford University Press.

Rodgers C. 2009. Property rights, land use and the rural environment: A case for reform [J]. Land Use Policy (26): S134-S141.

Rozelle S, Taylor J E, Debrauw A. 1999. Migration, remittances, and agricultural productivity in China [J]. American Economic Review, 89 (2): 287-291.

Sauer J, Davidova S, Gorton M. 2012. Land fragmentation, market integration and farm efficiency: empirical evidence from kosovo [J]. General Information (8): 16-18.

Seto K C, Kaufmannr K. 2003. Modeling the drivers of urban land use change in the pearl river delta, China: Integrating remote sensing with socioeconomic data [J]. Land Economics, 79 (1): 106-121.

Shoshany M, Goldshleger N. 2002. Land use and population density changes in Israel—1950 to 1990: Analysis of regional and local trends [J]. Land Use Policy, 19: 123-133.

Sinclair R. 1967. Von Thunen and urban sprawl [J]. A. A. A. G (57): 72-87.

Sindi K, Kirimi L. 2006. A Test of the new economics of labor migration hypothesis: evidence from rural Kenya [J]. General Information (6): 213-224.

Siriwardhana C, Wickramage K, Jayaweera K, et al. 2015. Impact of economic labour migration: a qualitative exploration of left-behind family member perspectives in Sri Lanka [J]. Journal of Immigrant & Minority Health, 17 (3): 1-10.

Skinner M W, Kuhn R G, Joseph A E. 2001. Agricultural land protection in China: A case study of local governance in Zhejiang Province [J]. Land Use Policy, 18 (2): 329-340.

Strijker D. 2005. Marginal lands in Europe-causes of decline [J]. Basic and Applied Ecology (6): 99-106.

Taylor J E, Lopez-Feldman A. 2010. Does migration make rural households more productive?

evidence from Mexico [J]. Journal of Development Studies, 46 (1): 68-90.

Wouterse F S. 2010. Migration and technical efficiency in cereal production: evidence from Burkina Faso [J]. Agricultural Economics, 41 (5): 385-395.

Xie H, Wang P, Yao G. 2014. Exploring the dynamic mechanisms of farmland abandonment based on a spatially explicit economic model for environmental sustainability [J]. Sustainability, 6 (3): 1 260-1 282.

Xu H, Yu X. 2015. The Causal effects of rural-to-urban migration on children's wellbeing in China [J]. European Sociological Review (4): 502.

Yang D. 2008. International migration, remittances and household investment: evidence from Philippine migrants' exchange rate shocks [J]. Economic Journal, 118 (3): 591-630.

Zhai G F, Ikeda S. 2000. An empirical model of land use change in China [J]. Reviews of Urban & Regional Development Studies, 12 (1): 36-53.

Zhang Y, Li X, Song W. 2014. Determinants of cropland abandonment at the parcel, household and village levels in mountain areas of China: A multi-level analysis [J]. Land Use Policy (41): 186-192.

Zhao Y. 2002. Causes and consequences of return migration: recent evidence from China [J]. Journal of Comparative Economics, 30 (2): 376-394.

附录一

________县________镇（乡）________村农户调查问卷

时间：______年____月____日　编号：______ 联系人：________联系电话：______________

一、农户家庭基本情况

1. 家庭人口数：____人；家庭劳动力：____人。

家庭成员	性别	年龄	文化程度（不识字=1，小学=2，初中=3，高中=4，中专=5，大专及以上=6）	职业类型（务农=1，半工半农=2，外出打工=3，学生=4，其他=5）	兼业地区（本村=1，本乡镇=2，本县=3，本市=4，本省=5，外省=6，请填写县或市名）	2011年外出务工累计时间（月）	月收入或日收入（元）
户主							

2. 您家目前主要是谁在从事农业生产（可多选）________

①中年劳动力；②青壮年劳动力；③16岁以下的未成年人；④雇佣劳动力；⑤无人。

3. 目前家里是否具有以下条件（如果有，请用“√”表示；如果没有，请用“×”表示）

农用车	摩托车	小轿车	电冰箱	电视机	空调	电话	电脑	货车

二、土地利用基本情况

4. 2012 年家庭拥有耕地面积____亩，实际耕作面积____亩；田块数量____，机械耕作面积____，机械灌排面积____。家庭生产经营类型：专业户（ ），一般农户（ ）。

5. 目前您家主要经营项目是：____；共计（年）收入或（月）收入____。

①种植业；②养殖业；③加工业；④商贸业；⑤外出务工；⑥出租房屋；⑦其他。

6. 2012 年家庭种植基本情况：

作物	面积	单产（斤/亩）	销量	单价	每亩纯收入

7. 您是/否参加了专业合作协会或组织？____；协会名称与类型________。

8. 2012 年家庭日常生活消费支出______元（或月消费元），日常消费最多的项目（前三位）________：

①食物；②子女教育；③医疗；④居住费用（房租与水电气费用）；⑤交通与通讯；⑥衣装。

9. 目前您最担忧农业生产的问题是（多选）________：

①农药化肥乱涨价，生产成本高；②农业自然灾害；③土地可能随时被征用；④农产品价格不稳定；⑤其他。

三、土地流转

若您家将土地全部或部分**租出**，请回答 10~13 题：

10. 您家租入（ ）或租出（ ）土地亩，价格元/亩，是（ ）否（ ）签有合同。

11. 您家土地租给____：①亲友；②种粮大户；③公司；④村集体；⑤其他________。

12. 租入或租出前后种植作物类型是（　）否（　）有变化，由______改种为______。

13. 如果有机会租入土地，您是（　）否（　）愿意再租入土地，其原因__________；依照您家劳动力情况，您家最多有能力种植______面积的耕地。

四、土地征用及农户满意度

您家若有耕地被征用，请回答 14~22 题：

14. 您家____原因，耕地被征用____亩，补偿____元。

15. 征地前后您家种植结构是/否有变化，其中，粮食作物种植面积增加/减少了____亩，经济作物种植面积增加/减少了____亩；地块数量无（　）变化或变至____块。

16. 征地前后您家粮食播种面积（水稻、小麦、玉米、大豆、红薯等）是/否减少？原因________。

①种粮不太划算，面积减少；②不靠种粮来增收，面积基本没变；③种粮效益有所好转，面积增加；④其他。

17. 征地前后粮食单产是否有变化（原因）？①增加了____②减少了____③无变化

18. 征地前后生活水平是/否下降。征地前家庭收入主要来源__________（可多选），年收入 ______元。

①农业；②第二三产业；③房租；④集体补助；⑤外出务工；⑥入股分红；⑦自主创业；⑧其他__________。

19. 您是/否愿意土地被征用，成为城镇居民，如果愿意，原因是（选择）____________。①种地不挣钱；②自己有稳定非农收入；③城镇居民享受福利多；④其他________。若您不愿意，其原因是____________________。

20. 您对征地制度的总体满意度：____；您对征地补偿的满意度：____。①非常满意；②基本满意；③不太满意；④非常不满意。您认为应该如何改善？______

____

21. 征地后政府对您家的安置方式（　）、生活安排（　）、就业安排（　）、社保制度（　）等方面的满意度（选择）：①非常满意；②基本满意；③不太满意；④非常不满意。您认为应该如何改善？________________________

22. 征地前后家庭消费提高/下降，与征地前相比，消费增长最多的项目是（前三位）____，月消费提高____元。

①食物；②子女教育；③医疗；④居住费用（房租与水电气）；⑤交通与通讯；⑥衣装。

五、农户对居住、就业、生活的满意程度

23. 您家拥有______处宅基地（不包括分家的），空废______处。

宅基地	面积（亩）	建房年代	房屋结构
第 1 处			①土坯；②砖混；③钢混
第 2 处			①土坯；②砖混；③钢混
第 3 处			①土坯；②砖混；③钢混

24. 您是/否在县城买房，______年买房。您是/否打算在宅基地上新建房屋，原因是__________________。

25. 对目前村庄的整体环境是否满意？①非常满意；②基本满意；③不太满意；④非常不满意。

您认为需从哪些方面改善：①垃圾处理；②废弃房屋；③村内基础设施；④工厂污染；⑤养殖污染；⑥其他

26. 若您获得稳定的非农就业收入，您是（　）否（　）愿意放弃农业生产，原因是________________。

27. 您对目前村庄对外交通的满意程度。①非常满意；②基本满意；③不太满意；④非常不满意。若不满意，原因是____________。

28. 您对目前村庄社区管理的满意程度。①非常满意；②基本满意；③不太满意；④非常不满意。若不满意，原因是____________ 。

29. 您是/否愿意进入农村社区集中居住，原因：①生活不方便；②农机用具无处摆放；③生活成本太高；④难以支付购买房屋费用；⑤耕作半径变大；⑥其他

30. 目前您还没有进城落户的主要原因是什么？（不超过 3 个） ________

①没有稳定的城镇工作；②没有固定的城镇住房；③城镇生活成本太高；④热爱农村生活；⑤其他____________。

31. 如果有机会进城落户，您愿意拿农村的责任田和住房去交换城镇教育、医疗、就业、养老等福利保障，从而成为城镇人口吗？（限选 1 个） ________

①不愿意；②愿意；③不太确定，看情况。

您这样选择的主要原因是____

附录二

“城镇化”农户调查问卷

时间：____年____月____日　地点：______　编号：____号

一、家庭基本情况

1. 家庭人口数人____；家庭劳动力数人____；目前居住于农村____村（或城镇____小区）。

2. 家庭成员基本情况：

家庭成员	性别	年龄	文化程度	目前职业类型	目前兼业地区	2010年外出累计时间	征地前是否兼业	征地前职业类型	兼业地区
户主									

文化程度：不识字=1，小学=2，初中=3，高中=4，中专=5，大专及以上=6

职业类型：务农=1，半工半农=2，外出打工= 3，学生=4，　其他=5，请填出非农就业职业类型

兼业地区：本村=1，本乡镇=2，本县=3，本省=4，外省=5，若不在本县请填写县名

二、土地利用基本情况

3. 您原来所在村庄为______村，距县城______千米，在县城的______位置（方向）。

4. 家庭原承包耕地______亩，宅基地面积为________平方米。

5. 您家______年被征地，占用耕地______亩，占用宅基地______平方米。

6. 原种植结构与征地后种植作物情况：

	作物类型	面积	单产（亩）	销量	单价	每亩纯收入（元）
原种植结构						
现种植结构						

7. 您家土地被征用后主要用途：

①工业园区；②修路；③公共服务建设；④商用住宅；⑤商业用地；⑥其他______________________。

8. 您家耕地补偿标准为____元/亩，宅基地补偿标准为____元/平方米，补偿金额共______元，补偿实物为________。

三、家庭收支情况

9. 征地前有兼业人员的家庭请回答：

征地前家庭兼业年均收入________元；工资性收入________元。

10. 征地前家庭每月消费包括________（多选），约合__元；征地后家庭每月消费____元，其中消费比重最高的是____（可多选），与征地前相比消费增长最多的项目是________________。

①食物；②子女教育；③医疗；④居住费用（房租与水电气费用）；⑤交通与通讯；⑥衣装

11. 兼业人员自征地至今换过______份工作，包括______行业（可多选）：

①建筑业；②运输；③销售员；④工厂做工；⑤做生意；⑥其他______。

12. 征地前家庭收入主要来源______（可多选），年收入______元；征地后家庭收入主要来源是______（可多选），年收入______元。

①农业；②第二三产业；③房租；④集体补助；⑤外出务工；⑥入股分红；⑦自主创业；⑧其他__________。

13. 目前家庭中兼业人员的请回答：

家庭兼业年均收入________元；工资性收入________元。

14. 目前家里是否具有以下条件（如果有，请用“√”表示；如果没有，请用“×”表示）

农用车	摩托车	小轿车	电冰箱	电视机	空调	电话	电脑	货车

15. 与征地前相比，家庭存款增加______（或减少______元）。

①1 万以下；②1 万~2 万（注：含前面数值 1 万，不含后面数值 2 万。下类同）；③2 万~3 万；④3 万~4 万；⑤4 万~5 万；⑥5 万~6 万；⑦6 万~7 万；⑧7 万~8 万；⑨9 万~10 万；⑩10 万以上

四、农民征地意愿与享有福利

16. 您是（　）否（　）愿意土地被征用，成为城镇居民，如果愿意，原因是________。

①种地不挣钱；②自己有稳定非农收入；③城镇居民享受福利多；④其他_________。

若您不愿意，其原因是____________________。

17. 您对征地补偿金的满意度为______________。

①非常满意；②满意；③不满意；④很不满意

18. 征收后政府是（　）否（　）安排就业，或有安排，去向是__________。

19. 征地后政府是（　）否（　）举办再就业培训，您是（　）否（　）参加，再就业培训内容对您的帮助______：①作用较小；②作用一般；③作用较大

您对政府组织的就业培训有什么意见和建议：______________________________________

20. 您希望通过______途经实现就业。

①招工安置；②外出打工；③自主创业；④企业应聘；⑤农业；⑥其他_______。

21. 政府对自主创业提供______优惠政策。

①无；②小额贷款优惠；③税收优惠；④其他________。

22. 您目前的户籍性质为____户口。①农村　②城镇

如您为城镇户口，请回答：

与原来在农村相比，您觉得目前享受福利______①提高，②降低。表现在____________，您觉得是（　）否（　）享受到与城镇居民相等的福利待遇，表现在______________。

23. 您目前医疗保险属于______性质，每月（年）缴纳______元，与农村医疗保险相比，所享受福利有何不同____________。

24. 您家中老人是（　）否（　）享受养老保险，与原来相比有何不同____________。

25. 若您家庭目前住的是回迁房，目前房屋产权性质为__________。

26. 在征地过程中，您是否参与谈判，维护自身利益？主要表现在______________。

27. 您对拆迁安置工作和就业安置工作的满意度为______。

①非常满意；②满意；③不满意；④很不满意

28. 您对目前生活是否满意，目前存在的主要困难是______。

①就业困难；②创业困难；③儿女上学困难；④医疗保障；⑤住房困难；⑥其他__________。

您还有哪些意见：____

附录三

______县______镇______村村干部调查问卷

时间：____年____月____日　　编号：______号

一、村庄基本情况

1. 本村到县城的距离____千米；到最近的镇____千米；是（　）否（　）通公交车。

2. 本村总人口______人，其中农业人口______人，总户数______户；劳动力（16~60岁）总数______人，其中，常年村外就业（一年及以上）劳动力______人，一般为______至______岁的劳动力，主要去向为______。

年份	2012年	2000年	1990年	1980年
本村总人口（人）				
总户数（户）				
劳动力总数（16~60岁）（人）				
常年村外务工人数（人）				
短期务工人数（人）				
纯农业劳动力（人）				

注：常年村外务工人员是指：__________

3. 2011年村庄人均纯收入约____元/人，村民主要收入来源：__________。

A. 种植业；B. 养殖业；C. 加工业；D. 商贸业；E. 其他。

4. 本村村民来自政府的政策性补贴项目及金额是：__________。

A. 粮食直补（____元/亩）；B. 医保（____元/人）；C. 社保（____元/人）；D. 其他（____元/）。

5. 本村人均耕地____亩，户均耕地 ______块，农户耕地块数最多 ______块，最少______块。

6. 村里是否拥有以下设施（可多选）：________。

A. 小学，B. 卫生室，C. 公共娱乐设施，D. 自来水管道，E. 垃圾堆放点，F. 超市，H. 公交车

7. 现在____村共用一个小学，本村距离小学有____千米，是/否有撤并？没撤并前____村共用一个小学。

二、村庄土地利用基本情况

8. 村庄地类面积调查

年份	2012 年	2000 年	1990 年	1980 年
本村总面积（亩）				
耕地面积（亩）				
林地面积（亩）				
草地面积（亩）				
宅基地面积（亩）				
水域面积（亩）				
工矿与交通用地面积（亩）				
未利用地面积（亩）				
撂荒地面积（亩）				

9. 2011 年农业生产单项支出：

作物	种子	化肥	农药	机械	雇工	灌溉	其他
一							
二							
三							
四							
五							

10. 近十年，本村耕地是（　）否（　）被城镇征用？

11. 本村年被征用____亩耕地，土地被征用后主要用途：____________________。

①工业园区；②修路；③公共服务建设；④商用住宅；⑤商业用地；⑥其他______________。

12. 征地补偿标准是____________。

13. 征地前后，农户生活水平（A. 降低；B. 提高；C. 无变化），原因_________。

14. 本村宅基地共计____宗，其中，已经无法居住的宅子____宗，可居住但1年以上无人居住的宅子______宗。

15. 近五年本村村民取得的宅基地，主要占用了下列哪些土地？______。

A. 老宅基地；B. 村内空地；C. 耕地；D. 其他农用地；E. 其他（请注明）

16. 您是否知道国家宅基地管理政策中有“一户一宅”的规定？____________。

A. 知道；B. 不知道。

17. 本村有2处或以上宅基地的户数有____户，“一户多宅”现象主要是什么原因造成的？____（可多选）。

A. 祖上传下来的；　　　　B. 为子女将来结婚准备而申请的宅基地；

C. 原有宅基地不够用，另建新住宅；D. 原有宅基地不够用，购买别人房屋

18. 本村村民之间宅基地流转的主要形式为？____。

A. 租赁；B. 买卖；C. 其他（请填写）。

19. 对于闲置的宅基地，现在村里是如何处理的？____。

A. 收回；B. 无人管理；C. 其他（请填写）。

20. 对于闲置的宅基地，您认为应该如何处理？________。

A. 保持原状；B. 村集体无偿收回；C. 村集体收回并给予补贴；D. 其他（请填写）。

21. 村庄新批宅基地程序是什么？________________。

22. 近十年，村庄外扩情况是（　）否（　）显著，宅基地面积是（　）否（　）显著增加。

若本村若开展**村庄集中居住**搬迁工作，请回答以下**23~24**题：

23. 社区化居住的费用：政府补贴______，个人负担______。

24. 村民对集中居住后的主要担心是__________。

25. 您觉得本村建房高峰期是在什么时候？什么时候开始出现宅基地闲置的？什么原因导致了这种现象？有没有出现人口大量外出就业？全家外迁占多大比重？

答：____

26. 村庄人口大量外迁，您觉得对本村发展有什么影响（农业生产、经济、服务设施、就业、乡土文化等）？您对此有何设想与建议？您希望未来的村庄应该是什么样的（产业、村庄形态、建筑形式、村庄规模、人民生活等）？

答：____

27. 您认为宅基地闲置现象有什么不好的影响（土地利用、社会公平、基础设施建设等）？如果进行集中整治，您觉得最大的困难是什么（村民哪些方面的阻力？资金？等）？您认为比较好的整治方案是什么（包括村民住房安置、住房设计、补偿方案、就业安排、基础设施建设等）？您对完善宅基地利用与管理有什么建议？

答：____

答卷人姓名：________职务：________ 联系电话：________

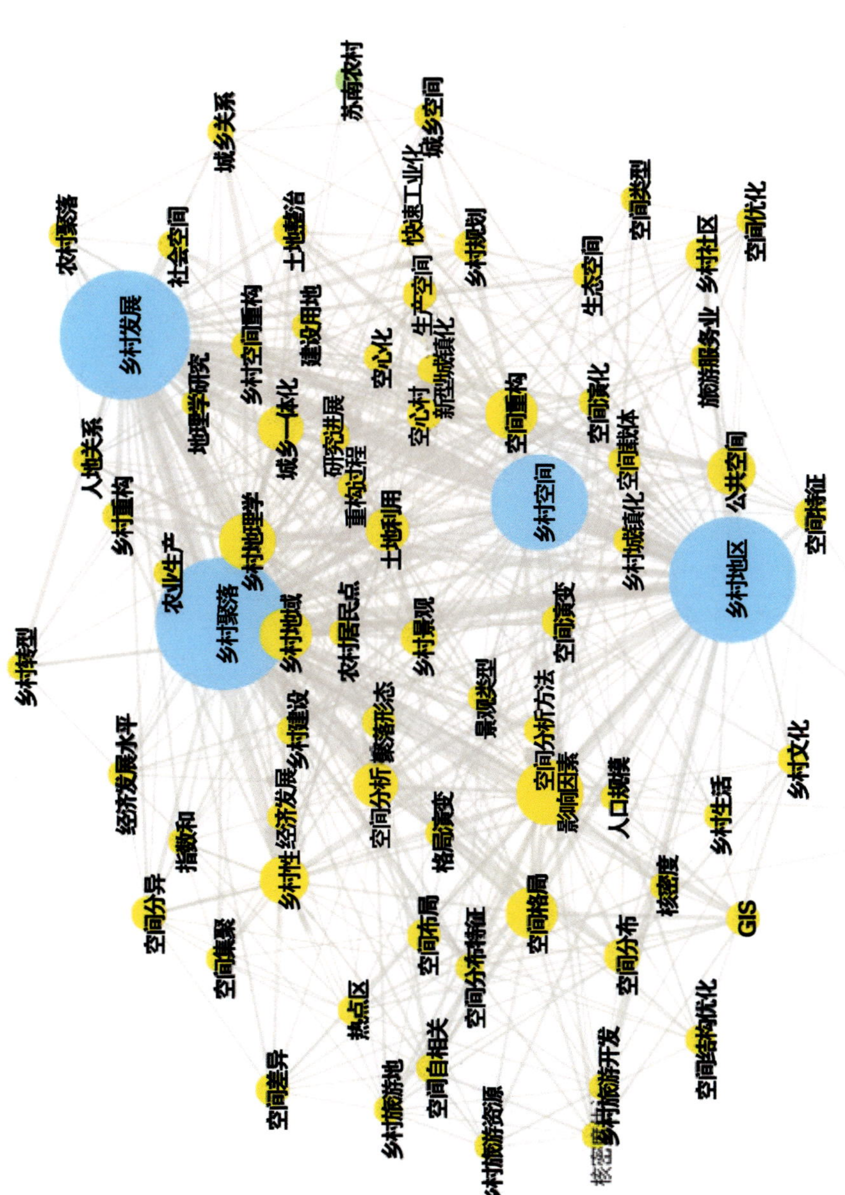

图2-1 乡村要素流动与乡村空间相关文献关键词共现网络

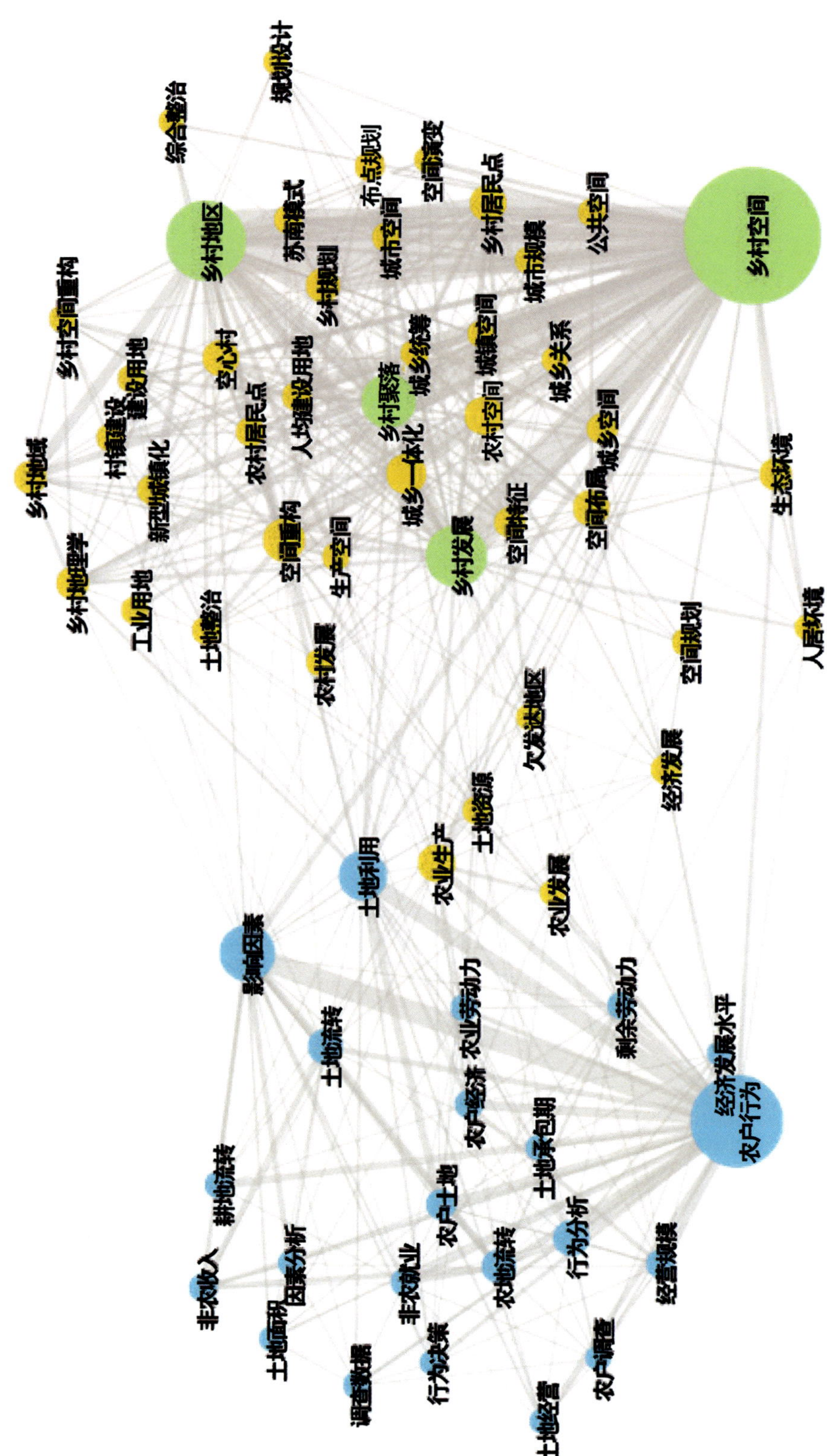

图2-2　国内农户行为与乡村空间相关文献关键词共现网络

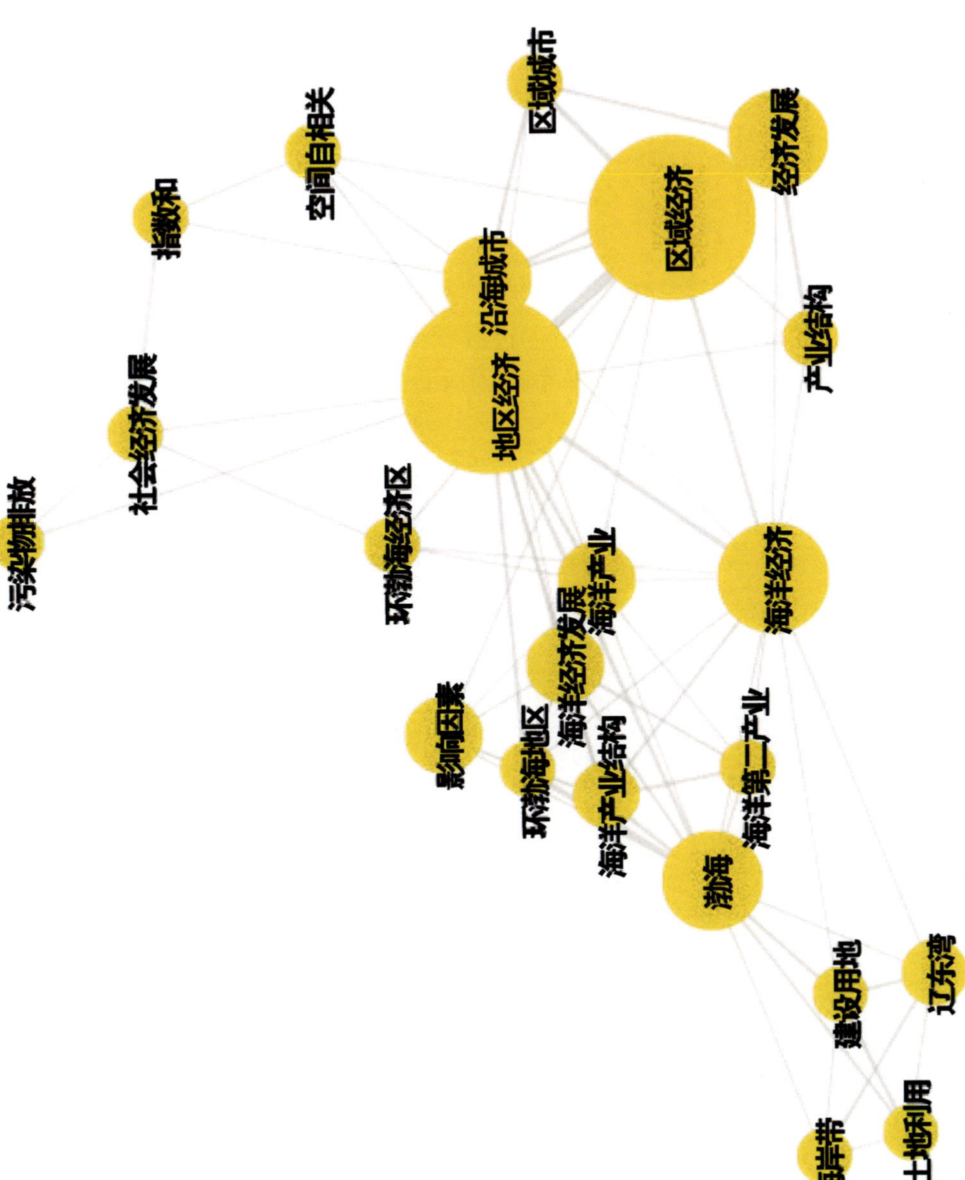

图2-3 国内环渤海地区相关文献关键词共现网络

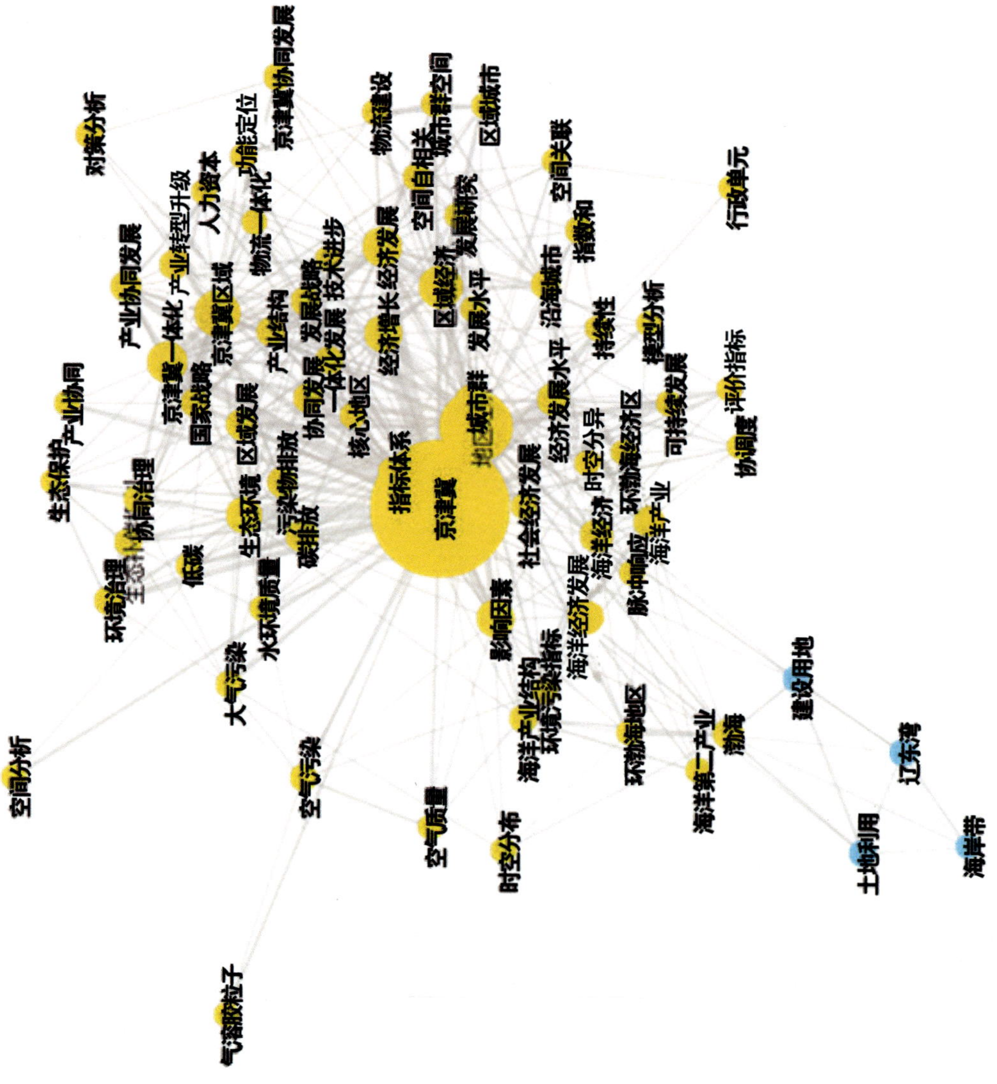

图2-4　国内京津冀地区相关文献关键词共现网络